2017 · 第四辑

妇女性别

研究

Women/Gender Studies

詹心丽◎主　　编
林丹娅◎执行主编

厦门大学出版社 国家一级出版社
XIAMEN UNIVERSITY PRESS 全国百佳图书出版单位

图书在版编目(CIP)数据

妇女/性别研究.第四辑/詹心丽,林丹娅主编.—厦门:厦门大学出版社,2017.11
ISBN 978-7-5615-6756-2

Ⅰ.①妇… Ⅱ.①詹…②林… Ⅲ.①妇女问题-研究-中国②性别差异-研究-中国
Ⅳ.①D669.68②D669.1

中国版本图书馆 CIP 数据核字(2017)第 263537 号

出 版 人	蒋东明
责任编辑	曾妍妍
封面设计	李夏凌
技术编辑	朱 楷

出版发行	厦门大学出版社
社　　址	厦门市软件园二期望海路 39 号
邮政编码	361008
总 编 办	0592-2182177　0592-2181406(传真)
营销中心	0592-2184458　0592-2181365
网　　址	http://www.xmupress.com
邮　　箱	xmupress@126.com
印　　刷	厦门集大印刷厂

开本	787mm×1092mm　1/16
印张	12.25
插页	1
字数	291 千字
版次	2017 年 11 月第 1 版
印次	2017 年 11 月第 1 次印刷
定价	42.00 元

本书如有印装质量问题请直接寄承印厂调换

厦门大学出版社
微信二维码

厦门大学出版社
微博二维码

编 委 会

主　　　　编　詹心丽
执 行 主 编　林丹娅
编 辑 部 主 任　石红梅

编 辑 委 员 会（以姓氏笔画为序）：

王德文　石红梅　叶文振　李明欢　宋　毅
陈力文　陈武元　陈振明　林丹娅　赵叶珠
蒋　月　赖小琼　詹心丽

刊首语

《妇女/性别研究》(*Women/Gender Studies*)系厦门大学妇女/性别研究与培训基地主办的综合性学术刊物。本刊旨在加强国内外妇女/性别理论和实践研究,推动在新时代背景下妇女/性别研究在不同学科的交流与发展。本刊主要刊登在文学、历史学、哲学、经济学、教育学、法学、公共管理、政治学、社会学、公共卫生等学科里的妇女/性别研究成果,尤其注重海峡两岸学术界妇女/性别研究的最新进展与最新成果。本刊追求学术品位与实践价值,推广成果,乐见分享,以此增强学人之间的了解与互动,促进学科之间的交流与合作,为推动妇女/性别研究的繁荣和发展,推进性别平等进程,建设和谐新文化而共同努力。

厦门大学妇女/性别研究与培训基地
2017 年 9 月

Contents 目 录

目 录

鼓浪书帆

Contents

女大学生就业创业与职业发展研究

Study on the Employment, Entrepreneurship and Career Development of Female College Students

Women/Gender Studies

主持人语

刘艳杰

2017 年 6 月 19 日,"全国女大学生就业创业与职业发展"研讨会在厦门大学举行。本次研讨会共有 60 多位专家学者参加,收到论文 40 余篇。

与会学者从多角度、多学科、多工作环节,研讨女大学生就业、创业以及职业发展这一重大问题的理论与实务,内容涉及就业权益保障、就业现状及对策、就业创业影响因素、就业创业教育、职业能力提升等方面。研究对象更为细分,比如关注到西部女大学生,女博士生,工科专业女大学生、女研究生等不同群体。参会人员既有妇联组织、专家学者、校友代表、企业家代表,也有一线学生工作人员。为了摆脱学术和工作较为分离的态势,也为了更好地将学术研讨成果即时转化为工作指导,鼓励青年学者深入开展行动研究,促使在女大学生就业创业指导中站在工作最前沿的实务工作者进行反思,从他们的实际观察入手,从他们掌握的原始资料中归纳出经验概括,抓住女大学生就业创业和职业发展中的"真问题",进行"真研究",更扎实地开展校本研究和实践研究,更准确地回答工作中的实际问题,我们从提交的论文中,选出四篇论文在此发表。

本人与任艳青等合作的论文《女大学生求职优势的实证分析》用新的理论视角,即优势视角来研究女大学生的就业与职业发展。在以往的关于女大学生就业创业的研究中,我们多应用的是问题视角,即描述问题、发现原因、提出对策。与问题视角不同,优势视角强调每个人都具有天赋、能力、技能、资源和希望,如果关注个人已经拥有的积极品格和能力,他(她)就能运用这些优势继续成长。优势视角并不是否定问题的存在,而是希望改变以往过分关注研究对象问题的现象,让人们能够同时注重研究对象的能力和机会。从这样的视角出发,我们发现女大学生升学率高于男生,在基层单位就业、参加"三支一扶"计划、创业等团队中出现了一批女大学生典型,且人数逐年递增。女大学生在学期间积累了更多的人力资本;求职意愿、求职的努力程度高于男生;多样性的职业发展模式更能适应当今的职业环境。本文倡导尊重女大学生的独特性和个性,肯定女大学生问题解决的能力和自我决定的能力,同时支持女大学生运用和拓展社会资源。帮助女大学生认知自身的积极力量,从而有意识地运用和发挥内在的潜能和智慧,在过程中做出决策,解决问题,实现目标。

吴飞燕的论文《女研究生就业观念误区及其对策探析——基于某文科学院的调查研究》,用实证研究方法,通过对某文科学院研究生进行问卷调查和深度访谈,从就业观念这个关键问题出发,用对就业的认知、对自我的认知、对就业环境的认知和就业的选择四个维度来进行实证调查,发现在就业认知方面,绝大多数人认为就业是文科女研究生的首先选择,在自我认知方面,女研究生大多认同研究生学历并不是就业的关键因素,个人能力和社会经验比研究生学历更加重要。在环境认知方面,当今的社会观念和文化虽然提倡男女平等具有包容性，但是在实际求职过程中，男女性别差异、社会的不公平性依然是影响其顺利就业的重要因素。在就业选择方面，女研究生普遍坚持传统的观念，追求工资待遇好、工作环境优良、工作稳定、社会地位高的工作。女研究生在就业时理想的工作单位主要集中在政府机关和高校等事业单位。

倪建超等的论文《女研究生就业问题研究与对策思考》，采取问卷调查和个案访谈相结合的调研方法开展女研究生就业问题研究，女研究生在择业时重点考虑因素主要有区域位置、单位性质、工资待遇等，校园就业市场的主渠道作用比较明显，就业周期普遍较长。目前，女研究生就业过程中仍存在就业受歧视、在择业时受传统就业观念的束缚、就业准备工作不足等问题。该文提出要继续完善学校就业服务体系、充分发挥相关教育工作者作用和转变就业观念并提升竞争力的对策。

戴丹妮、叶艳艳的论文《工科女大学生心理健康问题分析及对策》，以工科女大学生作为研究对象，采用问卷调查与深度访谈相结合的方式，对比工科女大学生与工科男大学生、文科女大学生在心理健康方面所存在的差异。研究发现，随着时代进步和教育发展，工科女大学生已具有相对较强的人际交往能力和成就动机，但存在自我认同感和专业满意度低，兴趣爱好少，学业科研压力和未来就业压力大，情绪控制能力弱，易出现焦虑、郁闷、自卑情绪等心理问题。该文提出要针对工科女生区别于工科男生和文科女生的身心特点和发展诉求，开展多种多样有针对性、差异化的心理健康教育乃至全面的素质教育活动。研究不同群体的女大学生的特征，有利于工作过程中精准服务、精准对接和精细指导。

以上论文采用的都是实证研究和行动研究，研究对象比较聚焦，数据采集比较完整。但同时，我们也看到，行动研究往往是零碎的、无法构成系统和长远的规划，甚至很难上升到理论层面，有时只成为一种经验交流和反思活动。女大学生就业创业学术研究、工作调研以及实务工作之间还需要必要的衔接。通过此次研讨会，我们也清醒地看到学术研究进行成果转化的迫切性，以及工作调研提升理论含量、转换视角的必要性。在今后的研究中，我们不仅要及时分享关于女大学生就业创业和职业发展的新理论、新观点、新思想和新事物，还要更多地实施跨区域、多高校、多群体研究的合作项目，让理论研究与实务工作更加紧密地结合。

女研究生就业问题研究与对策思考[*]

倪建超　李乐兰　蔡胜男　郑镇锋　晏振宇^{**}

内容摘要：近年来,随着高校的逐年扩招,大学毕业生的就业问题越来越受到社会各界的关注。在毕业生群体中,女研究生由于受教育结构、传统观念、生理特征等因素影响,在就业市场中面临着更为严峻的就业形势。本文结合某"985"大学女研究生就业实际情况,探讨女研究生就业过程中的相关问题,在此基础上对促进女研究生就业提出相关对策建议,希望能对研究生教育管理工作者有所启发。

关键词：女研究生；就业问题；对策

一、研究背景与研究方法

近年来,国家加大对高等教育的投入力度,高等教育大众化进程得到快速推进。随着大学的扩招,高校研究生人数也逐年递增。据教育部数据统计,从 1999 年至 2009 年,我国研究生招生规模连续 5 年增长率超过了 20％,女研究生的数量也随之稳步增长。2010 年,全国女研究生人数首次超过男研究生,在当年的硕士研究生中,女生占 50.36％;2012 年,全国 143 万余硕士研究生中,女生已比男生多 4 万人。[①] 高校研究生的持续扩招使得研究生在就业市场上呈现供大于求的局面,这导致不少研究生面临着就业难题,尤其是女研究生。女研究生是受过高等教育的高智商群体,是知识经济社会中的宝贵人力资源,但目前仍有较多因素制约着女研究生的顺利就业,因此近年来女研究生就业难问题日益凸显。[②] 由于女研究生就业难问题是近几年才备受社会各界关注的现象,国内外关于女研究生就业问题的相关研究并不多见。国外学者对女研究生就业问题的研究主要集中在劳动市场性别差异分析

　* 本文是厦门大学 2016 年妇女性别研究与培训基地专项立项课题。
　** 倪建超,男,厦门大学航空航天学院讲师,主要研究方向为思想政治教育。
　　李乐兰,女,厦门大学航空航天学院兼职辅导员,主要研究方向为公共管理。
　　蔡胜男,女,厦门大学信息科学与技术学院讲师,主要研究方向为思想政治教育。
　　郑镇锋,男,厦门大学航空航天学院党委副书记,主要研究方向为思想政治教育。
　　晏振宇,男,厦门大学航空航天学院副教授,主要研究方向为思想政治教育。

　① 新华网.内地女硕士人数连续 3 年超男生　硕导:男生去哪儿了[EB/OL].(2014-02-13)[2017-02-13].http://news.xinhuanet.com/gangao/2014-02/13/c_126124484.htm.
　② 卞洁新.女研究生就业难的原因与对策分析[J].学理论,2012(20):69-70.

上,研究的成果分为劳动供给方视角和劳动力需求方视角。从劳动供给方视角出发的学者认为女研究生在生理、体力等方面不如男研究生,从而其人力资本投资价值低于男研究生;从劳动力需求方市场视角出发的学者认为女研究生就业难的原因是性别歧视,其潜在的假设是男女研究生之间的生产率是一致的,不存在任何差别,导致女研究生就业难的主要原因是来自于劳动力市场的性别歧视。[①] 而国内学者更加关注女大学生就业的问题,关于女研究生就业问题的研究大多数是建立在对女大学生的研究基础上的。

本文选取的某"985"大学是国家重点建设的高水平综合性大学,与我国的女研究生就业形势一样,该"985"大学女研究生在就业过程中也遇到相关的就业难题。本文结合该"985"大学实际情况,对该校在学女研究生的就业现状和就业问题进行分析,进而提出相应的对策建议。

本文主要采取问卷调查和个案访谈相结合的调研方法开展女研究生就业问题研究。在问卷调查环节,笔者按年级和学科的分布比例抽取 140 名在读女研究生作为样本,回收问卷 130 份,有效问卷 128 份,问卷有效率为 98.46%。在问卷调查之后课题组成员对部分在校女研究生开展深度访谈,了解女研究生就业过程中遇到的问题并听取她们对促进女研究生就业的意见和建议。

二、女研究生就业主要特点

通过对调查问卷和访谈内容的分析,笔者初步了解到该"985"大学女研究生的就业现状,并将之归类为以下三个特点。

(一)就业选择趋于稳定

女研究生在择业时重点考虑因素主要有区域位置、单位性质、工资待遇等。就业区域主要集中在华东地区(35.94%)和华南地区(11.72%)两大地区。从自身发展考虑,东部及沿海地区仍是女研究生就业首选地区,然而东部大中城市的就业岗位供给是有限的,这一定程度上增加了女研究生的就业难度。就业单位主要集中在国有企业(42.67%)、事业单位(25.33%)、高校科研院所(17.33%)。这说明女研究生重视职业的稳定性,上述单位具有待遇良好、工作稳定等优势。工资水平分布在 5000~7000 元的占 29.33%,7001~9000 元的占 32.00%,9001~11000 元的占 20.00%,11000 元以上的占 16.00%,这说明"985"重点大学的女研究生在工资待遇上可以保持较高的水平。

(二)就业渠道比较集中

女研究生主要是通过校园招聘宣讲会(48.00%)、单位官方网站(17.33%)和专业招聘网站(16.00%)三种途径获取就业信息,校园就业市场的主渠道作用比较明显,这说明该"985"高校在就业信息发布方面获得了女研究生的较高认可。以上三种渠道都是通过自主寻找方式求职,只有 5.33%的女研究生是通过亲戚朋友、导师、家庭成员、班级同学的信息

---

① 雷顺利.当前我国女研究生就业"难"问题的成因及对策研究[D].重庆:西南政法大学,2012:22-24.

共享等方式获取就业信息的。可见该校的女研究生独立性和自主性较强,求职过程中能够通过自己的努力寻找就业机会。

(三)就业周期普遍较长

求职是一个双向选择的过程。每年的 9—12 月是应届毕业生就业签约的黄金时期,然而该校女研究生在秋季校园招聘高峰时期签约率比较低,调研对象中仍有一定比例(41.41％)的女研究生未签约(截至第一学期结束前),这也与该校第一年实施《大学生就业签约暂行管理办法》有关,该办法对毕业生违约进行了条件限制,因此女研究生即使在获得录用的情况下,如果认为该工作不是自己比较满意的类型,一般不会签约。此外,女研究生需要付出较大的经济成本、时间成本和心理成本才能获得一份合适、满意的工作,调查显示,该校女研究生在求职过程中投递简历的次数在 20 次以上的占 42.97％,在 10～19 次占 28.13％,参加面试的次数在 10～19 次的占 50.00％,在 6～9 次的占 39.84％。女研究生求职时所需的笔试、面试次数普遍高于男研究生,这也使得她们在求职过程中容易产生焦虑情绪。结合该"985"大学以往几年的毕业生就业数据,大部分女研究生在 7 月毕业前可以落实就业单位,说明女研究生的就业周期普遍较长,大多数女研究生就业过程并不是一帆风顺的,需要经历一定的挫折才能找到较为满意的工作。

三、女研究生就业主要问题

影响女研究生顺利就业的因素有很多,既有社会、用人单位对女研究生的歧视原因,也有女研究生自身原因。笔者重点从就业歧视、就业观念、就业准备和就业环境四个方面分析女研究生的就业主要问题。

(一)就业歧视现象明显

75.78％的调研对象认为女研究生在就业过程中受到歧视是较为正常的现象。在歧视类别中,性别歧视(89.06％)占比最高,这也是影响女研究生就业的较为特殊的因素。其他因素如户籍地域歧视(30.47％)、经验歧视(22.66％)、外貌歧视(21.09％)、学历歧视(8.59％)等在其他毕业生群体中也或多或少存在着。导致女研究生遭遇性别歧视的原因可分为:女性的生理特点对工作的影响(82.03％)、传统文化对女性的偏见(58.59％)、用人单位法律意识和责任意识淡薄(43.75％)、现有政策或立法力度不够(24.22％)、市场供求不平衡(19.53％)、女研究生本身能力不够(9.38％)等等。笔者将上述性别歧视的原因归类为社会、用人单位、自身三大原因。

第一,社会原因。社会文化的偏见认为男性比女性更能胜任工作。很多用人单位认为女研究生要兼顾事业和家庭,无法专注于事业,从而不愿录取女研究生。此外,现有立法或政策力度不够造成女研究生遭受歧视,有 80.47％和 11.72％的女研究生不太了解和完全不了解我国关于女性就业权益的法律法规和政策,有 70.32％的女研究生认为有关女性就业权益的法律法规或政策对于缓解女研究生就业问题没有太大作用。

第二,用人单位原因。用人单位本着追求效率和效益的理念认为女性的雇佣成本相对男性来说更高。女研究生由于性别的特殊生理特点,往往在工作不久就面临着结婚生育的情况,这导致很多用人单位尽量避免录用女研究生。女研究生求职遭遇的性别歧视既有显性性别歧视(招聘中规定只录用男性),也有隐性性别歧视(在录用环节中如简历筛选、面试、体检、政审等阶段用各种理由拒绝招聘)。在调研中,女研究生认为遭遇性别歧视多发生在资格审查阶段(72.66%)和面试阶段(78.91%),性别歧视较为明显的单位为民营企业(67.19%)、国有企业(50.00%)和事业单位(43.75%)。不同性质的单位均存在对女研究生的性别歧视现象,民营企业由于对利益尤为看重因而在性别歧视方面表现得最为严重。

第三,女研究生自身原因。用人单位招聘毕业生不仅关注其专业技能,其综合素质也备受关注,因此毕业生的人力资本如学生工作经历、获奖情况、资格证书、实习经历等人力资本也会对求职产生不可忽视的影响,调查发现女研究生在以上各方面的成绩仍显不足,在学期间获得过奖励性奖学金的女研究生仅占 44.53%,获得过资格证书的女研究生仅占43.75%,担任过学生干部的女研究生仅占 42.97%,有过实习经历的女研究生仅占38.28%。究其原因,部分女研究生对社会的就业现状缺乏清醒的认知,读研期间由于学业科研任务较重,没有足够的时间或者本身不主动参与相关活动和相关培训,自身综合能力的发展受到限制,进而导致女研究生就业难。

(二)就业观念存在偏差

我国高等教育已经从精英化教育阶段向大众化教育阶段过渡,用人单位对毕业生的应用实践能力等也较为重视。部分女研究生虽然社会经验及工作经验缺乏,但在择业时仍然坚持传统的就业观念,不愿意降低对工作的期望值,以理想的择业期望为导向求职,对就业满意度较高的要求使她们倾向选择工资待遇好、工作环境优良、风险小的稳定工作。这也使女研究生的就业选择面缩小,进而增加女研究生的就业难度。

(三)就业准备工作不足

该"985"大学研究生学制为 3 年,研究生阶段的重心主要在课程学习和学术科研等方面,部分女研究生认为研究生学历可以使自己起点更高并获得更好的工作。而学校针对研究生开展的职业规划课程较少,部分女研究生在校期间缺乏职业规划,缺乏有针对性的就业技巧训练。同时,参加社会实践时间有限,就业准备不足导致她们容易产生示弱心理和自卑心态,在这种心理的影响下,女研究生往往缺乏竞争的勇气和获胜的信心。

(四)就业环境相对困难

高校毕业生逐年增加导致就业市场供求不平衡,女研究生就业环境严峻。这主要表现在地区供求不平衡、专业供求不平衡、社会供给与个人择业期望不平衡。基于女研究生的生理特点考虑,其对工作的适应性较其他毕业生群体相对较弱,对于一些劳动强度大、流动性高、需要连续工作的岗位,女性劳动力的性价比明显低于男性,用人单位在人员招聘、工作分配等方面,仍会优先考虑男研究生。在访谈中,笔者发现较多女研究生在就业问题上与导师缺乏沟通,大量的科研任务和高强度的教学任务使导师只关注她们的科研成果而较少关心她们的就业状况,部分导师甚至到研三仍然给安排较多的科研任务,导致女研究生较难全身心投入求职的大环境中。

四、促进女研究生就业的对策思考

促进女研究生更好地就业是一项需要多方关注及努力的重要工作。本文主要从高校、教育工作者、女研究生自身三方面来探讨促进女研究生就业的对策,希望帮助女研究生营造良好的就业环境,使女研究生具备更高的就业竞争力。

(一)继续完善学校就业服务体系

学校可以在课程设置、就业引导等方面优化举措,进一步提升女研究生培养质量并完善就业服务体系。在培养机制方面,根据市场需求调整专业设置,在课程设置上增加实践课程的比例,课程内容紧跟行业发展前沿,优化教育资源结构,改革教育教学方法,加强专业基础能力培养,提高女研究生培养质量。在就业指导方面,针对女研究生开设专门的职业规划辅导和就业指导选修课程,培养女研究生性别意识,指导女研究生适应社会,提升求职技能。在就业引导方面,充分利用信息网络技术提供充足的就业信息,该“985”大学由于地处南方,所提供的单位以南方单位居多,学校还应拓宽就业渠道,多争取北方的用人单位,邀请重点单位来校招聘,扩大重点单位实习实践的范围,提供更多见习实习机会。此外还应将女研究生的就业质量纳入学校就业指标评价体系中,切实提高女研究生的就业质量与层次。

(二)充分发挥相关教育工作者作用

学校不仅要建立专业化的就业指导工作队伍,培育具有专业知识和实践经验的指导教师,还要充分发挥相关研究生辅导员、研究生导师、职业指导师等相关教育工作者的作用。对于研究生辅导员,要将女研究生作为就业重点关注群体并定期开展就业意向调查和就业需求调研,重点掌握女研究生的就业动态,阶段性做好定期摸底统计和分析工作。向就业困难的女研究生群体分析当前的就业形势,加强女研究生对自身求职优劣势的认识,帮助她们树立正确的择业观,纠正她们不合实际的就业期望,根据不同个体情况采取重点推荐、定向帮扶。对于研究生导师,要加强导师对女研究生求职的指导和关注,增强导师对女研究生的责任感,支持女研究生出去实习,积极利用自己与相关企事业单位关系提供就业资源,创造就业机会。对于职业指导师,要加强女研究生求职技巧的就业指导,深入开展个体和团体咨询辅导;针对女研究生求职过程中的心理特点和容易出现的心理问题,以心理疏导为主,运用心理学方法,帮助女研究生在求职过程中增强信心,提高心理素质,消除心理障碍。

(三)转变就业观念并提升竞争力

女研究生要对自己进行合理定位,正确评估自身能力水平,客观评价就业环境,摆正择业心态,转变求职过程中“一步到位”的求稳就业观念,做到灵活就业;同时,提升自身就业竞争力尤为重要。这就要求女研究生从入学开始就要结合自身情况,了解自己今后毕业希望从事的工作,并做好正确的职业规划,在以后的学习和实践中有意识地锻炼自己,不断完善自我。读研期间,女研究生不仅要累积丰富的专业知识,保证用人单位对专业技能的基本要求,还需积极参加学生工作、社会实践实习、志愿服务工作等,在实践中了解社会,提升自己的综合素质,以适应未来的工作需求。

Research and Countermeasures on the Employment of Female Graduate Students

Ni Jianchao, Li Lelan, Cai Shengnan, Zheng Zhenfeng, Yan Zhenyu

(School of Aerospace Engineering, Xiamen University, Xiamen, 361005)

Abstract: In recent years, with the increasing enrollment of colleges and universities, the employment of college graduates has attracted high attention. In the graduate group, female graduate students are facing more severe employment situation in the job market due to the influence of their educational structure, the traditional concept, the physiological characteristics and other factors. In this paper, we discuss problems related to female graduate students in the process of employment according to the situation of certain "985" project university female graduate students, and then put forward relevant countermeasures and suggestions to the promotion of female graduate employment, hoping to inspire the education administrators of graduate students.

Key words: female graduate student; employment problem; countermeasure

工科女大学生心理健康问题分析及对策*

戴丹妮　叶艳艳**

内容摘要：本文选取某"985"高校工科女大学生作为研究对象，采用问卷调查与深度访谈相结合的方式，对比工科女大学生与工科男大学生、文科女大学生在心理健康方面所存在的差异。在此基础上不难发现，随着时代进步和教育发展，工科女大学生已具有相对较强的人际交往能力和成就动机，但在传统文化、社会环境、学校教育及个人身心特点等综合因素的影响下，她们作为工科院校中的"弱势群体"，仍存在自我认同感和专业满意度低，兴趣爱好少，学业科研压力和未来就业压力大，情绪控制能力弱，易出现焦虑、郁闷、自卑情绪等心理问题。综上分析，通过全社会通力营造良好的性别文化外部环境、有针对性地开展心理健康教育以及素质教育、帮助培养良好的心理品质，我们可以引导工科女大学生正确看待和解决心理问题，在提升工科女大学生的心理素质的同时促进其成长成才、全面发展。

关键词：工科女大学生；心理现状；因素分析；对策建议

一、问题的提出

习近平总书记在全国高校思想政治工作会议上指出，要坚持把立德树人作为中心环节，把思想政治工作贯穿教育教学全过程，实现全程育人、全方位育人，努力开创我国高等教育事业发展新局面。大学生心理健康教育工作作为高校教育工作的重要组成部分，是新形势下全面贯彻党的教育方针、实施素质教育的重要举措，是促进大学生全面发展的重要途径和手段，是高等学校德育工作的重要组成部分，[1]是推动高等教育改革、加强和改进大学生思想政治教育的重要任务。[2] 因此，我们必须高度重视心理健康教育在大学生成长成才过程中的重要作用。

---

* 本文为厦门大学 2016 年妇女性别研究与培训基地专项立项课题。

** 戴丹妮，女，厦门大学航空航天学院助教，主要研究方向为大学生思想政治教育。
叶艳艳，女，厦门大学公共事务学院硕士研究生，主要研究方向为公共人力资源管理。

[1] 教育部.关于加强普通高等学校大学生心理健康教育工作的意见(教社政〔2001〕1 号)[EB/OL].(2001-03-16). http://www. moe. edu. cn/s78/A12/szs _ lef/moe _ 1407/moe _ 1411/s6874/s3020/201001/t20100117_76896. html.

[2] 教育部.普通高等学校学生心理健康教育工作基本建设标准(试行)(教思政厅〔2011〕1 号)[EB/OL].(2001-3-16).http://old.moe.gov.cn//publicfiles/business/htmlfiles/moe/s3020/201103/115721.html.

加强女大学生心理健康教育工作是时代发展的需要。"某一历史时代的发展总是可以由妇女走向自由的程度来确定……妇女解放的程度是衡量普遍解放的天然标准。"[1]因此，女性群体，尤其是作为社会主义事业建设者和接班人的女大学生群体的全面发展是经济社会政治可持续发展的重要保障。特别是像中国这样一个有几千年"男尊女卑"封建传统思想的国家，更需要女大学生以健康、平和、积极的心态快速成长，以实现社会的全面发展。

而工科女大学生（以下简称"工科女生"）又是女大学生中的一个特殊群体。以某"985"高校为例，2013—2016年入学的工科女生在工科院系入学总人数中约占30%的比例，且呈逐年减少的趋势，属于工科院系中的"少数群体"。面对社会环境、专业学习、情感生活等方面的困扰和压力，部分工科女生产生了成就动机弱、焦虑、自卑、依赖等心理问题，在某种程度上成为工科院系中的"弱势群体"。如何在社会营造正确的性别文化观念，充分利用各种途径开展针对性强、内容丰富的工科女生教育培养活动，通过心理健康调控，帮助工科女生增强成就动机，促进个性发展和人格完善，发挥她们的潜能，提高她们的整体素质，成为高校教育工作者亟须解决的问题。

二、文献综述

纵观已有文献，工科女生心理健康教育研究的切入点有以下三个：工科女生的心理现状及问题、工科女生心理问题的影响因素以及工科女生心理健康教育的对策建议。

（一）工科女生的心理现状及问题

对工科女生心理问题的分析是探究其心理健康教育的基础，工科女生心理健康的研究基本都有涉及这一部分。学者们主要通过文献分析和问卷调查的方式，从专业差异、性别差异、年级差异三个角度对工科院校的女生进行心理现状及问题的分析。

1. 从专业角度上来看，和学习文科的女生相比，工科女生的情绪控制能力、抗压能力、学习能力和成就动机总体高于文科女生；但经过工科严谨的过程训练，她们形成了在人际交往中较为沉稳内向、不善言谈的个性特点[2]和较为朴素的外形打扮，因此她们的女性气质、社交能力低于文科女生。

2. 从性别角度上来看，和同样学习工科的男生相比，工科女生的人数比例明显低于工科男生，在自信心、社交能力、适应性、情绪控制能力、就业压力、经济生活压力等方面，工科女生总体弱于工科男生；在家庭压力、心理不平衡、偏执上，男生显著高于女生。[3] 从某种程度上来说，工科女生相比工科男生处于"弱势群体"地位。

3. 从年级角度上来看，不同年级的工科生有着不同的心理特点：一年级学生较常出现

---

　　① 卡尔·马克思，弗里德里希·恩格斯.神圣家族：或对批判的批判所做的批判［M］.中共中央马克思、恩格斯、列宁、斯大林著作编译局，译.人民出版社，1958：249-250.

　　② 张玉.工科女大学生心理状况的分析与研究［J］.青少年研究（山东省团校学报），2008（S1）：85-88.

　　③ 赵岩.工科院校大学生心理健康状况调查与分析［J］.吉林师范大学学报（人文社会科学版），2011（3）：81-85.

过分依恋和适应能力弱带来的抑郁和自闭倾向；低年级学生较常出现人际交往中的焦虑和冲突现象；中高年级学生容易情感焦虑与自卑；高年级学生较为经常出现就业困惑和焦虑等心理。总体来说，随着年级升高，工科生的学业压力、人际压力、情感压力、经济生活压力的人数比例总体有下降的总体趋势，而就业压力的人数比例先随年级的增高而逐渐上升，到了四年级反而呈现下降的趋势。家庭压力呈两头高中间低的分布状态。[①]

（二）工科女生心理问题的影响因素

工科女生心理问题的影响因素在现有的研究中，主要从社会环境、学校环境和工科女生自身三个方面展开讨论。

1. 社会环境制约因素。一方面中国传统的"男强女弱""男尊女卑"等消极观念容易造成工科女生对自身性别的自卑感；另一方面由于男性和女性在生理和社会责任方面存在客观差异，加之工科类单位工作性质对女生而言确实存在着诸多不利因素，[②]工科女生并不享有同男性同等的就业机会和待遇，她们往往对未来发展缺乏自信，从而产生包括焦虑、抑郁等消极心理。

2. 学校环境制约影响。首先，工科学生在校所学专业知识难度较高，课业压力大，工科女生相较于文科女生承受较大心理负担，容易产生焦虑；其次，工科院系较不重视人文素质教育，很少把心理健康课程作为学生的必修课，使得学生人文素养较低，在遇到困难时不知如何正确调整情绪、与他人交往和适应新环境；此外，工科女生在工科院系中一般所占比例较小，长期不受关注，和男生心理成长变化过程中的差异性极易被学校忽视，而进行无差别教育。这种无差别教育，使得女生在学校活动中的主动参与性和有效性大大地降低，时间一长她们会甘愿作为辅助的工作人员，造成自我认知能力、实践动手能力和组织管理能力难以在学校得到提升。[③]

3. 女生自身身心原因。女生有依赖性较强，脆弱、敏感、细腻且丰富、嫉妒多疑等心理特点，易情绪化。虽然工科女生认真细致的特点可以使她们取得较好的专业学习成绩，但她们缺乏主动竞争意识，缺少磨炼意志品格、拓展综合素质的动力，不能充分主动地锻炼和发展自身的实践能力和综合素质，甘当助手和配角，她们良好的学习能力也就不能很好地转换为专业能力。[④]

（三）工科女生心理健康教育的对策建议

如何引导大学生用正确的心态面对学习和生活进行心理健康教育一直是学界关注的重点，学者们分别从体系建立、环境营造、队伍建设、调查研究、思政教育等五个方面进行了探

---

① 余圣陶，许书萍，秦丹萍.工科院校学生心理压力现状及应对策略的研究[J].中国健康心理学，2006（5）：568-570.

② 虞强，田甜.发展性心理健康教育：工科女大学生素质提升的应有之义[J].中国电力教育，2011（11）：159-160，162.

③ 赵艳敏，张晓冬.工科女大学生心理健康教育问题初探[J].中小企业管理与科技（上旬刊），2012（31）：260.

④ 赵艳敏，张晓冬.工科女大学生心理健康教育问题初探[J].中小企业管理与科技（上旬刊），2012（31）：260.

讨,但专门针对工科女生心理健康教育的对策建议相对较少。

1. 要构建完善的学生心理健康教育综合体系,以人为本,通过合理的课程设置、科学的教育内容、完善的教育规划、主动的咨询服务,为大学生提供及时有效、高质量的心理健康服务和指导。

2. 要营造良好的大学生心理健康教育环境,多渠道开展心理健康宣传活动、构建和谐、文明、高层次的校园文化氛围,开展有利身心的社会实践活动和志愿服务活动、发挥家庭和社会在大学生心理健康教育中的重要作用,增强大学生进行心理健康教育的自主意识。特别对于工科女生来说,参加校园各类文化活动可以有效提升她们的人文素养,帮助她们增进同学间的交往,增强自信心;还要鼓励工科女生积极投身科技创新实践活动,培养她们的实践能力和创新能力,为她们的专业技能和未来就业增加砝码。

3. 要加强大学生心理健康教育队伍建设,建设一支以专职教师为骨干、专兼结合、专业互补、相对稳定、素质较高的大学生心理健康教育和心理咨询工作队伍,[①]并加强包括辅导员、班主任在内的队伍培训力度。

4. 要加强大学生心理健康教育的调查研究,从我国社会主义现代化建设的实际和我国大学生身心发展的特点出发,研究建立大学生心理问题高危人群预警机制,对不同群体大学生进行动态管理和分类指导,形成以心理咨询中心为核心、系部管理干部队伍为枢纽、学生骨干为信息源的信息网络体系。[②]

5. 要加强大学生的思想政治教育,将其与心理健康教育有机结合,特别针对工科女生心理特点,强化其自强意识、参与意识和成才意识,消除其心理障碍,培养她们良好的意志品质,激发她们追求自身价值的热情。但也要注意将二者区分开,避免用思想政治教育"治疗"心理疾病。

大学生的心理健康问题一直是学术界探讨的焦点,从已有研究来看,研究成果虽多,但围绕工科女生的心理特征及心理健康教育问题的研究则相对较少,缺乏深入的、解释性的分析,且大部分的研究时间都较早,近几年的相关研究基本空白,缺乏时效性,这些都为本研究的开展提供了一定空间。本文将立足于已有研究,选取某"985"高校在校工科女大学生作为研究对象,并通过与工科男大学生和文科女大学生的对比,尝试对她们的心理特征及心理状态进行深入分析,在此基础上,有针对性地提出引导这一群体培养良好心理状态的策略方法,引导工科女生正确对待和解决心理问题。

三、实证调查分析

本文以某"985"高校在校本科生中的工科女生、工科男生以及文科女生作为研究对象,采用问卷调查和个案访谈相结合的调研方法。在问卷调查阶段,笔者在所整理的文献综述

---

① 覃干超.大学生心理健康教育服务体系的建设与个案研究[J].学校党建与思想教育,2006(8):37-38.

② 吴斌.新时期高校大学生心理问题分析及对策[J].湖北师范学院学报(自然科学版),2007(1):73-75.

和前人问卷的基础上,从基本心理情况、压力表现与情绪控制能力、恋爱交友和女性气质、学习能力及成就动机等四个方面设计问卷,按照年级分层和类别分布抽取了100名工科女生、100名工科男生、100名文科女生共300名在校本科生作为样本进行数据分析,回收问卷298份,有效问卷295份,问卷有效率为98.34%。在问卷调查之后,课题组成员对部分工科女生进行深度访谈,了解其在校阶段的心理健康情况。综上调查我们总结出工科女生以下心理特点和问题:

(一)生活满意度和自我认同感较低,易出现焦虑、郁闷、自卑等不良心理情绪

调查问卷中显示,22.11%的工科女生对目前生活感到不满意,17.9%的工科女生认为自己心理健康存在问题;迷茫(68.42%)、焦虑(57.89%)、郁闷(41.05%)等不良情绪经常出现。同时,工科女生也表现出胆怯、自卑等心理倾向,自我认同感较低。

对比中发现,工科女生的生活满意度和自我认同感均低于工科男生和文科女生。与工科男生相比,工科女生出现郁闷和敌对情绪的比例较低,但迷茫、焦虑情绪的比例较高,且更加不自信;与文科女生相比,工科女生会更加自信,但生活态度较为悲观,且更容易产生郁闷情绪。总体来说,工科女生的基本心理状态差于文科女生,与工科男生相比则有各自需要解决的问题。

(二)学习科研和未来就业压力较大,情绪控制能力较弱

在关于压力来源的调查中,工科女生对于学习科研和未来就业的压力最大,且显著高于工科男生和文科女生;其中对于未来的就业情况,工科女生感到担忧、恐惧的比例为56.84%,高于工科男生(41.85%)和文科女生(42%)。在人际关系和自身外形方面,工科女生的压力也高于工科男生;经济生活压力则是工科男生较高。当压力持续时,工科女生比工科男生更容易产生头痛、胃痛、腰背痛等躯体化症状。在应对压力的过程中,转移(如运动、娱乐:85.63%)是受访学生最普遍采用的方式;部分工科女生会选择压抑(如喝酒、睡觉:26.32%)、自暴自弃(6.32%)等不良方式应对压力,而工科男生则无人选择自暴自弃这一选项。

总体来说,工科女生普遍感到心理压力较大,且抗压能力、情绪控制能力比工科男生弱。

(三)人际交往能力较强,女性气质较弱,平时兴趣爱好以静态活动为主,生活方式单一

在交友恋爱方面,与以往观点不同的是,工科女生与同学、朋友相处较工科男生和文科女生更为融洽,知心朋友的数量比工科男生更多,与人交流的欲望也比工科男生更强;三个受访群体均认为影响人际交往的最主要因素为害羞(50.7%)和性格孤僻(37.75%);恋爱心理上三个受访群体并无明显差异。

在女性气质方面,工科女生认为着装打扮重要的比例为63.16%,明显低于文科女生(82%),甚至略低于工科男生(65.74%);花在着装打扮、护肤保养上的时间,工科女生也明显低于文科女生。

在业余爱好方面,三个受访群体均把上网(83.1%)作为自己最大的业余爱好;工科女生喜爱静态活动的比例(比如睡觉:74.74%;看书:63.16%)远高于男生(睡觉:53.7%;看书:

51.85％)，而喜爱运动的工科女生(41.05％)远低于工科男生(57.41％)。文科女生看书(77％)和参加学生工作、社团活动、志愿服务等(47％)的热情比工科女生(看书：63.16％；参加学生工作、社团活动：41.05％)更高。

总体而言，工科女生的人际交往能力比工科男生和文科女生更强，但仍存在害羞、性格孤僻等影响人际交往的问题；在女性气质方面明显弱于文科女生；平时兴趣爱好以静态活动为主，缺少运动锻炼和对外交往，生活方式较为单一枯燥。

(四)工科女生成绩优秀,并有较强的成就动机,但专业满意度和适应性较低

相较于工科男生和文科女生，工科女生的专业成绩排名更加优秀，但对自己的专业满意度明显不高，且较容易因为学习效率低下感到心烦气躁。在学习压力方面，三个受访群体都认为未来就业压力大(71.55％)，学习方法有问题(58.87％)以及课程太难(41.13％)是学习压力最主要的三个来源，但在选择后两个来源的学生中，工科女生的比例(学习方法有问题：70.53％；课程太难：63.16％)明显高于工科男生(学习方法有问题：55.56％；课程太难：36.11％)。

在成就动机方面，三个受访群体均认为人格修养的不断提升(44.23％)是一个人成功最重要的标准；其次，28.42％的工科女生认为是拥有独立的经济来源，而26.85％的工科男生认为是收获成功的事业。值得注意的是，仅有7.37％的工科女生选择收获幸福的爱情与婚姻。此外，工科女生较工科男生更加认可树立正确的人生观、价值观、世界观是大学生应该履行的社会责任。

总体来说，工科女生成绩较为优秀，但相比工科男生和文科女生，她们专业满意度较低、专业适应性较差；在成就动机方面，工科女生已经有独立自主的意识和较高的价值追求。

四、影响因素分析

笔者结合已有的研究成果，对引起工科女生以上心理特点与问题产生的影响因素进行分析：

(一)社会传统的"性别刻板印象"增加了工科女生的心理困扰与自我冲突

由于传统观念影响，女性在出生时就被社会性别角色期望为有甜美、乖巧、温柔、细腻、多愁善感等个性，更加擅长中文、历史、艺术等文科科目；而男性则被期待为是勇敢、坚毅、思维活跃、富有创造力和动手能力的，更适合从事理工科类的学习和工作。这些传统观念和思维定式极易使工科女生对自己专业学习的方法和能力缺乏自信，从而产生迷茫、焦虑、郁闷等不良情绪，加重其学业科研压力和未来就业压力。

另外，在对两性的角色定位中，中国传统文化一贯赋予男性特征以更高的价值，"男尊女卑""男强女弱"等观念在当今社会中依然根深蒂固。在问卷调查中，针对"男尊女卑""男主外、女主内"等传统思想观念，只有4.21％的工科女生认为自己存在这种思想，相比之下却仍有16.67％的工科男生和14％的文科女生还存在这种思想，有的甚至较为严重。可以想见，在婚姻、家庭之外，工科女性对于独立自主、成长成才的成就动机和意识渴望随着社会的

发展和教育的深入越发强烈,但社会上对女性的性别偏见的评价标准、舆论导向乃至就业歧视却让她们时常感到困扰、受挫,引发激烈的自我冲突、自我矛盾,这也容易使她们的自我认同感较低,生活态度较为悲观,有的甚至演化为妄自菲薄,自我安慰不及男性,从而使自卑心理合理化。

(二)工科院系以男性为主体的无差别教育导致女性的发展诉求得不到满足

与文科女生相比,工科女生在以男性为主的院系开展学习生活,平时与男生接触的机会更多,受到男生更多的关照、帮助与影响,恋爱的客观可能性更大,交友也更加直率、坦然,比较不"敏感",不"矫情",因此她们的人际交往能力更强,恋爱心理状态也不会差于文科女生。但是,工科女生也容易受到男性的影响,自觉或不自觉地改变自己的行为来适应环境,因此和男性一样较为不重视着装打扮,女性气质养成不足。

工科女生在院系中所占人数较少,也比较遵守纪律,因此在教育教学过程和校园文化生活中,院系往往忽视了男女之间不同的心理发展特点,甚至忽视了女生的地位和作用,实行无差别教育:一方面,工科院系的各类教育教学活动安排往往是参照男生的身心发展特点进行统一制定,女生常常处于辅助位置,比如:在工科院系的一些教学实践活动中,男生往往承担测量、操作等关键任务,女生则被分配到数据记录、填写报告等辅助环节,[①]容易降低工科女生的专业满意度;另一方面,在各类校园文化活动和各级学生组织中,工科男生往往占据着主导、组织等位置,工科女生则常常处于被动、次要地位,比如工科学院的学生会主席总是优先由男生担任,在没有合适的男生人选时才会考虑女生。长此以往的无差别教育,使工科女生参与学习活动的成效和热情被大打折扣,她们的发展诉求长期得不到满足,各项综合素质长期得不到提升,最终产生自卑、依赖等心理问题。

(三)工科繁重的学业、科研导致工科女生承受较大的心理压力,且业余爱好较少,影响其心理健康

访谈中,若干个从文科学院转至工科学院的女生均表示文科学生的课业相对轻松,强调发散性思维和人文素养的积累,课余时间较多;工科专业的知识点多、理解难度大、作业和任务繁重,要求动手能力、思维能力、创造能力较强,课余时间较少。因此,文科女生有更多时间去看各类书籍以增强文化素养;有更多时间去参加聚会交流、学生工作、社团活动、志愿服务、社会实践等,在丰富大学生活的同时提升自己的综合素质和适应能力。而工科女生每天必须花费相当比例的时间和精力用于专业学习和实验科研,一方面她们认真、勤奋、细心等特点能使得其取得较好的专业学习成绩;另一方面她们承受着更大的学业困扰和心理压力,也容易导致其对本专业满意度降低。在课业之余工科女生则把时间更多用于上网、睡觉等静态休息,无暇顾及穿衣打扮、体育锻炼和其他学生活动,这使得其日常生活较为枯燥乏味,身体素质、文化涵养等各项综合素质的提升也较为缓慢,进而影响其心理健康。

---

① 虞强,田甜.发展性心理健康教育:工科女大学生素质提升的应有之义[J].中国电力教育,2011(11):159-160,162.

（四）女性特有的身心特点导致工科女生在学习、就业时面临现实困境

美国心理学家麦克比与杰克林在分析大量研究成果之后总结出男女之间的四项差异：女性较男性有更好的语言能力；男性较女性有更好的空间知觉能力；男性数学能力优于女性；男性更富有攻击性。[①] 因此，男性的思维能力、数学运算能力等总体上比女性更强，这些客观存在的身心差异会让女生在工科学习时需要付出更多努力、感觉更为吃力，因此较工科男生更容易产生学习焦虑。

在现代市场经济环境中，用人单位都在追求利益最大化，招聘时都会着重考虑劳动成本与用人性价比；其中，工科类单位尤其存在工作强度大、周期长、实操多等特点。而女性在成年后通常要完成生养、哺育孩子的社会责任，不可避免地会占用工作的时间、精力、体力，割裂工作周期的完整性。在保护女性的相关政策法律法规体系仍有待进一步完善的现状下，工科女性在就业市场上确实处于不利地位，这也会让其对未来发展缺乏自信。

五、对策建议

基于以上影响工科女生心理状态的因素，笔者提出如下对策建议，希望有助于工科女生在大学生涯中不断克服各种主客观的阻碍与矛盾，培养优良的心理素质，更好地实现成长成才。

（一）加强国家、社会、学校、大众媒体的支持和保障，营造良好的性别文化外部环境

国家、社会、学校、大众媒体等应承担起保障女性权益、促进女性发展的责任，在制定法律法规、公共政策、校纪校规，进行宏观调控乃至舆论宣传时，要把摒弃传统文化中"男尊女卑"的观念、消除现代社会"性别歧视"的现象纳入考虑、决策范畴，不断完善各项体制机制，有针对性地开展保护措施，引导文化风向。例如加强法律保障严格对用人单位的监督管理，构建工科女生就业支持指导体系；在高校设立专门的女大学生维权、申诉机构，对包括工科女生在内的不同女性群体给予有针对性的保护；在大众媒体宣传中积极塑造女性自信、自强的形象等。通过形成良好的规章制度、社会环境和文化氛围，帮助女性在各项活动中实现机会均等，为培养工科女生良好的心理素质创造良好的外部条件。

（二）差异化、有针对性地开展工科女生的心理健康教育以及素质教育

要针对工科女性区别于工科男生和文科女生的身心特点和发展诉求，开展多种多样有针对性、差异化的心理健康教育乃至全面的素质教育活动。

在心理健康教育活动方面，首先要充分利用学院选修课、专题讲座等影响范围广、知识体系全面的教学方式，结合工科女生容易产生的心理困惑，开设有关女性心理学的相关课程，向工科女生阐释传统和现代妇女理论，介绍工科女生成长成才、权益保障、压力应对、择

---

① 鲁洁.教育社会学［M］.北京：人民教育出版社，1990：545.

业就业、交友婚恋、形象礼仪等心理学、妇女学基础知识,促进其人格完善、提升其审美情趣和女性气质;其次,可以结合工科女生的身心特点开展包括素质拓展、心理剧、心灵电影赏析、演讲会等丰富多彩的心理活动,辅以团体讨论、团体咨询等,帮助工科女生进一步了解自我,悦纳自我;此外,形成学校心理咨询中心—学院党政领导—辅导员、班主任—学生骨干、班级心理委员这一完整的心理健康教育队伍,提高队伍成员解决工科女生心理问题的专业能力,有效采取各项针对工科女生的心理健康帮扶措施。

而心理健康教育是大学生素质教育的重要组成部分,通过开展各种形式的素质教育才能真正实现心理健康教育的目标。针对工科女生接受无差别教育,课业压力大、专业满意度低等情况,学院尤其要重视专业学习、科创实验、实习实践等素质教育活动对工科女生心理健康的重要作用;科学合理地进行课程设置和教学计划,有所侧重地安排科创实验和实习实践,给予工科女生更多的指导和帮助,重点考察工科女生在学习方法、实践参与、独立成果等方面的情况,一方面要充分发挥工科女生认真细致、勤奋努力的特点;另一方面要着重培养其思维能力、动手能力和创造能力,提高其学习效率、增强其专业自信、了解其专业前景,以达到改善学习状态、磨炼意志品质、强化成就动机的目的。此外,在院系内积极开展针对工科女生的人文艺术、体育锻炼、志愿服务等丰富多彩的学生活动,对于提升工科女生综合素质,促进其心理健康发展也有很重要的意义。

(三)帮助工科女生培养良好的心理品质

首先,要帮助工科女生学会正确评价自我,增强自我认同感。要在理解传统观念的基础上更新理念,接受自己在身心特点方面与男生存在的差异,也要理解自己因专业特点不同而在生活方式上与文科女生存在的差异,但更要发现自己所具有的在性格、语言等方面的优势及耐心细致、自控力强、人际交往能力强等特点,积极发挥自身优势和潜力,扬长避短,不断克服自我冲突和矛盾,使自己从悲观的心态和消极的情绪中解脱出来,更加积极、乐观地看待人生。

其次,要帮助工科女生提升情绪控制能力,保持良好的心理状态。在面对来自于学业、就业、社会等各方面的压力时,工科女生难免会出现焦虑、抑郁、自卑、恐惧等等不良情绪。这个时候,教育工作者要利用专业心理知识和生活工作经验对其进行教育和开导,教授其控制和调节情绪的方法,如身体锻炼、与人倾诉、音乐调节、自我暗示、换位思考等等,帮助其更好地管理情绪、适应环境,保持健康心态。

最后,要加强对工科女生的思想政治教育,在促进其成长成才的同时培养健康心态。要在思想政治教育过程中,不断锻炼工科女生的动手实践能力,增强她们自我认同意识,帮助她们树立"自尊、自爱、自重、自强"四自精神,消除她们的心理障碍,培养她们理性平和的健康心态,让她们成为德才兼备、全面发展的人才。

Analysis and Countermeasures on Psychological Health of Engineering Female College Students

Dai Danni, Ye Yanyan

(School of Aerospace Engineering, Xiamen University, Xiamen, 361005;

School of Public Affairs, Xiamen University, Xiamen, 361005)

Abstract: This article takes some engineering female college students from a "985" project university as the research objects. Through questionnaire investigation and deep interviews, we compare psychologies of engineering female college students with those of engineering male college students and liberal arts female college students. On this basis, it would not be difficult to find out that, with the developments of the times and education, engineering female college students has been equipped with good interpersonal skills and achievement motivation. However, under the influence of comprehensive factors, including traditional culture, social circumstances, schooling and personal character, there are still some problems of engineering female college students who are considered as a disadvantaged group in college of engineering, including low self-approval, low satisfaction in major, few hobbies, heavy work load, great employment pressure and poor ability in emotional management. Besides, some other psychological problems also exist, such as anxiety, depression, inferiority and so on. In summary, in order to help engineering female college students solve their psychological problems properly, we wish to create an environment without gender discrimination, carry out quality-oriented education and mental health education for them and help them cultivate good psychological quality for their all-around development.

Key words: engineering female college students; psychological situation; analysis of causes; countermeasures

女研究生就业观念误区及其对策探析

——基于某文科学院的调查研究

吴飞燕[*]

内容摘要：在高等教育大众化乃至普及化的发展进程中，就业难是当前高校毕业生普遍面临的问题。在就业市场上女研究生就业难的现象日益突出。除去性别差异，学生自身存在的就业观念误区影响了女研究生顺利就业。本文采用实证研究方法，通过对某文科学院研究生进行问卷调查和深度访谈，得出其误区主要表现在：未能树立积极向上的就业观，缺乏冒险和吃苦精神；择业观僵化、死板；自我认识错位；过分注重区域意识；强求社会公平，急功近利。女研究生要顺应时代发展的需求，走出就业观念误区，构建与时代相适应的就业观；树立积极良好的就业观，岗位无贵贱，地区无差别；更新择业观，依据社会的变化及时调整就业规划；"大众创业，万众创新"，创业是最好的就业；脚踏实地，正确评估自身能力。

关键词：女研究生；就业观念；误区；对策

随着高等教育大众化走向普及化的发展进程中，一方面我国高校毕业生数逐年增加，2018 年将突破 800 万人；另一方面研究生数量也不断攀升，女研究生是重要的组成部分。大学生就业难，女大学生就业更难，而这一群体中的女研究生由于自身地位和观念的不同，就业形势也很严峻。造成就业难的原因是多种多样的，就女研究生自身而言，结合这几年的实际就业情况，就业观念中的误区是导致就业难的一个关键的主观因素。因此，分析就业观念误区之所在，分析原因，帮助女研究生构建起与时代相适应的就业观念，是当前解决女研究生就业难的一个有效途径。

一、研究背景及意义

每年毕业季，各大媒体都不约而同地将焦点集中在大学生就业问题上，逐年增加的毕业生，"没有最难就业年，只有更难"。大学生就业现象成为社会各阶层都共同予以高度关注的问题。观念影响行动，大学生的就业选择很大程度上受到就业观念的影响。大学生就业观是近几年教育学、心理学、社会学等众多学科共同关注的热点问题。学者们通过调查这几年的大学生就业情况，综合各学科的研究视角纷纷对大学生的就业现状、就业观念等重要主题进行研究。全国大学生整体就业形势日益严峻，而女大学生这一群体由于性别、能力素质、

---

* 吴飞燕，女，厦门大学教育研究院二年级硕士生，主要研究方向为大学生就业创业、课程与教学。

社会资本等外部方面的问题而无法享受平等的就业机会和待遇,因而成为就业弱势群体的主要部分。近几年,由于我国高等教育规模化、内涵化发展的不断推进,研究生教育的规模也得到了很大的提高,研究生数量逐年上升,根据2014年中国教育统计年鉴,我国研究生总数180多万人,其中女生占49.16%,几乎占了一半数量,并且这两年还会有一定的上升。[①]随着研究生数量的不断攀升,其就业形式也日益严峻。其中女研究生的就业问题是研究大学生就业尤其是女大学生就业不可忽视的一个重点。

从宏观层面讲,我国处于"十三五"规划的社会转型阶段,高等教育也正向普及化和优质化的发展道路转变,高校培养的越来越多研究生一方面为社会发展提供了高质量的劳动力,另一方面也造成了研究生就业难的局面。本文从研究生角度来分析女研究生的就业观念,将研究视角从以本科生为主提升到了研究生的层次。从微观层面来看,女研究生走出就业观念的误区,树立与时代相适应的就业观,有利于缓解当前就业难的问题,促进人才资源的合理利用。

二、女研究生就业观念现状

意识指导行动,有什么样的就业观念就会指导什么样的就业行为,就业观在大学生就业过程中发挥着基础性和全面性作用,是毕业生走进社会寻找工作的理论指导。当前,关于就业观念的研究,不同学者从不同的角度给予了一定的界定。杨德广、晏开利从个体角度的层面提出就业观念包括就业认知、对自我的认知与对就业环境、政策的认知;就业的态度,是否愿意就业以及对就业的看法;就业期望,对地区、待遇、环境和发展空间等的期望几个方面。[②]本文亦从微观的视角认为大学生的就业观是毕业生对就业目的和意义比较稳定的根本看法和态度的体现,它在很大程度上指导着大学生的就业行为的选择,是毕业生价值观体现中的重要组成部分。女研究生作为大学生中的一部分,其就业观既有大学生的共性又有其自身的特征:对女性性别的认同感;承担社会角色的分工以及学历的机会成本。本文在杨德广教授理论的基础上,根据女研究生群体自身的特点,设置符合女研究生群体的调查问卷和访谈提纲,选取一定的调查对象,深入了解女研究生就业观的现状。问卷主要由对就业的认知、对自我的认知、对就业环境的认知和就业的选择四个维度构成,其中在自我认知和就业环境两个维度中着重了解女性和研究生这两大特征对就业观念的影响。

(一)对就业的认知

就业是指具有劳动能力的公民,依法从事某种有报酬或劳动收入的社会活动。对大学生而言,就业意味着离开了学校这个"象牙塔",也是他们步入社会的起始。在教育系统里经历了10多年的教育,大学生对于步入社会就业既充满着无尽的期待,饱满的热情,也伴随着深深的担忧。就业是社会对大学生的实地测试,区别于学校的考试,它是一场硬仗,从各个方面对毕业生进行综合考查,"交出一份满意的答案"的关键在于就业的落实情况。通过对

---

① 谢焕忠.中国教育统计年鉴2014[M].北京:人民教育出版社,2015:47.
② 杨德广,晏开利.中国当代大学生价值观研究[M].上海:上海教育出版社,1997:56-57.

某研究型大学文科学院 87 名研究生问卷调查和深度访谈,得到女研究生对就业的认知情况。绝大多数人认为就业是文科女研究生的首先选择,一方面既可以实现自身的价值,增强自我效能感;另一方面反映了当代女大学生的未来选择多数是先通过就业开始的。由于受到学科性质的限定,在文科女研究生的毕业选择中对创业的选择是在就业之后的,这也符合当代大学生的就业现状。在对就业的准备上,女研究生意识到自身竞争的不足,往往从入学之日起,就会有意识地为就业做准备,并且在研二阶段选择外出实习,有过实习经历的女研究生数占总体的 90% 以上。由此可见,就业是一个长期的过程,需要学生长久的积累和准备,这样才能在就业难的现状中取得较好的就业条件。

(二)对自我的认知

自我认知是女研究生对自己的洞察和理解,主要包括自我观察和自我评价,对自己的思维、意向、想法、能力、期望等方面进行判断与评估。本文调查的自我认知主要是和就业相关的。随着女研究生群体数量的不断增加,社会对研究生的需求逐渐趋于平稳,研究生学历在就业方面不再有绝对优势。在自我认知方面,女研究生大多认同研究生学历并不是就业的关键因素,个人能力和社会经验比研究生学历更加重要。此外,相对于女本科生,女研究生还有一定的劣势。女本科生的年轻、有冲劲、有干劲普遍高于女研究生,并且女研究生毕业后由于年龄的因素,结婚生子成为除就业外的另一重要事情,在选择就业单位时考虑的因素较多,这也束缚了女研究生的就业选择。总体来说,女研究生在就业方面的自我认知相对来说是中规中矩的,既没有盲目自信,也没有过分自卑,能够从各方面综合考虑自我,评价自我,进而选择适当的就业单位。

(三)对就业环境的认知

就业虽然是个人的选择,但是外部的就业环境也在很大程度上影响着女研究生的就业观念和就业选择。政策环境是保障大学生就业的一个重要手段。政策是否有利于大学生就业,关乎整个社会就业压力以及就业结构是否平衡问题,构建一个良好的政策环境将有助于实现大学生就业。[①] 政府对于大学生就业给予了很多的政策支持,从鼓励前往基层到“大众创业,万众创新”,国家政策从多角度多方位为大学生的就业提供了政策保障。国家的大环境对大学生就业起着积极引导和鼓励的作用。就业是一个社会参与的问题,大学生、学校以及用人单位等相关利益群体无一不受到社会观念文化的影响。就女研究生而言,当今的社会观念和文化虽然提倡男女平等具有包容性,但是在实际求职过程中,男女性别差异、社会的不公平性依然是影响其顺利就业的重要因素。我国的传统社会观念认为,男性能力强于女性,不仅是男性这样认为,在社会思想潜移默化的影响下,尤其是在文科类的女研究生中也有相当一部分人认同这样的观念,导致在就业时遇到男性竞争对手产生不自信甚至是自卑的心理。这一点反映在用人单位中亦是如此,有很多用人单位都表示,在相同职位的应聘者中,用人单位倾向于优先选择男性,甚至是一些偏文科类的职位,也是男性求职者的优势更大,例如:高校辅导员、行政人员的招聘,幼儿园教师的招聘等等。除了性别上的不公平,受调查者有 40% 的学生认为当代社会给予大学毕业生的就业机会是“不公平”的。对于女

---

① 岳杰勇.“90 后”大学生对就业环境认知状况的实证[J].中国青年研究,2014(8):86-91.

研究生而言,由于"90后"一代的孩子都是家里的独子,中国式的家长对孩子的事情是包揽包办,家长在面对子女就业问题尤其是女儿的就业问题上,不遗余力地找关系,寻资源,尽自己最大的努力把女儿送进好的就业单位。而在我国研究生生源来源中,农村地区的学生占了很大一部分,这一部分的毕业生缺乏社会资本,主要靠自身的能力在社会中立足,这就导致了就业过程中的不平等现象。大学生相对于社会上的求职者具有学校这一层面的优势,全国各大高校都有成立就业指导中心,尽可能地为大学生的就业创业提供帮助。根据被调查学生的反馈,其所在高校和学院对毕业生的就业指导工作制度完善,信息资源丰富,为其顺利就业提供很好的支持和服务。学校和学院积极开展就业技能的培训,为大学生提供职业发展、求职心理辅导、技巧培训等各种服务。学院还根据女研究生的就业方向和特点,有针对性地进行相关工作岗位的技能培训,旨在帮助学生就业。

(四)对就业选择的认知

就业是一个双向选择的过程,不仅是社会选择人才也是高校毕业生选择自身的需求。根据笔者的调查,在对就业选择的认知上,女研究生普遍坚持传统的观念,追求工资待遇好、工作环境优良、工作稳定、社会地位高的工作。女研究生在就业时理想的工作单位主要集中在政府机关和高校等事业单位,此类工作主要有三个特点:社会地位高、工作稳定、工资待遇也较高,而这类工作的竞争力也非常高。在创业方面,被调查者仅有一人表示如果没有找到好的工作会考虑创业。在工作地点的选择上女研究生也同样表现出对大城市和发达地区的热衷以及对西部欠发达地区的摒弃。绝大多数女研究生就业地点的第一选择是北上广深等一线城市,其次才考虑离家乡近一点的地方,发达地区对女研究生的吸引已超过其对家乡的依赖。相对来说,薪资的高低对女研究生就业选择的影响不是最主要的,普遍认为工资在5000元以上即可满足自己的预期,并没有对工资有过多的期望,从这一点来看,女研究生的价值选择是比较合理的。

三、女研究生就业观念的误区

通过对女研究生就业观现状的调查分析,结合对几名学生的深度访谈,归纳总结出当前女研究生就业观存在的误区。

(一)未能树立积极向上的就业观,缺乏冒险和吃苦精神

现今,在高等教育规范化发展的进程中,研究生的市场逐渐趋于饱和,研究生在就业市场上的绝对优势一去不复返,自主择业。双向选择是就业的基本模式。在就业观的树立上也应当与时俱进地树立积极向上的就业观,而不是过去那种封闭狭隘的观念。但是,当前女研究生的就业观普遍呈现出消极被动的现象,缺乏一定的冒险和吃苦精神。主要体现在还存在"就业定终身"的狭隘思想,不敢轻易迈出就业的第一步,并且在就业时盲目地追求职业的声望,过分地计较单位的性质、工作环境及个人的身份,认为民营小企业和销售等岗位与自身的研究生身份不符。对大部分女研究生来说,冒险和吃苦的职业是不予以考虑的,她们更希望谋求朝九晚五的稳定工作,期望一份保守和安逸的工作。

(二)就业观念僵化、死板

研究生在学校期间主要任务是钻研专业知识,缺乏与社会和外界的沟通,但是只进行理论知识的学习是与社会脱节的,我们最终是要步入社会,成为社会人的。从学生到社会人的转换过程中就业是必由之路,调查显示,女研究生的择业观还是比较僵化、死板的。在面对就业失利时倾向于考博来逃避就业,并且对学校和家庭的依赖性较大。不少女研究生的就业观还停留在过去的学历为本的时代,认为研究生的学历应该要寻找一份社会地位高、薪资稳定的工作,不愿去到基层单位、小型企业以及销售岗位等,进取心和与时俱进的发展意识不足。事实上,在当代的市场经济条件下,纯粹稳定和安逸的工作基本不存在,女研究生就业观念的僵化和死板进一步强化了女性的弱势地位和社会对女性的固有成见,也将女研究生的就业选择范围窄化了,加剧了女研究生就业难的形势。

(三)自我认识错位

女研究生在对自我认知上也存在一定的不准确和认知错位。其表现:一是与实际不符;二是存在一定的自卑或自信,就业的期望值过高或过低,不能客观地分析自己和社会。在大环境下,对女性的偏见和自身年龄的劣势,部分女研究生在心理给自己设置了过低的心理防线,潜意识里认为自己就是比不上男性求职者,因而放弃尝试,错失很多就业机会。在求职面试时也缺乏自信,忽略自身的优势,抱着失败的态度去求职,一旦经历了几次失败则更加迷茫,怀疑自己。此外部分女研究生被学校里的荣誉所迷惑,高估自己的实力,导致择业期望值过高,一心非大城市和高待遇的工作不可。然而,学校中的荣誉很大程度上是根据学习成绩来评定的,这一点对于就业市场和用人单位来说只是加分项,不是决定性因素,因此这部分学生过分高估自己也造成了在就业上遇到超出预期的困难。而来自农村生源的女生则普遍存有跳出"农门"改变身份的想法,毕业后碍于面子,宁愿漂泊在大城市中也不愿去到基层或回到自己的家乡,为家乡的发展做贡献。

(四)过分注重区域意识

根据调查结果可以看出,女研究生在社会的影响下普遍将就业的首选地定在北上广深这些一线城市中。一线城市虽然就业机会多,发展前景好,但是竞争力也很大。很多女研究生一味追求前往大城市发展,自愿放弃一些不错的就业机会,挤破头也要跻身一线城市,造成"自愿失业"的现象。另一部分女研究生在求职过程中受到家庭或者男朋友的影响,就业地点就选择在离家近的区域或者是固定在男朋友工作的城市,受地域的局限,大大减少了就业机会,增加了就业的难度。在交通通信高速发展的今天,地域的限制已经不再是阻碍就业地点选择的关键因素,女研究生过分注重区域的意识不仅是就业观念落后的表现也有就业心理不成熟的原因。

(五)强求社会公平,急功近利

女性与男性享有同等的就业与择业的权利是我国劳动法规中的基本内容,虽然政府政策明确规定用人单位在招聘时不得性别歧视,但是传统社会文化的性别歧视不是一朝一夕,一份政策法令就能改变的。① 女研究生是一群高素质的人群,女权意识和男女平等意识已觉醒,因此在求职过程中要求用人单位和人才市场做到男女平等。但是现实常常达不到预期,如果一味地从自身角度考虑,强求社会公平,一旦遭到不平等的待遇,就否定现实条件,对社会不满,久而久之,就会影响自己求职的正常之道。在社会经济高速发展的时期,不少女研究生为了能在就业大潮中取得一份好的工作,常常投其所好,将自己包装成社会上所需要的人才,而忽视自身内在的涵养和能力,急功近利,结果往往适得其反。

四、女研究生走出观念误区的对策

根据当前女研究生的就业现状、存在的就业观念误区以及女研究生的实际情况,从女研究生的特点出发,本文提出几点对策,旨在帮助女研究生走出观念的误区,进而指导她们进行正确就业选择。

(一)树立积极良好的就业观

岗位无贵贱,就业无差别。结合当前的就业形势,女研究生树立积极良好的就业观是关键。不能把就业单位局限于理想中,要扩大择业的视野,择业目标不应该总局限于经济发达的大城市或者知名的大型企业、政府机关单位。从长远看,一些小地方、基层单位、小企业,可能会有更好的发展机会。此外,即便在择业过程中受挫,也要重塑就业信心,培养健康的择业心理。

(二)更新择业观,依据社会的变化及时调整就业规划

随着市场经济的快速发展和市场体制的改革以及高等教育发展主题的改变,社会结构、分配制度和利益主体逐渐趋于多元化,高校培养的人才也越来越与社会相适应。女研究生的择业观也应该依据社会的变化及时调整自身的就业规划,不要将入学时的职业生涯规划固定下来,一成不变。女研究生作为女性群体中的高素质人才,毕业后就业应该在国家就业政策指导下,以国家利益为重,懂得奉献社会,而不是推卸自身的社会责任,完全从自身利益出发,把"高收入、好待遇、优环境"当作就业的第一标准。

(三)创业是最好的就业

当前政府力推"大众创业,万众创新"政策,女研究生应该抓住这个时机,认识到自身在自主创业上的优势,在国家的鼓励和学校的支持下,大胆进行创业,以创业带动就业,创业是最好的就业,而不是将进入工作单位当作是唯一的就业选择。现代社会的发展是多元化的,各行各业都存在创业的机会,女研究生可以从事教育、传媒等领域的创业,这些领域对女研究生而言不仅机会良多,所受的阻力也相对较少。②

---

① 陈慕真.女大学生就业观念误区及其对策探析[J].山东省青年管理干部学院学报,2005(2):45-46.
② 冯祥斌.论女大学生的就业优势及实践途径[J].中国青年政治学院学报,2006(4):20-23.

(四)脚踏实地,正确评估自身能力

社会的不公平不会瞬间消除,男女性别差异也会一直存在。女研究生要摆正自己的心态,脚踏实地,从自我做起。首先,应重视提高自身的心理素质,良好的心理素质有助于应对严峻的就业压力,从容面对竞争和压力;其次在平时的学习过程中储备各种过硬的知识技能,相对于面试技巧、求职攻略,深厚的知识技能和实际能力才是找到一份好工作的关键。而正确评估自身能力,不自卑也不夸大,实事求是地进行就业选择是就业的基本。

A Research on Female Graduate Students' Misconception of Employment and Countermeasures:Based on the Survey of a Liberal Arts College

Wu Feiyan

(Institute of Education, Xiamen University, Xiamen, 361005)

Abstract: In the process of popularization of higher education, the difficulty of employment is the problem that college graduates are facing. In the job market, the problem of female graduate students' employment is becoming increasingly prominent. Apart from gender differences, the female graduate students' misconception of employment affects their successful employment. By using the empirical research method, we can draw a conclusion that the misconception is mainly manifested in the failure to establish positive values of employment, lack of adventure and hard-working spirit, the rigid and inflexible concept of career, misplaced self-consciousness, excessive focus on regions, pursuit of social justice and eager for quick success and instant benefit through the research of a liberal arts college graduate students. Female graduate students should adapt to the needs of the development of the age, step out of the misconception of employment, and construct concept of employment which could adapt to the times: establish a positive view of employment, job is neither good nor bad, there is no difference in the regions, convert ideas of the employment, adjust the career plans according to the social changes, "Mass entrepreneurship and innovation", entrepreneurship is the best choice of jobs, be earnest and down-to-earth, assess your abilities correctly.

Key words: female graduate students; concept of employment; misconception; countermeasures

女大学生求职优势的实证分析

刘艳杰　任艳青　李怡佳[*]

内容摘要：对女大学生就业与职业生涯发展的研究，专家学者往往强调女性的性别劣势，但通过实际工作和大数据调研分析，我们发现女大学生就业率与男生持平，升学率高于男生；在基层单位就业、支教，孔子学院、创业等团队中出现了一批女大学生典型，且人数逐年递增。本研究从性别优势的视角发现，女大学生在学期间积累了更多的人力资本；求职意愿、求职的努力程度高于男生；多样性的职业发展模式更能适应当今天的职业环境。

为更好地发挥性别优势，促进女大学生就业和职业发展，本文提出尊重女大学生的独特性和个性，肯定女大学生问题解决的能力，同时支持女大学生运用和拓展社会资源，及与问题视角相协调，加强研究，既要解决女大学生就业过程中的实际问题，又要发掘其优势的建议。

关键词：女大学生；求职；性别优势

一、问题的提出

女大学生就业问题历来是国家、社会和高校关注的重要问题，国家"十三五"规划提出"推动实现更高质量的就业"和"保障妇女平等获得就业的权利和机会"的要求，女大学生就业问题研究也越来越成为热点。通过文献梳理，我们发现对女大学生就业与职业生涯发展的研究，专家学者往往强调女性的性别劣势，典型观点包括：(1)女性由于生理缘故在一定的年龄段都会面临结婚生育的问题，导致女性所需的福利保险和假期要高于男性，但是劳动时间少于男性，综合经济效率和生产率更低，因而用人单位很多在考虑这一因素之后会选择给男生更多的机会。[①] (2)女大学生认同传统职业分工，认同男性比女性做得更好，认同女性应该更安逸不必像男性一样辛苦，认同传统家庭角色分工。[②] (3)目前的法律对于女性就业权益的保护不够，这些法律法规原则性较强，对性别歧视的内涵和范围界定不清，缺乏操作性及具体的法律责任规定。(4)女性专业选择过于偏重文科，男生过于偏重工科，导致女性

---

* 刘艳杰，厦门大学学生工作处副处长；任艳青，厦门大学就业指导科科员；李怡佳，厦门大学就业指导科科员。主要研究方向为大学生指导。

① 李瑾，彭建章.在女大学生就业难影响因素及对策研究中[J].河北师范大学学报,2011(2):106.

② 余秀兰.女大学生就业歧视的再生与强化[J].高等教育研究,2011(9):77.

就业专业边缘化。[①] 上述研究表明,相比于其他学生群体,女大学生在求职过程中面临更多的困境。比如女大学生就业率低、求职起薪低、工作满意度低等。

对女大学生就业创业过程中存在的问题、劣势、不利条件等研究,加深了我们对现存问题的理解,有利于厘清解决问题的思路。但同时,我们在实际工作中发现近几年女大学生就业出现了一些新的特征,这些特征打破人们对性别就业的传统印象,让我们可以用优势的视角来看待女大学生的就业与创业情况。

二、女大学生就业过程中的一些新特征

通过对某大学 2016 年毕业生就业流向数据库(统计截止时间为 2016 年 12 月 31 日)的研究发现,女大学生就业具有以下几点新特征。

(一)女大学生就业率与男生持平,升学率高于男生

本数据库中的就业指境内外升学、签约就业和灵活就业的总和,即以教育部使用的年终落实率为计算标准。结果显示(表 1),该校男生就业率为 94%,女生就业率为 94.2%,方差齐性检验中,不同群体满足方差齐性条件,表明不同性别学生的就业率没有显著差异。

表 1 某大学 2016 年不同性别毕业生去向分布

		流向					合计
		境内升学	境外升学	灵活就业	签约	未就业	
男	计数	504	247	119	1018	120	2008
	在男生中的(%)	25.1	12.3	5.9	50.7	6.0	100
女	计数	695	454	141	883	133	2306
	在女生中的(%)	30.1	19.7	6.1	38.3	5.8	100
合计	计数	1199	702	260	1901	253	4315
	在全部学生的(%)	27.8	16.3	6.0	44.1	5.9	100

注:灵活就业＝自主创业＋自由职业。

为进一步检验不同性别毕业生在年终就业流向的差别,本研究对签协议的毕业生的单位流向做了卡方检验。研究发现:(1)不同性别毕业生的毕业流向存在显著差异(P＝0.00),女生的境内外升学比例高于男生,男生的签约比例高于女生。(2)签约学生的单位性质流向有明显差异,男生流向机关事业单位的比例明显高于女生;女生流向国有企业的比例明显高于男生。

[①] 俞毅.高等教育中性别隔离现象的实证分析[J].黑龙江高教研究,2010(5):27.

表 2　某研究型大学 2016 年不同性别签约毕业生单位性质流向

项目		单位性质					合计
		机关事业	国有企业	其他企业	三资企业	其他	
男	计数	173	186	536	60	50	1005
	比例	17.2	18.5	53.3	6.0	5.0	100.0
女	计数	79	223	432	87	28	849
	比例	9.3	26.3	50.9	10.2	3.3	100.0
合计	计数	252	409	968	147	78	1854
	比例	13.6	22.1	52.2	7.9	4.2	100.0

(二)女大学生到国家战略领域就业的意愿、比例高于男生

2017 年,教育部相继出台《关于进一步引导和鼓励高校毕业生到基层工作的意见》《促进高校毕业生到国际组织实习工作的通知》等系列文件,鼓励和引导毕业生到国家战略领域就业。在传统印象中,基层一直与"艰苦偏远地区""工资待遇低"画等号,而女生吃苦耐劳能力弱于男生,所以到这些地区工作的女生比例应该远远低于男生。但事实上,通过该校毕业生流向数据库我们发现女大学生选择到国家基层项目、地方基层项目、西部计划就业的数量逐年增多。2012—2016 年到基层就业的男生/女生的比例具体为 20/15、33/57、16/21、44/19、34/43。女生基层就业地域选择上以家乡区域为核心,女性更愿意回乡就业;其中村官女性毕业生居多。同时在基层单位就业、支教,孔子学院等团队中出现了一批女大学生典型。

同样,通常认为到国际组织就业也是男性更占优势,一方面需要做出背井离乡的选择以及极强的环境适应力,另一方面需要更强的综合素质。而通过实际调查发现,女生到国际组织实习任职意愿更加强烈,更多的女生有到海外或境外学习、交流的经历。通过对某高校 5158 名在校生的问卷调研中发现,女大学生有意愿到国际组织任职的比例是 72.74%,男生比例是 58.79%。女生比例高于男生,并且具有统计学显著差异。在大学期间,16.05% 的女大学生具有境外学习或交流的经历,而男生的比例只有 8.88%。

(三)创业学生群体中,女大学生创业项目比例逐年增加

李克强总理在政府工作报告提出"大众创业,万众创新",提倡和鼓励大学生自主创业,在此背景下大学生创业项目如雨后春笋般涌出。2016 年,该高校共有 91 项女大学生创业项目,49 名女毕业生自主创业,61 个女大学生创业项目获奖。

大学生自主创业的领域主要集中在互联网、新媒体、科学技术和文化创意等领域。以该校在校生及毕业 5 年内创业学生数据库作为样本,数据显示该校大学生在传统服务、科技创业、社会创业、农业创业、文化创意、互联网＋传统教育类等都有所分布,女大学生创业主要集中在公益创意类、传统服务业、教育培训类、文化创意类、互联网类等。

以上四种现象与之前的研究结果有些出入,同时也打破了人们的刻板印象,比如女性就业情况不如男生,女生不适合基层,不适合艰苦行业和地区,女大学生应该受到特别的照顾,也让我们深思,女大学生就业过程中有哪些性别优势要进行发掘、固化和传播?

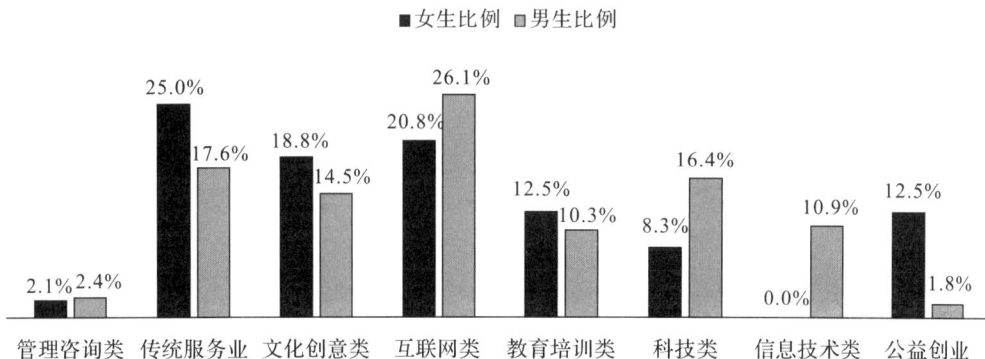

图1　某大学男女大学生创业行业分布比例

与后致性因素相比,性别是先赋性的因素,罗伊的职业生涯决策模型中,性别是发挥作用的重要因素,性别有劣势,也会有优势,女大学生职业发展过程中有哪些性别优势? 如何发挥这些优势? 这些性别优势带来了哪些有利之处? 带着这些思考和工作实际经验,我们认为主要有以下的原因。

三、女大学生职业发展过程中的性别优势

(一)从人力资本的角度来看,女大学生在学期间积累了更多的人力资本

现代人力资本的奠基者当属美国著名经济学家舒尔茨,他于1960年的演讲《人力资本投资》中提出了“人力资本”这一概念。“人力资本”概念被提出之后就马上得到了学术界的认可和赞誉。舒尔茨认为,人力资本是指人本身的知识、技能和健康,这种劳动能力可以带来收入。[①] 他的“人力资本”是与“物质资本”相对而言的,人力资源是所有生产资源中至关重要的资源。对于在校大学生来说,人力资本主要包括学习成绩和个人能力等,个人能力没有办法来客观评量,担任学生班干部可以锻炼个人能力得到较一致认可,因此本研究使用担任学生干部情况来评价学生的能力。

分析数据来源于对该校2016年本科毕业生的问卷调查,共发放问卷2000份,回收1900份,有效问卷1809份,有效率95.2%。采用SPSS23.0对问卷进行数据统计与分析。统计分析该校女生担任班干部的比例为75.3%,高于男生(67.4%);女生排名成绩前30%比例为51.1%,高于男生31.3%,且存在统计学显著差异。

① 舒尔茨.人力资本投资:教育和研究的作用[M].北京:商务印书馆,1990:20.

表 3 2016 届毕业生担任学生干部和成绩排名情况

性别	担任学生干部			成绩排名			
	主要学生干部	普通学生干部	没有担任过	前 10%	10%～30%	30%～50%	50%以后
男	353	345	337	85	239	278	433
百分比(%)	34.1	33.3	32.6	8.2	23.1	26.9	41.8
女	470	452	302	190	436	320	278
百分比(%)	38.4	36.9	24.7	15.5	35.6	26.1	22.7

表 4 2016 届毕业生担任学生干部和成绩排名情况

大学期间同专业成绩排名的独立样本 T 检验结果

类型	方差方程的 Levene 检验		均值方程的 t 检验					差分的 95% 置信区间	
	F	Sig	t	df	Sig(双侧)	均值差值	标准误差	下限	上限
假设方差相等	9.282	0.002	10.978	2257	0	0.463	0.042	0.38	0.545
假设方差不相等			10.993	2206.62	0	0.463	0.042	0.38	0.545

　　本研究认为这与境内升学更加依靠自身努力有显著关系,研究也表明女生的学习成绩明显优于男生,且存在显著性统计学差异。人力资本和社会网络支持是女性职业生涯发展的关键资本。人力资本通常被认为是促进职业发展的重要资本,而教育、培训、发展机会、任职、经验和工作流动等都能帮助个体积累人力资本,女性的人力资本提高有助于就业与职业发展。

(二)女大学生求职意愿、求职的努力程度高于男生

　　根据 2016 年对毕业生的问卷调查结果显示,求职过程中男生和女生平均求职时间分别是 2.37 个月和 2.48 个月;平均求职花费分别是 1844.88 元和 2223.81 元。男生求职时间、求职花费均低于女生。

表 5 不同性别大学生对求职过程和结果的独立样本 T 检验结果

项目	性别	样本数	均值	Levene's 方差齐次性检验			均值差异 T 检验		
				统计量 F 值	显著性	是否齐次	显著性	是否显著	均值差
求职时间	男	329	2.37	.06	.80	否	.54	否	-.106
	女	274	2.48						
求职花费	男	329	1844.88	.92	.35	否	.26	否	-378.93
	女	274	2223.81						

无论大学生求职还是工作过程中,态度对于成功与否起着重要作用,从毕业生求职时间、求职花费两个维度来看,女大学生比男生更积极主动地去求职,经历越多,尝试越多,成功的概率也就越高。

(三)与男性"阶梯式"职业发展模式相比,女性职业发展模式多样性,更能适应当今天的职业环境

Richardson 研究认为,与男性"阶梯式"职业发展模式相比,女性的职业发展模式更像"蛇形"。类似的,Huang&Sverke 发现女性职业发展模式是多种多样的,包含向上移动、稳定、向下移动、波动等多种类型。可见,女性的职业生涯发展呈现多样化模式。与传统的线性晋升职业生涯发展模式相比,女性不再继续选择被组织结构和规范限制的职业发展道路,而是选择开创属于自己的道路(灵活就业的数据、毕业生择业价值观的数据)。未来的职业模式应该考虑弹性、技能的可转移性以及个体心理上对有意义工作的追求等,从而更有利于女性的职业发展。

一些女大学生在尝试更具弹性的职业发展模式,这样一方面能为自己创造更多的发展机会,另一方面,能够满足自己对完整生活(包括个人和专业领域)意义的追求。

四、发挥性别优势,促进女大学生更好地就业和职业发展

优势视角自 20 世纪 80 年代提出之后,就得到强烈反响,目前被广泛应用于社会工作、心理健康、贫困帮扶等多个领域。[①] 在以往的关于女大学生就业创业的研究中,我们多应用的是问题视角,即描述问题、发现原因、提出对策,与问题视角不同,优势视角强调每个人都具有天赋、能力、技能、资源和希望,如果关注个人已经拥有的积极品格和能力,他(她)就能运用这些优势继续成长。优势视角并不否定问题的存在,而是希望改变以往过分关注服务对象问题的现象,让人们能够同时注重服务对象的能力和机会。从优势视角来看,是否有问题并不是真正的问题,真正的问题是如何寻找面对、处理和超越问题限制的具体途径,这对我们有以下几点启发。

(一)尊重女大学生的独特性和个性,肯定女大学生问题解决的能力,同时支持女大学生运用和拓展社会资源

优势视角的三项基本理论原则在于:(1)服务对象有能力决定什么是最好的;(2)服务对象能够按照最好的方式行动;(3)服务对象的个人历史和品格的独特性是个人与社会环境之间不断相互影响的结果。因此,从优势视角出发,激励女大学生通过发挥女性的独特性和自身的个性,建立、强化已有的优点和能力,本文就是从这个角度出发,发现女大学生在校期间积累了更多的人力资本,有更强的求职意愿。在工作实践中,我们可以采取多种方式帮助女大学生从优势视角实践,认知到自身的积极力量,如能够保持较高的求职意愿和持续的努力

---

① 童敏.从问题视角到问题解决视角[J].厦门大学学报(社会科学版),2013(6):1.

投入,从而有意识地运用和发挥内在的潜能和智慧,在过程中做出决策,解决问题,实现目标。

优势视角的代表人物塞利贝认为,不仅个人、群体、家庭和社区都具有能力,而且每种环境都充满了资源。女大学生可通过参加家庭、学校和社会活动的机会,积极寻求、探索、建立和拓展社会资源,创造求职和职业发展的良好机会。

(二)与问题视角相协调,既要解决女大学生就业过程中的实际问题,又要发掘其优势

以往普遍的研究基本从问题视角出发,提到女大学生在就业和职业发展中存在的生理、心理、要照顾家庭等方面的问题,这些不容忽视的问题在研究中得到加强并提出了系列的解决办法,但依然停留在解决一个又一个的问题层面。这个过程容易忽略女大学生的特有的优势,比如善于言辞,沟通能力强,有丰富的情感以及他人情感的认知力。优势概念的引入,不是简单地增加问题的对立面——优势,也不是否认问题的存在,而是从根本上改变了看问题的基本立场,在回应女大学生求职困难问题时,关注问题之外的能力和资源,通过发掘其优势,达到与解决问题有效的平衡。如此立场与态度的转变能够更好地发掘女大学生在求职过程中的性别优势和潜能,从而提高女大学生的自我效能感。

An Empirical Analysis of Female College Students' Advantages in Job Seeking

Liu Yanjie, Ren Yanqing, Li Yijia

(Student Affairs Office Section For Career Development, Xiamen University, Xiamen, 361005)

Abstract: In the research on the employment and career development of female college students, experts and scholars tend to emphasize the gender disadvantage of women, but through the survey and analysis of actual work and big data, we found that the rate of employment of female college students is the same as that of male students, and the rate of getting higher education of female students is higher than that of male students. There are many female students work in the grassroots units, the Volunteer Teaching Program, Confucius Institute, entrepreneurship and other teams, and the number of it has increased year by year. We found that the female college students have accumulated more human capital during the years of college life from the perspective of female college students' advantages in job seeking. And the female students' desire and the level of effort of seeking jobs is higher than that of male students. The diversified career development models of female students are more suitable for today's job market. In order to make full use of the advantages of female college students and promote the career development of female college students, we should respect for the uniqueness and personality of female college students, approve the female college students' ability of solving problems, and support female college students to use and expand social resources in the mean time. And we should coordinate with the problems, and strengthen the study. It is not only necessary to solve the practical problems in the job seeking of female college students in the employment , but also to explore their advantages.

Key words: female college students; job seeking; gender advantages

性别平等与家庭建设研究

Study on Gender Equality and Family Development

主持人语

蒋　月

在社会转型时期,婚姻家庭如何作为才能顺应时代? 如何更好地引导婚姻家庭行为? 从哪些方面努力才能成就和睦文明的婚姻家庭关系? 这些问题的讨论,既关乎个人选择、家庭命运,又关乎国家建设、社会发展。而性别关系是婚姻家庭关系中绕不开的重要话题。2016 年 12 月 3 日,为庆祝厦门大学妇女/性别研究与培训基地成立十周年,"性别平等与家庭建设"学术研讨会在厦门大学举行,围绕妇女权益与妇女地位、家庭建设与社会组织管理、妇女在家庭伦理道德构建中的角色等多个议题展开讨论。本栏选刊的 4 篇佳作是此次研讨会的应征论文。婚姻家庭文化如何适应社会变迁? 又如何引导、安慰家庭成员? 是否有必要重塑? 王红旗的论文《中国社会转型对婚姻家庭文化发展变化的影响》探讨古今中西与新旧婚姻家庭生活方式并存之际,婚姻家庭文化作为社会文化的基本细胞之一所呈现出的纷繁复杂样态,构想了传统性与时代性相结合的新型婚姻家庭文化。郭淑梅的论文《微信群:婚姻关系"第三者"》讨论微信交流成为生活常态对婚姻关系经营之影响。其文中观点或有待商榷,然而,智能手机对各种人际关系之影响,有目共睹,故研究延长夫妻单独相处时间问题,恐有必要。石红梅的论文《家务劳动的历史变迁及当代挑战》研讨妇女解放与劳动之间的关系,认为家务劳动工资化背离了妇女解放轨道,加剧了世界女性阶层之间不平等和贫困女性边缘化;主张在现代科技社会,家务劳动的内涵和外延迅速变化、家务劳动承担主体扩大的情境中,家务劳动策略是要改变以资本和效益为中心的分配模式,建立多样化经济体系及其分配模式。陈晶华《家庭暴力防治的法律问题研究 ——基于民事司法裁判案例的统计分析》一文基于对 494 份涉及家庭暴力的民事案件判决书的统计,发现 93.61％施暴者是男性,近一半案件是因家庭琐事引发家庭暴力;分析了家庭暴力问题中的性别关系,家庭暴力发生原因、举证、认定、请求损害赔偿、适用法律法规等情况;提议充分发挥警察制暴的作用,立法扩大家庭成员的范围,合理分配举证责任等。该文的观点意见对于我国《反家庭暴力法》等相关法律的实施不失其参考价值。婚姻家庭仍然是个人、社会的基本支持系统,希望更多人关心之,研究之。

中国社会转型对婚姻家庭文化发展变化的影响

王红旗[*]

内容摘要:在中国社会的转型期,由于经济体制、法律制度改革与多元文化博弈的相互影响,婚姻家庭文化作为社会文化的基本细胞呈现出纷繁复杂的样态。从家庭结构关系来看,一方面呈现出传统与现代、过去与未来、民族与世界对接的现代新型家庭。另一方面仍然存在着本土的、民族的、世代相传的传统家庭模式。正是这种古今中西与新旧并存的婚姻家庭生活方式,以更多元、更深刻的方式影响着中国人的婚姻家庭文化观念,从而构成传统性与时代性相结合的新婚姻家庭文化风景。

关键词:转型期;婚姻家庭;传统;现代;文化博弈

改革开放以来,随着商品市场经济的深入发展,政治法律制度的逐步完善,物质与精神文化生活的不断丰富,中国人的核心价值观、思想道德伦理观念正在发生历时性与共时性的剧变。中国社会转型期由于经济体制、法律制度改革与多元文化博弈的相互影响,婚姻家庭文化作为社会文化的基本细胞,呈现出纷繁复杂的样态。从家庭结构关系来看,一方面呈现出传统与现代、过去与未来、民族与世界对接的现代新型家庭。比如,跨国婚姻组成的国际型家庭(多色人种家庭)、结婚而不生育子女的丁克家庭、拥抱爱情拒绝婚姻的独身家庭、离异之后的单亲家庭、选择离婚不离家的“蜗婚家庭”、同性恋家庭,等等;另一方面仍然存在着本土的、民族的、世代相传的传统家庭模式。正是这种古今中西与新旧并存的婚姻家庭生活方式,以更多元、更深刻的方式重构着中国人的婚姻家庭文化观念。

因为从传统的“家国同构”理念讲,家是最小国,国是千万家。整体梳理中国社会从传统农业社会向现代化工业社会转型、从原有计划经济体制向社会主义市场经济体制转型的新鲜经验与时代特征,对于践行“社会主义核心价值观”,构建平等、和谐与幸福的新家庭伦理文化,实现中华民族伟大复兴的中国梦,具有重要的历史与现实意义。

一、社会经济体制改革的影响

20 世纪 80 年代,中国社会经济体制改革,是党中央领导下的一场社会主义现代化建设

---

* 王红旗,女,首都师范大学中国女性文化研究中心编审,教授,主要研究方向为世界华文女性文学、性别文化热点、女性艺术研究。

的重大实践。其宗旨为"强国富民"。古人云"欲治其国者,先齐其家"。数千年来"中国人的社会和生活是在家族制度的基础上组织起来……这个制度支配着中国人的整个生活状态"[①]。由此,中国人尤其重视婚姻家庭文化建设。婚姻家庭文化可以说是人们共同的物质生活、精神生活内容与方式总和,其发展变化必然会受到社会经济制度变革的影响。而且,人们的思想观念、价值取向、道德伦理与行为规范,等等精神生活方式的变化,会促进婚姻家庭文化建设的创新发展,从而推动整体社会的物质文明与精神文明。

那么,经济体制改革是影响婚姻家庭文化创新发展的第一决定性因素。也就是说,商品市场经济的全面启动与发展繁荣,为创建新家庭文化提供了优厚的物质基础。正如马克思所言:"人们在自己生活的社会生产中发生一定的、必然的、不以他们的意志为转移的关系,即同他们的物质生产力的一定发展阶段相适合的生产关系。这些生产关系的总和构成社会的经济结构,即有法律的和政治的上层建筑竖立其上并有一定的社会意识形态与之相适应的现实基础。物质生活的生产方式制约着整个社会生活、政治生活和精神生活的过程。"[②]换言之,经济领域的系列变革对于婚姻家庭文化的影响是根本性的。具体说来,党中央启动的大规模经济体制改革,建立以市场经济为核心的多种经济体制共荣,带领全民走共同富裕、全面奔小康的道路。首先市场经济制度就业模式多样化,调动起人们劳动的积极性,家庭生产功能的增强,经济收入的提高,使家庭生活日益丰富多彩,所带来的人生价值观、婚姻观、家庭观不同层面的新变化,构成了富有鲜明时代特征的新家庭文化风景。据此,可以反映出整个中国社会主义核心价值体系的变迁与重组过程。

(一)农村经济体制改革给婚姻家庭文化带来的巨变

从 1978 年全国第一家"家庭联产承包责任制"在安徽凤阳县小岗村的试点成功,到以家庭为单位的土地承包制度的实行,建立了以公有制为基础,集体所有制、个体经营者等多种经济体制并存的新经济格局。不仅提高了农民生产的积极性,而且提高了农业产品的价格效益,增加了农民的经济收入,农民生活逐步脱贫走向富裕。尤其是,农民家庭物质生活条件的改善,渴望更高层面的精神生活,自我价值实现成为在农村土地上发家致富农民的人生理想。孙慧芬这样描写改革开放时期农村的现实状况:上塘村有"高打墙,阔盖房,不如谁家有个好儿郎",家家比着过日子的"形而上"的好传统变得越来越时尚。"家家比着过,看谁家日子过得好,看谁家能培养出大学生,学成后回农村建设家乡。"正是这样的婚姻家庭观念,加快了 90 年代乡镇企业即"新体制经济"的崛起。其中一部分农村妇女,或通过与丈夫一起承包土地,或到乡镇企业工作,或学习新的农业、手工业技术,都在乡镇企业、村办企业、个体企业工作或自主创业,改变了传统的"男主外,女主内"劳动分工,改变了农村家庭的经济结构与生活方式,促进了家庭夫妻关系的平等,更使农民的婚姻家庭消费观念发生了新的变化,同时诞生了具有时代特征的家庭文化。

其一,家庭重新成为基本生产单位,家庭成员的婚姻家庭意识大大增强,构成一个家庭经济命运共同体。作为家庭核心的夫妻关系,不仅是家庭日常生活的伴侣,更是在工作事业上齐心协力、共谋发展、相互尊重的合作伙伴。其二,经济富裕之后,更注重家庭建设、日常

---

① 林语堂.人生的盛宴[M].长沙:湖南文艺出版社,2002:78-79.
② 马克思,恩格斯.马克思恩格斯选集:第三卷[M].北京:人民出版社,1975:82.

生活消费,住房开始讲究宽敞舒适,家庭生活设施变得个性化、有情趣。其三,随着与外面世界交往圈的不断扩展,越来越认识到知识的重要性,家庭建设方面更注重自我身心发展的需求,农民家里建立起家庭书屋、家庭书架,读书学习文化知识、科学技术,滋养精神,成为学习型的家庭。其四,更加重视子女培养,为子女选择好教育环境、学校,教育消费常常排在第一位。

虽然,农村家庭的姻亲关系仍然是围绕"血地缘"的传统聚族而居。但是,从建设社会主义新农村,到夫妻共同决策家庭大小事务,从孩子择好学校的投资,到购买家具电器、购买住房,自己建立家庭读书室。家庭和谐奔小康,家风淳朴日日上,生活气象日日新。

新世纪以来,随着城乡建设一体化的速度加快,各种经济政策制度的分层级变化,涌向城市的"民工潮"导致农民劳动角色的具体分化。一部分农民向非农经济转移,在自己土地创办了更多的、以家族结构为主体的乡镇企业、村办企业和个体企业。另一部分农民流动到城市,成为新的产业大军。离开农村的家和土地,到城市"打工"谋生。个体农民与城市不同体制企业、雇主建立起劳动合同关系,农民进城的意义完全超越了谋生,进而成为城市现代化的建设者。农民家庭从丈夫进城打工,农村剩下留守妇女与儿童,到丈夫和妻子一起进城工作,再到夫妻带着子女一起进城,子女到打工子弟学校读书。离开家乡故土流向城市的农民,在商品经济大潮的冲击下,经历了一场传统与现代的心理蜕变,经历了在人生价值观、性爱观、婚姻观、家庭观等等方面前所未有的挑战。

也就是说,农民就业的多元化和城乡之间的流动性,农村家庭、居住在城市的农民家庭,摆脱了封建传统文化家庭伦理道德的束缚,更崇尚从自由恋爱走向婚姻,更向往夫妻关系的平等和谐、事业工作与家庭生活方面的相互支持,更看重精神情感、文化生活,更注重对小家庭的夫妻共建。但是,婚姻家庭文化仍存在重物质、轻精神的复杂现象。由于农民进城引起夫妻情感破裂,离婚案件也逐渐增多,甚至有的夫妻把子女长期留在农村和爷爷奶奶一起生活,部分"留守儿童"失去父母的呵护,"空巢老人"失去儿女的赡养,还要照顾远离父母的第三代,而造成经济、精神与情感多重孤独的"贫困",家庭伦理缺少了最珍贵的亲情之爱。

(二)城市经济体制改革带来的婚姻家庭文化纷杂之态

城市经济体制改革,首要解决的是计划经济导致的国有企业活力不足。产业结构调整,扩大企业自主权,实行企业自主经营的新模式,是为卸掉国企机制的沉重翅膀,有效调动广大职工的积极性,提高企业的经济效益。但是,市场经济体制意味着由政府安排就业的理想模式不复存在,在社会失业养老制度并不健全的情况下,部分职工打破"铁饭碗"就面临下岗失业的生存困境,尤其是城市公有制企业的女职工难以再就业造成家庭生活贫困,出现了当代就业历史上从未有过的下岗失业队伍。政府试图以调整家庭角色分工来缓解城市严重的就业压力,出台了双职工家庭实行以家庭为单位的工资改革应对制度,即"一家两制"和"二保一"[①]。因"二保一"制度下岗失业造成家庭经济贫困与家庭情感矛盾。张辛欣的小说《在

---

①　所谓"一家两制"是指在改革开放的初期,夫妻俩选择不同的经济所有制单位,以此来减少风险或增加成功的概率。"二保一"是指夫妻中某一方为照顾家庭牺牲升学或升职的机会,从时间和财力上保证另一方全力以赴升学和升职。通常是妻子做出牺牲以保丈夫升学和职业、职务的升迁。参阅赵津芳.1978—2008北京性别平等与妇女发展状况[M].北京:北京出版社,2009:120.

同一地平线上》、王海鸰的电视剧《中国式离婚》都是反思的例证。当然,在这场家庭角色分工的大变革中,大多数知识分子无论是下海经商还是自主创业,都能感受到知识就是力量,时间就是速度效益,依靠知识技能去找到自我价值实现的舞台,成为改写自我命运、创造物质财富与精神财富的佼佼者,但却未必是美满婚姻与幸福家庭的耕耘者。在城市或城乡结合地带,曾已绝迹的嫖娼卖淫死灰复燃,拐卖妇女儿童、女童遭性侵案件时有发生,"家庭暴力"比较严重,婚外恋与情人现象造成性与情感、性与婚姻的分离,并且出现了 20 世纪 80 年代、90 年代和新世纪初的三次"离婚潮"。

特别是,沿海地区实行对外开放,创建沿海经济开发特区。政府对沿海港口与城市开发区实行不同的优惠政策,发展开放型经济,引进先进技术和管理模式。沿海地区作为前沿阵地为妇女就业创造了良好机会。以女新闻工作者为例,根据国家新闻出版总署 2010 年的统计,女新闻工作者在京津唐、江浙、江汉平原、珠江口等地沿海发达地区比例占 57.8%,比例超过男性,可见其市场竞争能力之强。也就是说,女新闻从业者经历沿海"千帆相竞"的市场竞争,摆脱了对政府"依赖"的就业心理,对男性"依赖"的性别心理,获得自我独立的精神人格成长,获得生存能力智慧的全面发展。一批精英知识女性重新评估自我生命价值,择偶观、婚恋观、家庭观念都发生重大变化。

一方面,自主选择独身生活方式的知识女性逐渐增多。从传统婚姻观而言,"嫁汉嫁汉,穿衣吃饭"。当女性有独立的社会经济地位,有强大的自我内心力量,对婚姻的态度会相应改变,有的就会主动选择不结婚,或找不到适合自己的就不婚而选择独身生活。据统计,社会上选择独身生活的女性比例大大超过男性。另一方面,有的即使选择婚姻也不选择生孩子,而是注重家庭二人的生活质量、情趣品位。更注重婚姻生活的自由,夫妻之间的精神对话,事业与家庭的共谋与平衡发展,家庭消费方式的多样,当然也存在不同群体的不同爱好的追求。

二、思想启蒙运动与西方文化思潮的影响

所谓社会文化因素是指整个社会思想文化价值体系。社会是由家庭组成的,社会文化思潮的激荡必然引起婚姻家庭文化的剧烈变化。伴随改革开放对内搞活的经济政策实施,国家采取了对外开放的发展策略。中国社会有着以家国为基本结构的传统,直到现在维系这种结构的仍然是家国伦理道德秩序。20 世纪 80 年代初期,党中央发起的"实践是检验真理的唯一标准"的大讨论,是对被十年浩劫摧毁的社会文化思想价值体系的重建宣言,是一次文化思想解放启蒙运动。此时随着经济政治的对外开放西方多种文化思潮也鱼贯而入,人们的自我主体的重新发现,尤其是女性独立意识、性别平等意识的觉醒,以及西方自由主义、个人主义与性解放思潮等等,更是在不同程度上影响着中国人的婚姻家庭文化价值观,冲击着传统的婚姻家庭文化体系。"以前所未有的方式把我们抛离了所有类型的社会秩序的轨道,这种断裂正在改变我们日常生活中最熟悉和最带个人色彩的领域。"[1]如吉登斯所

---

① 吉登斯.现代性的后果[M].田禾,译.南京:译林出版社,2000:4.

言,"家庭始终是传统与现代性之间斗争的场所"①。

(一)思想解放启蒙运动催醒对婚恋与家庭的主体意识

思想解放启蒙运动,标志性的仪式就是载入社会文化史册的两场文化大讨论。其一,是关于"实践是检验真理的唯一标准"的大讨论。主要是批判"两个凡是",冲破个人崇拜与教条主义的政治思想枷锁,重新确立实事求是、具体问题具体分析的民主与科学精神。从这个层面上讲,"真理标准"的讨论,可以说是中国特色社会主义核心价值观的思想基础。其二,是关于"人道主义和异化问题"的大讨论。一方面是承接五四运动精神,倡导爱情婚姻平等、个性自由解放,反对"异化"。是一次解放社会生产力、解放人性的思想启蒙运动。另一方面是使社会文化摆脱极"左"路线政治的控制,开始建立尊重人性、尊重人的思想,保护人的尊严,以人为本的文化价值观体系。

两场历史性的思想解放大讨论,其要义是倡导"人"的全面解放,可以说是当代中国社会文化历史上第一次人的自我主体意识的觉醒。人不仅从极左政治樊篱中解放出来,更深层的解放是从封建伦理观念的束缚中解放出来,成为有独立尊严、人格与自我主体精神的人。对于人们反思自我人性弱点,树立正确的婚恋观、家庭观,起到价值导向作用。追求自由美好的爱情、美满的婚姻与幸福的家庭受到年轻人的青睐。择偶标准不会再思考阶级成分家庭出身,而是注重对方人品与自我情感。尤其女性追求爱情婚姻的性别平等。如张洁的《爱是不能忘记的》,对女主人公与老干部的爱情关系进行了审视,张抗抗的《爱情的权利》,对女主人公被政治阴影"冷冻"下的爱情进行了反思,舒婷的诗歌《致橡树》是女性渴望平等爱情的呐喊。从整体上看,是社会文化经历了深刻的思想讨论动荡之后,人们在思考,在贯彻男女平等基本国策的前提下,什么是真正的爱情?婚姻的基础是爱情还是金钱?离婚究竟是不是社会的进步?女性应该全面发展还是退回家庭"相夫教子"?娜拉出走何处是归程?婚恋与家庭方面的诸多问题众说纷纭。

1977年全国统一高考招生的恢复作为改革开放序曲,为全国考生提供了平等竞争权利与命运转折的机会。被录取的学生除了当年的应届高中毕业生外,大多都是工人农民、上山下乡和回乡知识青年、复员军人。年龄相差到两代人,女生人数极少。而且,大多已经结婚成家,生儿育女,有的已经订婚或正在谈恋爱。两场历史性的思想解放大讨论,激发了大学生以真正爱情为基础,建立婚姻家庭的积极性。因为大学梦的实现,社会政治身份的改变,燃起年轻人更多的理想激情,敢于走出政治化的婚姻,不幸福的家庭生活,追求自我的爱情理想,择偶对象从政治化转向知识化,不太看中对方的经济条件,也不太在乎对方来自城市还是来自农村。大学校园悄然出现的"离婚风""恋爱潮",充分反映在校大学生的爱情观、婚姻家庭伦理变化,文化思想的解放。张抗抗的《北极光》、舒婷的《致橡树》等等,反映婚姻家庭主体的文学作品均被搬上大学校园的话剧舞台。

而且,婚姻家庭文化观念,随着人们生存环境与视野扩展的国际化更加开放。20世纪80年代初,国家向世界发达国家公派留学生,可以出国创业和工作。此时77、78级刚毕业的大学生成为"出国热"第一潮的主力军。此后因一拨拨风涌的"出国热",跨国婚姻家庭越来越多。新世纪以来"东女(男)西嫁"与"西女(男)东嫁"的跨国婚姻比比皆是,跨国婚姻家

---

① 郑曦原,李方惠.通向未来之路:与吉登斯对话[M].成都:四川人民出版社,2002:147.

庭文化,更有东西方文化的跨地域、跨国界特点。如旅美女作家严歌苓说,婚姻生活中的夫妻感情是如亲骨肉一样的爱情。旅欧女作家林湄说,婚姻是一间房屋,带着东方优秀文化的女性会影响世界。旅英作家罗露西说,在婚姻家庭生活中东西方文化是不可沟通的。这几种观点形象生动地表达了海外新移民的婚姻家庭观念。

(二)西方文化思潮对人们性与婚恋观的改变

改革开放初期,西方的自由主义、个人主义、性解放文化思潮等等被译介涌入,在呼唤知识阶层的独立意识、自我意识和权力意识,以及重新发现和肯定个人价值观念的影响下,人们的婚姻家庭观念变得自由开放起来,自由恋爱蔚然成风。1981年1月8日在人民日报下面刚创刊的《市场报》上,刊登了四川教师丁乃钧的征婚启事。全国媒体开始转载,引起了巨大的反响。新华社就此对外发了英文通稿,被认为是中国改革开放的象征。之后还诞生了更多的征婚方式,如婚姻介绍所、网络、电视节目等等。但是,自由主义在伦理上要求绝对保障个人价值的观点,却是对家庭伦理中的忠诚与责任的漠视。应市场经济而生的个人主义思潮,不仅倡导在经济领域个人价值的凸显,在社会文化领域也鼓励个性张扬和自我价值的实现。一方面打破至高无上的父为子纲的陈旧家庭观念,人们成为独立的社会自我。另一方面,个人主义与中国传统的家庭文化以"家"为重的观念不同,在家庭关系中过分强调个人权利。在这一点上与自由主义如出一辙。从而会造成家庭成员中以自我为中心的个人主义的滋生。在家庭关系方面,传统家庭以"孝"为核心的观念被淡化,取而代之的是市场经济所推行的以个人为中心的契约自由原则,尊老敬老的"代际关系"逐渐被"平权关系"所取代,夫妻关系之间感情意识逐渐被契约意识所代替。家庭成员间亲情渐淡,功利化渐浓,呈现了家庭关系急剧世俗化的倾向。

"性解放"思潮的影响。西方文化关于性自由的理论对我国家庭文化的影响最大。起初性解放是反对性别歧视,主张婚姻自由,争取妇女与男子享有平等社会地位和政治经济权利的女权运动。而后演变成为倡导极端性自由的"性开放"和"性泛滥"的运动。所谓的性自由主要包括以下四点内容:①性欲是人类一种自然的本能和欲望,应该去满足它,而不是压抑;②婚姻的存在只是为了解决人对性的需求,所以当婚姻符合两人的意愿时可以延续,反之,则可以随时变更;③爱情的对象可以不断地进行更换,爱情不管婚内还是婚外都是"合法"和"合理"的;④性生活不应受任何约束。它是20世纪中叶以来西方发达国家流行的一种关于两性关系的理论思潮,代表人物有霭理士、罗素、弗洛伊德等人。在这种思潮的影响下,两性的结合与离异是与"性"有关的个人的事,不应该受到社会道德和法律的束缚。性自由观过度追求个人性欲的无条件满足和自由,而忽视了男女关系中美好的爱情和家庭中应当承担的责任。

"性解放"思潮,对中国人"解放"的婚姻观与"保守"的性观念而言,是更深层的灵魂与身体得解放。人们开始敢于公开谈"性"和了解"性"知识,批判封建传统文化的"贞节观""性禁忌",反思在严酷政治高压之下谈性色变的情感扭曲,"无爱无情无性"的两性关系。但是,性观念的解放对中国家庭文化影响是极大的。由于很多人在初次接触性自由观念时缺乏理性合理的鉴别,变成不惜一切代价满足个人性欲,甚至有的以"性解放"为借口进行性交易,导致了"婚外情""第三者插足""包二奶""非法同居""傍大款"等不良社会现象出现。

三、法律制度体系建设的影响

男女平等权利立法思想实践的影响。改革开放初期为加强民主与法制建设,确保在社会和家庭中男女平等的公民权利。党中央在致力于经济体制改革的同时,修改颁布实施了一系列的重要法律。如《宪法》《选举法》《婚姻法》《刑法》《刑事诉讼法》《继承法》《民法通则》《义务教育法》《民事诉讼法》《关于严惩拐卖、绑架妇女儿童的犯罪分子的决定》等。这些重要法律均在各自领域的条文中赋予了"男女平等"权利。1982 年颁布的《宪法》,在 1954 年《宪法》的基础上,再一次以国家根本大法的形式确认了"男女平等"的法律地位。强调了对妇女权益实行特殊保护。1992 年颁布实施了《妇女权益保障法》,通过了妇女的政治权利、文化教育权益、劳动权益、财产权益、人身权利、婚姻家庭权益等各项权益的全面保障。

《宪法》《妇女权益保障法》《婚姻法》等重要法律,规定公民"在法律面前人人平等",男女在政治、经济与文化上享有同样的权利,实行婚姻自由,禁止包办、买卖婚姻。夫妻、父母、子女在家庭中有平等的地位和权力,妇女、儿童的权益受到保护。这种男女平等的立法思想,从法律层面为婚姻家庭文化建设规定了具体的政治标准,为清除社会文化中的男女不平观念、歧视妇女的行为提供了法律依据。不仅规约了人们的日常行为,而且对全社会的婚姻家庭稳定起到重要作用。

《婚姻法》的修改对婚姻家庭文化的影响。家庭是由连接家人之间的关系构成的,包括婚姻关系、亲子关系、手足关系等。如果说家庭是一个庞大的系统,其核心就是婚姻关系。婚姻关系不仅关系到公民的切身利益,还与社会公共利益密切相关。中国学者认为合法性是婚姻的本质属性,即"婚姻是为当时的社会制度所确认的男女两性互为配偶的结合"①。那么,《婚姻法》就是在一定历史时期对婚姻关系衍生出的一系列问题的法律规定。因为,婚姻是家庭的根本,家庭是社会的细胞,国家是家庭的保障。婚姻稳定和家庭幸福,是社会安定、国家文明的重要标志。

(一)1980 年《婚姻法》修改对婚姻家庭文化建设的影响

改革开放以来,人们的婚姻家庭观念发生了深刻的变革,酝酿着《婚姻法》的修改。《婚姻法》的两次修改,分别是在 1980 年和 2001 年。而且,2001 年至 2011 年之间,针对婚姻家庭出现的新问题,出台了《婚姻法》的三次司法解释。以法律法规的方式调整婚姻关系、规范婚姻观念与行为,引导人们树立积极健康、平等和谐的婚姻家庭观念,从而适应社会的发展。

1980 年 9 月 10 日,第五届全国人民代表大会第三次会议正式通过了新修订的《中华人民共和国婚姻法》(新婚姻法),并宣布自 1981 年 1 月 1 日起开始实施。1980 年《婚姻法》的修改颁行,秉承一夫一妻、男女平等的基本原则,汲取传统家庭关系的优秀文化,关注新时期商品经济下婚姻家庭的具体情况,对 1950 年的《婚姻法》进行了相应的修改。在法律体系结构上,1980 的《婚姻法》由 1950 年的《婚姻法》8 章 27 条改为 5 章 37 条。具体条款有了明显加注。在具体章节上,把 1950 年《婚姻法》的第三章"夫妻间的权利和义务"与第四章"父母

---

① 　杨大文.婚姻家庭法[M].上海:复旦大学出版社,2002:3.

子女之间的关系",合并为家庭关系一章;将 1950 年《婚姻法》第六章"离婚后子女的抚养和教育"与第七章"离婚后的财产和生活",并入离婚一章。具体内容的修改变化主要集中在以下三个方面:

其一,在总则中删去了废除"男尊女卑"以及禁止"纳妾"、"童养媳"和"干涉寡妇婚姻自由",而在保护妇女、儿童合法权益一款中增加了"保护老人的合法权益","实行计划生育""三代以内的旁系血亲"禁止结婚,即表兄妹、堂兄妹将不能结婚,以及"男方也可以成为女方家庭的成员"的条款。

其二,结婚年龄与离婚程序修改,在结婚年龄方面,修改后的新婚姻法规定,男 22 岁、女 20 岁,男女各比 1950 年婚姻法的法定结婚年龄推迟了两岁。在离婚程序方面,重要提出将"感情确已破裂"的离婚条件,还保留了"男女一方坚决要求离婚的,经区人民政府和司法机关调解无效时,亦准予离婚"的规定。

其三,在夫妻关系与亲子关系方面,关于夫妻关系,保留了原来夫妻平等权利的规定,增加了"夫妻双方都有实行计划生育的义务"。删除了原规定的"夫妻为共同生活的伴侣"和"夫妻有互爱互敬、互相帮助……"等规定。关于亲子关系,除重申亲子之间互有抚养教育和赡养扶助的义务外,增加了"父母不履行抚养义务时,未成年的或不能独立生活的子女,有要求父母付给抚养费的权利"。"子女不履行赡养义务时,无劳动能力的或生活困难的父母,有要求子女付给赡养费的权利。"同时明确规定"父母有管教和保护未成年子女的权利和义务。在未成年子女对国家、集体或他人造成损害时,父母有赔偿经济损失的义务"。还增加规定"子女可以随父姓,也可以随母姓"。并将收养关系和继父母与继子女的关系,单独列出为第二十条和第二十一条。将祖父和兄弟姊妹关系列入新婚姻法的调整范围。即第二十二条"有负担能力的祖父母、外祖父母,对于父母已经死亡的未成年孙子女、外孙子女,有抚养的义务。有负担能力的孙子女、外孙子女,对于子女已经死亡的祖父母、外祖父母,有赡养的义务。"第二十二条"有负担能力的兄、姊,对于父母已经死亡或父母无力抚养的未成年的弟、妹,有抚养的义务"[1]。

1980 年婚姻法的修改,有两个重要内容对婚姻家庭文化的变化影响深远。首先是"实行计划生育",一方面有效降低了人口增长速度,另一方面极大地改变了人们的家庭结构和生育观念。把妇女从无节制的生育中解放出来,可以参与社会劳动和其他各项活动,妇女的生活方式和生命周期均发生了很大的变化。"保护妇女、儿童和老人的合法权益",为 1992 年的《妇女权益保障法》的出台提供了法律基础依据。1980 年新婚姻法的出台又带动了社会上一次离婚高峰。就调查研究显示,"仅 1981 年一年人民法院审理的离婚案件就达到 673926 件,其中婚姻家庭案件占 346618,较上年上升 27.3%"[2]。1980 年新婚姻法在总结过去 30 年的经验基础上,明确把"感情确已破裂"作为离婚的理由。人们根据新婚姻法,解除了自己感情破裂的婚姻,同时为能够重新获得和谐美满的婚姻提供了可能性。其次是对于养育子女和赡养老人问题的进一步规定,从法律层面上要求人们必须履行养育和赡养的

---

① 张希坡.中国婚姻立法史[M].北京:人民出版社,2004:232.

② 参见 1950 年 4 月 14 日中央人民政府法制委员会"关于婚姻法起草经过和起草理由的报告",载西南政法学院民法教研室.中华人民共和国婚姻法教学参考资料(第一辑)[Z].西南政法学院内部印刷,1984:259-260.

责任和义务,保障了儿童和老人的权益。从某种意义上来说,法律层面的变革,更有利于促进和谐的婚姻家庭关系的建立。

(二)2001年《婚姻法》修改为婚姻家庭案件提供了制度保障

与其说1980年《婚姻法》的修改是为了修正1950年颁行的《婚姻法》长期存在的问题,那么,2001年《婚姻法》的修改则真正是为了适应改革开放的发展要求。在社会发生转型的同时,婚姻家庭方面也出现了各种各样的问题:重婚、非婚同居、婚外情、家庭暴力呈上升趋势;离婚率逐年攀升,有些妇女即使是婚姻中无过错一方,合法权益依然得不到保障;离异家庭的子女抚养也成了一大社会问题;随着夫妻财产数量的增多、财产种类扩大,夫妻之间离婚时的财产纠纷问题越来越严重。针对婚姻家庭方面的新情况和新问题,加之在离婚审判实践过程中,发现1980年婚姻法确有诸多不能适应现实需求的地方,立法机关在广泛征求各方意见的基础上,开始着手对1980年《婚姻法》进行修改完善。2001年婚姻法其修改的要点是在体系结构上,将原来的五章37条修改为6章51条,增加第五章"救助措施与法律责任"。条文经过调整增删,净增14条。有关"总则"的修改包括:其一,第三条第二款,在"禁止重婚"之后,增加"禁止与有配偶者与他人同居。禁止家庭暴力"。其二,增加一条即第四条:"夫妻应当互相忠实,互相尊重;家庭成员间应当敬老爱幼,互相帮助,维护平等、和睦、文明的婚姻家庭关系。"[①]其中,禁止家庭暴力的规定是一项重要突破,也是新婚姻法一项指导原则。有关"家庭关系"的修改包括以下几个方面:其一,将第十三条改为第十七条,明确列出夫妻共同财产的5项内容。其二,增加第十八条,具体列出归夫妻一方财产的5项内容。其三,增加第十九条,关于夫妻规定财产的若干规定。其四,第十五条改为第二十条,在"禁止溺婴"之后,增加了禁止"弃婴"内容。其五,第十七条改为第二十三条,将原规定"父母有管教和保护未成年子女的权利和义务",修改为"父母有保护和教育未成年子女的权利和义务"。将"父母有赔偿经济损失的义务",修改为"父母有承担民事责任的义务"。其六,第十九条改为第二十五条,将第二款"非婚生子女的生父,应负担子女必要的生活费和教育费的一部或者全部",修改为"不直接抚养非婚生子女的生父或生母,应当负担子女的生活费和教育费"。其七,第二十二条改为第二十八条,在"对于父母已经死亡"之后,增加"或父母无力抚养"的;在"对于子女已经死亡"之后,增加"或子女无力赡养"的,也应有抚养、赡养的义务。其八,第二十三条改为第二十九条,增加以下规定:"由兄、姐抚养长大的负担能力的弟、妹,对于缺乏劳动能力又缺乏生活来源的兄、姐,有抚养的义务。"其九,新增加第三十条,补充规定了子女应当尊重父母再婚的权利。[②]

2001年婚姻法的重点着墨之处,是明确规定了夫妻共同财产的范围,关于夫妻财产制的规定已经趋于完善,避免了许多家庭纠纷。另一个创新点,是确立了家务劳动的经济地位,以及还增加了重婚罪的界定、离婚过错赔偿制度。从法律权威角度,强化了家庭中的男女平等意识、夫妻互敬互爱的家庭理念。

2001年修订的婚姻法实施之后,最高人民法院先后出台了三次婚姻法司法解释。2001年修订的婚姻法施行之后,针对审判实践中遇到的法律适用疑难问题,最高人民法院于12

---

① 张希坡.中国婚姻立法史[M].北京:人民出版社,2004:249.
② 张希坡.中国婚姻立法史[M].北京:人民出版社,2004:249-250.

月 24 日出台了《关于适用〈中华人民共和国婚姻法〉若干问题的解释(一)》,针对婚姻法修改后的一些程序性和审判实践中急需解决的问题做出了解释,包括"无效婚姻"和"可撤销婚姻"的处理程序及法律后果、提出中止探望权的主体资格、子女抚养费、离婚损害赔偿等问题。2003 年 12 月 25 日,出台了《关于适用〈中华人民共和国婚姻法〉若干问题的解释(二)》,主要针对彩礼应否返还、夫妻债务处理、住房公积金及知识产权收益等款项的认定、军人的复员费及自主择业费的处理等问题,提供了具有可操作性的裁判依据。婚姻法律的完善为处理婚姻家庭纠纷案件具体合理的制度保障。据统计,2008 年全国法院一审受理婚姻家庭纠纷案件共计 1286437 件,2009 年为 1341029 件,2010 年为 1374136 件,呈逐年上升趋势。2010 年全国法院一审受理离婚案件 1164521 件,受理抚养、扶养关系纠纷案件 50499 件,受理抚育费纠纷案件 24020 件,受理婚约财产纠纷案件 24676 件。案件相对集中地反映出婚前贷款买房、夫妻之间赠予房产、亲子鉴定等方面。为更好地贯彻落实婚姻法,推动司法和执法进程,进一步明确法律适用标准。

(三)2011 年《婚姻法司法解释三》对婚姻家庭文化的利弊影响

2011 年 8 月 13 日,最高人民法院颁布实施《关于适用〈中华人民共和国婚姻法〉若干问题的解释(三)》,重点是对结婚登记程序中的救济手段、亲子关系诉讼中当事人拒绝鉴定的法律后果、夫妻一方个人财产婚后产生收益的认定、父母为子女结婚购买不动产的认定、离婚案件中一方婚前贷款购买不动产的处理、附协议离婚条件的财产分割协议效力的认定等问题做出解释。当时引起公众热议。

婚姻法律制度经历多次修改完善,在社会转型、多元文化冲撞与新旧观念博弈的过程中显示出民主、公正与关怀的时代特性,对解决婚姻家庭价值观困惑的社会心理,对家庭生活的产生了全方位的影响,使婚姻观念与家庭文化更加丰富而趋向成熟,也产生多方面弊端。《关于适用〈中华人民共和国婚姻法〉若干问题的解释(三)》对婚姻法律制度思考与争论焦点,主要围绕其婚前与婚后房产的归属展开。2004 年 4 月 1 日开始施行的《婚姻法司法解释(二)》规定,婚前由一方父母出资购买的房产,产权登记在出资人子女名下的,除有特别约定赠予夫妻双方的以外,可视为对自己子女的一份赠予;婚后由一方父母出资购买的房产,产权登记在出资人子女名下的,除有特别约定赠予自己子女个人的以外,可视为对夫妻双方的共同赠予。然而《婚姻法司法解释(三)》明确规定,婚后一方父母出资为子女购买的房产,且产权登记在自己子女名下的,应认定为夫妻一方(即父母是出资方)的个人财产。而且,由双方父母出资购买的房产,产权登记在一方子女名下的,按照双方父母的出资份额,按份共有。多数人认为,规定兼顾了中国国情与社会常理,有助于纠纷的解决,更为符合实际情况。

支持这项规定的认为,《婚姻法司法解释(三)》对于婚后财产的认定,为法官在受理离婚案件时,关于财产特别是房产分割上提出了明确的法律依据。资深婚姻律师、北京长安律师事务所合伙人王秀全认为,《婚姻法司法解释(三)》的出台可以使父母出资购房真实意图的判断依据更为客观,便于司法认定及统一裁量尺度,也有利于均衡保护婚姻双方及其父母的权益。但是,对这项规定持质疑态度的认为,该项条款貌似中立,实际上是对婚姻中弱势或财力弱的一方的歧视。特别是对女性利益的损害。有专家认为,这种损害不仅是立法对弱势群体的利益的盲视,也是对弱势群体的间接歧视。比如对于家庭主妇,农村的家庭妇女,她们没有工作,每天做家务照顾孩子,她们可能是受影响最大的一群人。

其实,如果从性别角度审视,男性更多地支持上述规定,女性更多地持保留意见。因为,传统约定俗成的婚姻规则,大多是男方负责买房,女方主要是陪嫁妆,即家电、汽车等。也就是说,《婚姻法司法解释(三)》离婚时的房产分割规定,实际上更多保护的是男方及其父母的权益,而女方的嫁妆投入只属于动产和消费品。这显然存在有失公允。如果说《婚姻法司法解释(三)》对婚后财产的认定条例,注重对婚姻家庭个人权利的明晰与保护,强化了人们在婚姻家庭中对于个人产权重要性,避免离婚造成的财产损失。比如婚前要公证、财产要协议,还要留下证明材料。这也许对未来的市场经济主宰的社会伦理、契约式婚姻有利。但是,这种从个人理性的角度看待婚姻家庭,把夫妻之间的经济关系定性为一种合伙关系。不仅彻底改变了中国传统的婚姻家庭伦理和文化风俗。而且,会淡化夫妻双方爱的情感关系,瓦解"理想家庭是爱情与婚姻的统一"的婚恋观念。尤其是在房价越来越高的今天,出现了过于重视财产的婚恋现象,是值得警醒的。

改革开放以来,商品市场经济日益发展,人们的物质财富也日益增加,婚姻生活方式发生极大变化。平等、权利等现代法治观念逐渐深入人心,同时带来了对原有婚姻家庭观念的挑战。中国婚姻家庭"重和谐""重群体"的精神传统,使家庭婚姻有很高的稳定性。面对市场经济的种种法则,中国人开始重视婚姻质量,关注婚姻中个人的权利,强调个人感情的价值。而且,对婚姻的态度越来越理性。这些婚姻家庭观念在不同层面的变化,都会引起法律的调整变化。但是,法律解决的是争端,保障的是人的权利。而真正维系婚姻家庭的根本动力,是家庭成员之间爱的情感和人伦道德,家庭幸福之爱会涌动源源不绝的精神能量。因为,人生活在家庭,家庭是人的心灵港湾,一个个家庭构成了社会。中国的社会生活和公共秩序需要家庭建构,家庭的稳定在很大程度上影响着国家的稳定。家庭与社会是一个有机联合体,家庭的不稳定是对社会转型中弊端的反映,而家庭的不稳定又进一步激化社会潜在的不安宁因素,因此,和谐的家庭对于中国社会发展有着至关重要的作用。这也是所谓的"家和万事兴"。无论是在传统社会还是现代社会,家庭文化建设都事关每个人的生活质量和幸福指数,事关民族的进步、社会的发展、国家的繁荣和稳定。在当前经济体制深刻变革、社会结构深刻变化、思想观念深刻转变的形势下,建设和谐家庭文化显得尤为重要。

The Influence of Chinese Social Transformation
on the Development of Marriage and Family Culture

Wang Hongqi

(China Women's Culture Research Center, Capital Normal University, Beijing, 100097)

Abstract: In the transitional period of Chinese society, as the basic cell of social culture, marriage and family culture is embodied in complicated forms under the influence of the economic and legal system reform and the multicultural game. From the perspective of family structure, on the one hand, a new modern family connecting the traditions and the modernity, the past and the future, the nation and the world appeared. On the other hand, there are still local, ethnic, generational and traditional family patterns. It is the coexistence of antiquity and modernity, and the west and China in this kind of marriage and family which affected the Chinese people's concepts of marriage and family in pluralistic ways. Thus a cultural landscape of new marriage and family which is a combination of traditions and modernity appeared.

Key words: transitional period; marriage and family; tradition; the modernity; multicultural game

微信群:婚姻关系"第三者"

郭淑梅*

内容摘要:智能手机改变了以往的工作和生活节奏,尤其是微信在处理突发事件棘手问题时,得到如同24小时便利店,高效率低成本的便捷服务。正是由于当代人对微信的过度依赖,沉浸微信平台已成为生活常态,才使得婚姻关系处于尴尬地步。夫妻"低头族"各自忙碌于微信圈,在日常生活匆忙脚步中感情日趋淡漠。微信群作为婚姻关系"第三者",需要引起各方面重视,建议应在此基础上,寻求夫妻共同话题,延长单独相处时间。

关键词:智能手机;微信;婚姻关系

在家庭文化建设中,婚姻质量无疑是最核心的家庭关系健康指标。夫妻之间的亲密度和谐度的高低,是构成幸福婚姻的精神要件。然而,近年由于互联网技术的突飞猛进,智能手机所带来的微信圈、微信群等社交平台的广泛应用,形成了一大批泥足深陷的微信"低头族",对健康的家庭文化建设构成冲击波,一些原本幸福和谐的婚姻面临着信任危机。

一、手机微信圈:24小时便利店

智能手机带给人类最大的进步,是利用网络的即时操作性迅速解决生活工作中的诸多事项,处理日常烦冗琐碎的事物,节省了大量时间。无论是网上购物、机票酒店预订、水电费预付、餐饮结账、出租车费支付等,还是查阅信息、听音乐、看影视剧、自驾游卫星导航等,智能手机都能轻松搞定,不留死角。利用智能手机虚拟社交功能,微信崛起,跻身于21世纪人类发明的互联网最便利的信息交易平台之一。迷恋微信并成为"低头族"的微友们,绝不止于追求时尚的年轻一族。许多年过半百甚至年纪更大的人都被纳入微信圈微信群麾下,成为忠实可靠的粉丝用户。微信之所以不分年龄大小,全面扫荡用户,原因很多,但最重要的一点是几乎无须成本就可以轻松解决问题,尤其是处理突发事件棘手事件超级便捷。微信圈的功能如同一个24小时便利店,遇到急需解决的问题只要在平台发布信息,分分钟就可得到大量信息反馈。微信圈的经验分享和信息传递机制,是微信带给当代人的一大红利。

例如,有位朋友在春游中不慎将白裤子弄脏。如何清洗她所钟爱的白裤子,她把所遇难题,甩给了微信圈。她在微信圈发布:

---

* 郭淑梅,女,黑龙江省社会科学院文学研究所副所长、研究员,主要研究方向为女性文学、少数民族文学、区域文化史研究。

> 万能的微圈啊,求问白裤子染上青草汁儿怎么能洗掉?百度上的方法全试了,牙膏食盐等等都不管用,求高人赐教啊。我很喜欢的一条白裤子,这裤子不太容易买到,谢谢啊。

虽然求助有些夸张,但非常能调动人气。接下来,离信息发布仅一个半小时,朋友就在微圈晒出求助成功:

> 在这里,感谢大家的帮助指点,告诉大家问题解决了。××分享了一条经验,也和大家共同分享。在药店买到84洗涤液,涂到裤子上。戴上手套搓青草汁污渍,每次洗掉一点儿。大约搓洗四五次就全部洗掉了,非常管用。喜欢穿白衣服的朋友以后遇到这个问题,就可以迎刃而解了。在此特别感谢××。

类似的求助,如果按以往智能手机尚未普及、微信圈尚未建立之前,通过电话、网络甚至QQ,都很难以微信朋友圈这样快的速度得到解决。然而,当微信圈平台出现后,原本没有资格掌握媒体平台信息发布权的个人,都顺理成章地充当起自媒体,利用微信平台与生俱来的传播力量发布消息,瞬间得到圈中人的帮助。一切棘手的生活工作问题的各种建议,便都"唾手可得",尽享他人经验。所以,遇到难事时,微友们首先想到的是微信圈、朋友圈,人们对微信冠以"万能的"的褒扬,就是对微信巨大能量的首肯。

由于微信圈在信息提供方面的全覆盖功能,微信对当代人日常生活工作的高度介入,以及无处不在的衣食住行帮手作用,不仅使生活变得容易快捷了,而且对婚姻家庭关系产生了相当大的影响。

二、微信群:潜在的婚姻杀手

由于微信交际的巨大能量,对微信的过度依赖成为当下多数人的生活常态。由于精力过多地投放到微信,许多人成为微信"低头族",影响了日常生活工作。

中国青年报在《63.3%受访者自认"低头族"看新闻聊天刷微信最多》[①]一文中披露,根据中国青年报社会调查中心联合问卷网对2001位受访者进行的一项调查显示,有63.3%的受访者自认为是"低头族",受访者中00后占0.6%,90后占20.5%,80后占55.2%,70后占17.2%,60后占5.3%,50后占0.9%。"低头族"最常做的事情是,浏览新闻资讯(59.6%),和朋友聊天(59.2%),阅读微信公众号(56.1%),刷微信朋友圈(49.1%)等。而且,由于微信已成为工作联系方式,上司在微信圈里布置工作,也对微信"低头族"的形成起到助推作用。随之而来的负面影响是,太多现实生活的美好事物被挤压、被忽略掉。

在婚姻生活中,一些夫妻也由于各自忙于微信群点赞、聊天、转发、收发红包等事务,而越来越没有时间来进行现实中的两人相互交流沟通,产生了越来越多的隔阂。

泰州日报《微信惹麻烦夫妻闹纠纷》,说得是一对小夫妻,妻子肖某"边看微信圈边和微

---

① 崔艳宇.63.3%受访者自认"低头族"看新闻聊天刷微信最多[J].中国青年报,2017-3-14.

友聊天,聊到开心处还不时大笑。丈夫黄某见状,就问肖某和谁聊天这么开心,能不能给他也看看",遭到拒绝后,黄某怀疑妻子有外遇,便威胁妻子要抢手机,两人于是打起来,惊动了房东报警。[1] 在民警的说服教育下,两人重归于好。微信聊天导致夫妻之间产生不信任,怀疑对方婚外情是矛盾的导火索。毫无疑问,婚姻关系产生的矛盾纠纷焦点在于是否移情别恋,如果处理不好夫妻关系与微友关系,导致离婚也大有人在。

近年,在离婚率逐年上升的趋势下,有专家明确将微信纳入负面影响因子。

新京报记者吴为在《离婚人数12年连涨　专家:微信陌陌成新婚姻杀手》一文中,披露了民政部《2014年社会服务发展统计公报》的一组数字。公报称,2014年全国办理离婚登记363.7万对,从2003年起,离婚率连续12年呈递增趋势。在离婚官司中,一半以上涉及婚外情,微信等社交软件在此扮演了诱发婚外情工具的角色。相对于其他因素,微信更容易成为婚姻杀手。[2]

在电视剧《新婚公寓》播出之际,重庆晚报记者针对电视剧反映的现实婚姻问题,发表专题文章《警惕微信成为新的婚姻杀手》,就如何保持夫妻关系和睦等问题采访了重庆师范大学教育科学学院心理咨询专家周小燕。随着社交网络在都市人群中所占比重越来越大,年轻人也越来越热衷于玩微信。对此,周小燕提醒到,"聊微信越来越影响夫妻感情,因为一方在业余时间热衷于某一件事情,会让另外一方感到被冷落了"[3]。

当然,对此也有不同意见,新浪专栏观察家李辉在他本人的新浪微博《离婚率高真是微信惹的祸》中质疑专家的观点,认为"离婚率的持续递增并不是社交工具惹的祸,也不是婚外情多发造成的,而是人们对待婚姻的态度发生了变化:婚姻的神圣感、庄严感越来越不被看重。一些年轻人视婚姻为儿戏,动不动就闪结、闪离。更令人担忧的是,离婚的'不光彩感'也在不断丧失,离婚甚至有成为时尚和潮流的趋势"[4]

李辉将婚姻神圣感庄严感不被看重的游戏心态作为离婚率上升的前提,而且离婚有成为时尚和潮流的趋势,这种一概而论的观点,细究起来还是经不起推敲,有失公允。当下社会的开放度,使得婚姻不再是封闭起来的围城,围城里面的想出来,围城外面的想进去。婚姻不再是束缚人的手脚,终其一生都苦苦相守不敢越雷池一步的"爱情坟墓"。离婚理由很多,但以爱情为追求的婚姻中,婚外情至今仍然是主要的破坏婚姻关系的砝码,而微信社交平台对于婚外情的滋生或疑似婚外情的滋生有着一定的诱惑力,对此是难脱干系的。

当然,婚姻并不是夫妻感情的保鲜柜,一入婚姻便可使夫妻感情长久鲜活,永不变质。"生死契阔,与子相悦;执子之手,与子偕老",白首同心的婚姻只是一种理想承诺,在漫长的婚姻关系存续中,日复一日的相看两不厌,是很难维持的。在一个信息爆炸时代,迎接着扑面而来的各种新鲜事物,甚至没有时间处理掉全部信息,另一类时尚潮流又等着你去学习追逐。在这个手忙脚乱的时代,两性关系也面临着更多花里胡哨的选择。微信交友平台的全方位开放,使一些在婚姻关系中失落的人,找到了向外发展,喘息换气的机会。这样一个有

---

①　沈希.微信惹麻烦夫妻闹纠纷[J].泰州日报,2016-12-6.

②　吴为.离婚人数12年连涨　专家:微信陌陌成新婚姻杀手[J].新京报 2015-7-5.

③　重庆晚报记者.警惕微信成为新的婚姻杀手[J].重庆晚报,2016-2-28.

④　李辉.离婚率高真是微信惹的祸[EB/OL].(2015-07-06)[2017-05-03].http://news.sina.com.cn/zl/zatan/blog/2015-07-06.

着无数选择的时代,若任情感恣意泛滥,任何一种围城内外的张望,都足以击垮婚姻。因此,婚姻关系是否健康长久,在很大程度上需要理性去筑牢。

三、在虚拟空间下建构新型婚姻关系

微信群成为时下婚姻生活的潜在杀手,被专家诟病。虽然有些危言耸听,但也不无道理。虚拟网络空间,造成的网恋悲剧,以往已有众多案例。网恋最大的特点是线上与线下感觉严重不符。网上聊天心心相印,网下相见则心猿意马,网聊积蓄的全部感情一瞬间就"见光死"了。

作为社交平台,微信显然比之前的网聊有了更大的功能提升,可听可视可写,随心所欲,可操作任何一种功能,极大地拓展了不同年龄段人群的参与空间。由于微信群的诸多便利,工作群、行业群、业余爱好群、同学群、朋友群、一场场勾连社会关系、寻找旧日朋友的活动开始了。这些群经常以群主为首领,每天升群旗,互道早安,发布消息,互约见面。有的群还经常约起,组织集体旅游聚餐之类活动。席间或推杯换盏,或搂脖抱腰,增进感情成为一道必不可少的风景。这些经常组织集体活动的群是最容易引发情感地震的。

从这个意义上讲,微信群的确影响到夫妻关系。夫妻两个各忙各群,中间没有任何交集,也不可能有任何交集。譬如,朋友诉苦,她偶然发现丈夫在微信里向女微友发表情包,表情包是流着眼泪的伤心人,语言是"我好想好想你"。当她看到这个表情包时,顿时火冒三丈,质问丈夫这是怎么回事,到底有什么委屈不和家里讲,却对外边的女人扮可怜?丈夫满脸通红,解释不出这种行为出于什么考虑。聪明的丈夫马上把同样的表情包发给了妻子,暂时缓解了妻子的怒火。但冷静下来后,妻子还是怀疑丈夫和女微友有问题,不知道如何处理这类事情。

微信扮演了婚姻关系第三者的角色,与婚姻如影随形,甚至到了无处不在,无时不在的地步,严重地影响了婚姻中的夫妻关系。一般而言,许多"低头族"都有中招的痛苦,比如醒来第一眼要看微信、吃饭时要看微信、睡觉前要看微信。原本婚姻关系中的习惯动作——吃饭唠家常,变成了吃饭时各自翻看手机,几乎无视对方的存在一样。甚至想对对方说的话,也懒得说甚至懒得打电话,而是通过微信方式解决。对于婚姻关系中的这类困惑,应该在理性基础上,寻找合理的解决方案。

首先,要明确微信群是互联网时代新型的虚拟社交平台,有独特的网络语汇。在虚拟社交平台上,日常生活面对面无法脱口而出的亲昵语言,可以随意使用,并不代表真正的含意。比如,亲、亲爱的、宝贝、宝宝等诸如此类的词汇,并不特指异性间、情人间的亲密关系。虚拟网络平台,要允许夸张的语言表述。明白这一点,是消除误解走向健康关系的前提。

其次,要处理好夫妻与微友的关系。夫妻关系显然是婚姻关系中的主体,是最重要的根本性的关系。任何凌驾于夫妻关系之上的性别情感关系,都是值得推敲的可疑的关系。婚姻关系存续期间的互相忠诚,互相信任,是家庭文化建设中重要一环,需要双方用心呵护才能持续健康稳固地发展。

再次,要积极建构新型夫妻对话机制。虚拟社交平台的现实存在,尽管带来很多困扰,解决问题的关键还是人。分享,即使是一条小小的微信信息,与对方相关或是对方喜欢的,都要转给对方。表明你对对方是在乎的,是牵挂的。分享是夫妻关系健康的法宝,不懂得分享双方的喜怒哀乐,人为地造成隔阂,便很难解决遇到的困难和问题。夫妻双方还要创造更多的相处机会,可以共同去做一件事,包括看电影听音乐会逛书店,甚至去郊游去运动等等,尽可能地从微信强大的吸引力中,解脱出来,享受单独相处的快乐。

微信是一种虚拟社交平台,带给当代人无穷的便利。如何把微信平台利用好,使其成为夫妻婚姻成长的教科书而不是婚姻生活的第三者甚至杀手,需要夫妻双方共同应对挑战。婚姻关系中,夫妻双方应以开放的心态和理性思考,把握处理一些虚拟社交平台遇到的棘手的情感问题,从而避开矛盾冲突,顺利渡过难关。

WeChat Group: "The Other Man/Woman" in Marriage

Guo Shumei

(Heilongjiang Academy of Social Sciences, Harbin, 150018)

Abstract: Smartphone has changed the pace of life and work. Especially when WeChat deals with emergencies and tough problems, it provides highly efficient and low-cost services like 24-hours convenience stores. Due to the over-dependence of WeChat, it becomes a normal activity of the contemporary people to be addicted to WeChat, which makes spouses in a awkward position in marriage. Spouses who are "phubbers" are busy with Wechat groups, and the affection between husband and wife becomes more and more indifferent in busy daily life. The problem which should be noted is that WeChat has become "the other man/woman" in marriage. And based on the emphasis of this problem, it is suggested that spouses should seek common topics and prolong the time of staying together between husband and wife.

Key words: smart phone; WeChat; marriage

家务劳动的历史变迁及当代挑战

石红梅*

内容摘要：家务劳动是随着生产力的发展，私有财产地位和作用的确定，在私领域中存在的劳动范畴。20世纪60年代以来，大批的妇女进入公共领域工作，在此背景下女性主义与马克思主义进行了有益结合，形成了马克思主义女性主义，其理论成果集中在家务劳动可比价值理论讨论中，开启了妇女解放未曾涉及的家庭"黑箱"。但伴随着资本全球化的进程，家务劳动工资化背离了妇女解放的轨道，主流女性主义选择的目标和策略助力于资本及政治势力对全球的统治，加剧了世界女性阶层之间的不平等和贫困女性的边缘化。而面对现代科技和社会的发展，家庭的形式、功能都发生了重大的变化，家务劳动的内涵和外延在迅速地变化，对妇女解放的劳动议题提出新的挑战。

关键词：家务劳动；女性主义；马克思主义

劳动分工是物质生产方式的核心，是决定制约人们生产过程中支配和被支配关系的关键因素，理应成为考察女性劳动的起点。马克思主义经典作家虽然没有系统整体地研究妇女劳动命题，但其著作中运用历史唯物主义和辩证唯物主义视角提出了劳动分工初源于男女的性别差异、性别分工对于女性压迫以及女性解放途径等观点，为我们认识妇女劳动所处的历史背景、发展机制和变化趋势都具有重要的指导意义。本文主要依据马克思主义和女性主义的研究，让女性在劳动分工中出场，呈现家务劳动的历史发展过程，通过对未付的家务劳动的认识，以及现实社会中家务劳动的发展变化，提示其背后的生成机制，引发大家对未付工资的家务劳动的关注和批判，讨论妇女解放新的政治生成空间。

一、家务劳动的产生和发展

原始社会一直到前资本主义社会，家庭作为社会最基本的合作单位，担负着重要的经济社会功能，未出现现代意义上的公私领域的分离，有的只是家庭内部的性别分工，工资议题未被提出，家务劳动是一个资本主义的概念。

---

* 石红梅，女，厦门大学马克思主义学院副教授，主要研究方向为马克思主义中国化、马克思主义女权主义、人口与可持续发展。

(一)原始的自然的家庭性别分工

在人类社会的前期,最先的劳动分工是基于生理性别的分工。在原始社会条件下,由于自然条件的制约和男女的生理条件不同,女的主要负责采摘等,男的负责狩猎,打鱼、饲养等。这种自然的性别分工是基于最基本的吃、穿、住、行的需要而发生的,这种分工形式也影响到家庭内部的性别分工。在德意志意识形态中马克思恩格斯指出:"分工起初只是性行为方面的分工,后来是由于天赋(例如体力)、需要、偶然性等等才自发地或'自然形成'分工。"①"在这个阶段分工是初级的,这种自然的分工也存在家庭中","家庭,不是完全游离于经济和生产活动之外,但是并不为经济因素完全统治"。经济因素并没有上升为家庭生产和生活非常重要的决定性因素。"后来由于人口的增加、需要的增加、生产的发展,生产这个最原始、最自然的就成为社会历史的决定因素。"生产成为家庭的决定性因素,因为家庭是社会关系发生的最早的关系,另外的社会关系是基于家庭而延伸出来的,这有力地说明家庭是先于经济统治而存在的经济社会单位。家庭的重要作用和功能先于经济生产对人类历史的发展作用。在这里的性别分工是基于生存和发展,基于合作共同应对强大的自然力量,应该无所谓劳动者之间的压迫和占有。

(二)私有制产生后的家庭性别分工

建立在家庭基础上的生产力越来越发展,个人财产和交换的不断增加,进而产生的阶级,改变了亲属关系为基础的家庭的社会联系,创造了一个以阶级为基础的新的社会,性别分工合作关系也发生了重大的变化。家庭体系完全被财产体制所统治。也就是说生产最终统治了家庭,并摧毁了家庭原来的作用。恩格斯在家庭、私有制和国家的起源中说现代个体家庭建立在:"公开的或隐蔽的妇女的家务奴隶制之上","妻子成为主要的家庭女仆,被排斥在社会生产之外"。在人类漫长的奴隶社会和封建社会中,家庭的生产功能越来越放大,也进一步强化了男性在家庭中的地位和作用,为争夺有限的物质资料,男性与女性之间形成对抗关系,而性别的劳动分工为男性占有更多,更有利的物质生产资料与生活资料提供了条件,同样,私有制以物的占有关系取代人与人之间的服务关系成为女性受压迫的最直接根源。妇女的劳动为男性所占有,表现为一种家务占有制,根本没有机会显现出来。整个社会未形成公和私领域的分割,所以不存在现代意义上的家务劳动的概念。

(三)资本主义条件下的家务劳动

家务劳动是一个资本主义的概念。在资本主义社会中,随着社会生产和交换不断扩大,社会的生产效率不断提高,资本剥削剩余价值的功能不断放大。在城市,在资本逐利的需求下,资本家不断扩大生产,刺激消费,寻找大量的劳动力做生产工人,在农村则大面积地进行圈地运动,被剥夺了家庭财产尤其是土地的农民进入了工业第一线,成为无产阶级,整个的资本主义社会成为一个巨大的劳动力市场,在这里无产阶级只能靠出卖自己的劳动力赚取工资。而对于家务劳动,由于家务劳动与资本市场的关联度不高,只能定位于私人领域的劳动,所以家务劳动只具有使用价值但不具有交换价值,无法体现其价值,只能是无偿劳动,不

---

① 　马克思,恩格斯.马克思恩格斯选集:第 1 卷[M].北京:人民出版社,1995:82.

被支付工资。家务料理被认为是私事,与社会没有关系,自然也就没有工资了。但这时候,被遮蔽在家庭内部的家务劳动作为私领域的劳动被提出来,并且日益为理论界所关注。

于是在资本作为中心的资本主义社会中,考虑到资本对劳动力的需求,资本家需支付工人工资中包括家庭再生产的费用。马克思在《资本论》指出,构成劳动力价值的工资内容主要有三项:(1)维持劳动者本人所需的生活资料的价值;(2)维持劳动者家庭所需的生活资料的价值;(3)为使劳动力获得一定的技能所需的教育和训练的费用。[①] 由此可以看现,工人工资维持劳动者家庭所需的生活资料的价值应是工资的应有之义。资本主义社会用劳动力价值工资涵盖了从事家务劳动的劳动力的生活成本费。这使得家庭成为资本主义经济发展的重要的蓄水池,也是资本主义社会剥削劳动力剩余价值的重要手段,家务劳动作为未付工资的私领域取得了合法的地位。

二、家务劳动计酬讨论

马克思主义对人类不平等现象的关注及实现全人类解放的目标与女性主义理论和运动的实质是相同的,虽然在马克思主义经典著作中未全面完整地讨论妇女劳动的议题,但是女性主义者自讨论妇女劳动伊始,就不断寻求与马克思主义结合的方式,尤其在第二波女性主义运动期间,女性主义与马克思主义之间进行了有益的结合,并形成了许多有价值的思想,其中一个重要的思想财富就是关于家务劳动的计酬讨论。

(一)已婚女性的劳动力供给增加开启了家务劳动计酬讨论

家务劳动具有可比价值,撬动了资本主义社会资本运行的机制,具有重要的理论价值和实践意义。随着女性的教育权利和政治权利的增加,许多女性的受教育程度不断提升,特别是二战以来,科学技术迅速发展,应用到社会生产生活的各个领域,妇女进入公共领域工作的人数越来越多,尤其是已婚女性。著名经济学家明塞尔在《已婚女性的劳动力供给》中写道:"战后生产劳动者数量迅速增加,增加速度最快的是已婚妇女。"虽然在战后媒体、舆论迅速改变导向,强调妇女的家庭生育责任,包括情感生产的功能,但是女性进入公共领域工作的数量在绝对增长,对比自身在公共领域工作的工资回报,在私领域的家务劳动却未获支付工资,这引起许多女性主义者的思考。

(二)马克思主义女性主义关于家务劳动计酬的观点

女性主义者学习和利用马克思主义阶级、生产与再生产、价值、剩余价值、劳动力价值等概念,讨论家务劳动的价值和剩余价值,妇女的家务劳动与工资的关系等问题,其代表人物包括玛格莉特·本斯顿、M.科斯塔和 S.詹姆斯。

本斯顿认为,未付酬劳的家庭劳动是妇女处于屈从地位的物质或经济根源。妇女从事与家庭相关的包括缝补、育儿、炊事等在内的家务劳动,这被认为是妇女的主要工作,他们虽然没有被排除在商品生产之外,也参与工资劳动,但他们不对工资劳动领域负责,即使参与

---

① 　卡尔·马克思.资本论:第一卷[M].北京:人民出版社,2004:200.

也被认为是暂时的;男性对商品生产、工资劳动负责,不对家务劳动承担责任。本斯顿认为妇女承担的家务劳动停留在前市场阶段,处于货币经济之外,没有进入市场前直接被消费掉了。根据商品生产的逻辑,这类工作只具有使用价值,不具有交换价值,通常不被认为是真正的工作,因而被认为是无价值的工作。在一个金钱决定价值的社会里,妇女是一个处于金钱经济之外的群体。^① 因为妇女承担家务劳动的责任,妇女还有可能充当雇佣劳动军的角色,当劳动力短缺时,妇女就成为重要的劳动力,当不需要劳动力时,妇女就成为剩余劳动力。本斯顿得出这样的结论:妇女构成一个阶级,妇女是指这样一群人,从事家务劳动,"在家与家庭相关的活动中,负责生产简单的使用价值。"^②

M.科斯塔和 S.詹姆斯继而提出,尽管根据工资劳动的定义,妇女从事的家务劳动不是生产性的,但是妇女在家庭中提供的,没有报酬的家务劳动,包括给现在或未来的工人提供衣物、食品,给予她们情感慰藉和家庭的温暖,给予教育等,这一切应由资本主义组织提供的服务却由妇女提供了,从而保证了资本能够对男性进行充分的剥削,家务劳动不仅生产使用价值,还生产劳动力这一特殊商品,家庭好比社会工厂,生产劳动力这一特殊商品,这是一种与所有其他商品不同的商品,对资本主义是独一无二的,是另外的、隐藏的剩余价值的源泉。妇女的家务劳动不仅创造了使用价值,而且生产了剩余价值。妇女的家务劳动以及作为生产劳动者这一特殊商品,使得妇女成为潜在的剩余价值的源泉,资本家通过向工人阶级丈夫支付工资来占有这种剩余价值。因而后者便成了剥削妇女的工具,"妇女是工资的奴隶,对主妇的奴役保证了对她丈夫的奴役。正因为如此,工人阶级妇女反抗自身家庭的斗争是至关重要的"^③。

M.科斯塔和 S.詹姆斯提出既然妇女的家务生产是生产性的劳动,妇女不必再进入生产性的工作场所,她们提出了不同于恩格斯的妇女解放必须先进入社会公共劳动的主张,也不同于本斯顿家务劳动社会化的主张,而是提出了家务劳动工资化的主张,即由国家(政府和雇主)而不是个人(丈夫、父亲和男朋友)给妇女的家务劳动支付工资,因为资本最终是靠剥削妇女盈利的。

家务劳动报酬议题的提出增进了全社会对家务劳动本质的了解与家务劳动重要性的认识,承认妇女是剩余价值的生产者,因而也是工人阶级的一部分,这一切使妇女的政治活动合法化。L.沃格尔认为"马克思的经济范畴确实为理解家务劳动和资本主义经济中的妇女作用指明了方向;马克思提供了把妇女与家庭问题放在社会一般再生产与资本主义特殊生产方式的关系中进行讨论的理论基础"^④。这些讨论从家庭劳动开始,涉及女性参与社会劳动的前提和妇女解放策略,因而开启了一个看待妇女压迫与妇女解放的马克思主义视角。但这一时期的马克思主义女性主义者提出的妇女解放策略对于人类的发展和妇女的解放还

---

① Rosemary Hennessy, Chrys Ingraham(eds.). Materialist Feminism: A Reader in Class, Difference, and Women's Lives[M]. New York: Routledge, 1997: 19.

② Rosemary Hennessy, Chrys Ingraham(eds.). Materialist Feminism: A Reader in Class, Difference, and Women's Lives[M]. New York: Routledge, 1997: 19.

③ Rosemary Hennessy, Chrys Ingraham(eds.). Materialist Feminism: A Reader in Class, Difference, and Women's Lives[M]. New York: Routledge, 1997: 50.

④ Lise Vogel. Marxism and the Oppression of Women Toward a Unitary Theory[M]. New Jersey: Rutgers University Press, 1983: 69.

是局限的。一切家务劳动社会化将会带来把一切,包括夫妻关系、母子关系、情感教育等工作商品化的风险,而把家庭内部的妇女家务劳动计算报酬,将进一步固化妇女的家庭角色分工,女人进入公共领域,整合到社会生产的可能性将消失。

(三)家务劳动与资本主义机制

H.哈特曼、N.乔多萝、S.哈丁、M.巴雷特等在内的女性主义者围绕着性别劳动分工、妇女劳动价值、性别文化生产与母职、育儿模式、家庭组织等等问题从宏观和微观层面展开了富有深度的理论探讨。M.巴雷特也认为妇女受压迫主要发生在家庭中,家庭通过确立社会性别认同和按性别的劳动分工,使妇女处于不平等地位。家庭是妇女受压迫的核心场所,也构成了生产关系的一种重要组织原则。这些讨论将家务劳动的探讨带入了一个整体系统的框架中,有力地说明家务劳动应纳入整个社会的生产劳动体系中进行分析,分析女性的生存和发展,也必须将女性置身于整个社会的政治经济秩序中进行分析,家庭劳动无疑是女性在社会生产结构中重要环节,反对压迫的斗争绝对不是性别差异和性别压迫的斗争,而是要在整体的资本主义政治经济和生产体系中来剥离女性受压迫的事实。家庭这个决定女性生存和发展的黑箱被提出并进入人们的视野,使我们对资本主义社会的批判分析更加完整。

对此,帕特南·童指出"资本主义的主要、基本特征就在于女性的被边缘化,以及女性由于被边缘化而沦入次要劳动力的地位",将妇女被局限于无酬家务劳动的情况,归咎为国家法律系统和资产阶级统治者意欲达到对男女两性"分工而治之"的目的,称之为"性别统治政策的组织基础"。[①] L.沃格尔认为,资本主义不可能使妇女解放,只要资本主义生产方式占着统治地位,剩余劳动与必要劳动之间、工资劳动与家务劳动之间的对立必将存在。即使为平等权利的斗争会把家务劳动中的性别差异减至最低程度,也仍然会把过多的责任分派给妇女,让她们担当孩子养育者和为男性至上体制提供潜在的物质基础。不管民主扩大到多大范围,都不可能消除资本主义剥削,也不可能解放妇女。[②]

三、家务劳动等家庭领域批判的消失

20 世纪 80 年代后,女性主义眼中关于家务劳动等家庭领域议题讨论越来越少,家务劳动等家庭内部斗争议题几乎淡出了学者的视野,盛行于 70 年代的马克思主义的立场、观点和分析问题的方法一时间失语,原本被认为是开启妇女解放黑箱的钥匙被遮蔽了。

仔细分析历史的进程和女性主义理论的发展,可能有两个方面的原因。一是家务劳动的社会化和工资化遇到了理论层面的挑战。在资本主义社会或处于资本主义时代的国家中,由于资本逻辑的存在,若所有的家务劳动进入公共领域,由市场支付报酬,很有可能把家庭这个亲情关系变成商业场所,夫妻关系、母子关系、情感照顾等一切温情脉脉的家庭活动

①　罗斯玛丽·帕特南·童.女性主义思潮导论[M].艾晓明,柯倩婷,译.武汉:华中师范大学出版社,2002:141.

②　Lise Vogel. Marxism and the Oppression of Women Toward a Unitary Theory[M]. New Jersey: Rutgers University Press, 1983: 172.

将被金钱撕破,代之而来的就是资本关系,这对于资本主义劳动力再生产是不利的。另外,妇女在家庭内部承担家务劳动取得工资报酬,一方面存在如何量化的问题,另一方面会局限妇女进入社会自由选择职业。珍妮.艾尔希坦(Jean Elshtain)批评道,马克思主义女性主义以经济话语来阐释"家人间的关系与联系",可问题是,用"生产未来的商品劳动力"来形容养儿育女的责任,会有哪一个母亲认为适合,会愿意接受?当亲子关系被描述成是"生产者"与"未来的劳动力"这两者之间的关系时,父母为子女所付出的担忧惧怕与不悔的情爱也就完全被掏空了意义,其情感洋溢、精神奉献的一面也就完全不存在了。马克思主义女性主义由于采取的是一种过分概念化、理论化的语言,反而忽略了日常语言所透露出的实在意义。如此"重理论轻实际",未免简化了家人独特性所含有的深度与复杂性。①

另一个原因,在我们看来是更重要的原因,女性主义理论发展方向发生了转向,加剧了家务劳动等家庭领域问题讨论的淡出。这可以从 70 年代末有名的以哈特曼为代表的不幸福的婚姻的辩论中窥见一斑。哈特曼等女性主义者认为马克思主义试图在现实中吞并女性主义,女性主义研究者要力求说明女性主义的理论体系,继而强调女性的差异性、复杂性,强调意识和文化对于女性形成的作用,而对于女性具体生活的家庭和女性承担较多的家务劳动却没有花大力气进行研究,并退出此问题的讨论,转而讨论女性身份的认同和承认。女性主义未能吸收马克思主义的反抗性和斗争性原则,也放弃了第一次结合时非常有效而又联结女性最多的家庭领域的斗争,越来越演变为一种对个体身份肯定和存在肯定的政治斗争,经济领域中的分配与再分配、生产与再生产的过程不再是她们关注的中心,关于物质生产、经济劳动、家务劳动、家庭淡出了。相反,文化领域中的身份以及与身份相伴的政治地位成为女性主义思潮的主流趋势,从而女性主义者的斗争变得虚无缥缈。

倘若认为家务劳动工资化议题连同女性在家庭领域的斗争议题是上述两个原因引起的,那就太表面了。在资本主义时代中资本的作用不断增大,资本世界为什么反而强调家庭的情感功能,女性主义在斗争的进程中,为什么会发性转向,其背后的机制是什么?若未看清所处的时代,未认真分析事件发生的历史背景和资本主义时代的特征和本质,我们就无法看清现实社会中女性解放所面临的困境。

四、全球化与家务劳动工资化

20 世纪 70 年代中的马克思主义女性主义关于家务劳动工资化的讨论开启了妇女解放的钥匙。当时由家务劳动解决为突破口,女性解放出现了两种不同的策略。一种是家务劳动社会化,解放妇女"第一个先决条件就是一切妇女重新回到公共的事业中去;而要达到这一点,又要消除个体家庭作为社会的经济单位的属性"②。恩格斯认为,家务劳动和其他的社会劳动只有分工不同的时候,妇女解放才有可能,由此家务劳动社会化成为妇女解放的重要基础。另一种策略是女性回到家庭,从事家务劳动,获得可比价值的工资。但我们发现,

---

① Jean Elshtain. Public Man, Private Woman[M]. Princeton: Princeton University Press, 1981: 265.

② 马克思,恩格斯.马克思恩格斯选集:第 4 卷[M].北京:人民出版社,1995:72.

伴随着全球化进程,这两种策略都没有按照预想的目的出现,现实的妇女生活现状出现了较为复杂的局面,也引发我们对家务劳动的解决策略有更加深入的思考,期待对于妇女解放有更多的理论建构。

恩格斯所设想的家务劳动社会化,是私人的家务变为社会的事业,孩子的抚养和教育成为公共的事情。[①] 社会只按分工不同支付家务劳动的工资,从而妇女选择公共领域的就业,不为私人性质的家务所捆绑,成为自由的个人,从而为实现全体自由人的联合体准备条件。但是在全球化市场浪潮中,家务劳动市场化进程不断加速,家务劳动获得市场工资不再是天方夜谭,但是与马恩和马克思主义女性主义设想不同的是:家务劳动的市场化工资由个体家庭支付,而不是国家、政府或社会。这样做导致的结果是家务劳动市场化的人群仅限于精英阶层(他们能支付家务劳动的工资),做家务劳动的依旧是大部分底层的贫困的妇女群体,而大多数女性依旧是陷于双重负担中,不仅要走出家庭进行有工资的工作,而且要承担未付报酬的家务劳动。女性在这个全球化的资本机制中不断地分层,整体受到的压迫越发地严重。

不少女性主义学者认为,资本主义全球化也是个"社会性别化的过程"。[②] 资本全球化中,原先被排斥在市场之外的家务劳动为市场所承认,家庭主妇的家务劳动在市场化进程中获得了可比价值,且第三产业的发展把原先属于家庭妇女的家务活动外包出去,转变为一种市场化服务,如家政服务、育儿服务、接送服务等。这似乎是 70 年代女性主义与马克思主义相结合的胜利再现,但女性主义者很快发现,全球化进程家务劳动外包进程再次成为助力全球化的力量,进一步引起妇女整体生活绝对恶化和女性内部的急剧分化。能够进行家务劳动市场化的妇女大多数是家庭收入可以支付从事这些劳动的劳动力工资,而承担这些家务劳动的往往又是更加贫困的妇女。大部分妇女的生存现实是,女性就职于辅助性的、报酬低的工作,必须同时承担家庭与工作的双重负担。对女性而言,面临两种选择,一是在公领域中获得工作成功,同时承担家务劳动,二是放弃公领域中社会承认的成功,担当女性的传统角色。对于妇女利益和妇女解放而言,这两个选择都不是理想的。

由于家庭内部的性别分工导致女性的时间和精力被陷于家庭使得她们在劳动力市场中处于不利的地位。以中国为例,对应资本全球化的趋势,结合中国国情,90 年代初,中国建立了市场经济体制,国家和企业对人民的全面照料的个人福利供给不断减少,给企业松绑、减负,释放企业市场活力的同时,也把许多国家和企业原来承担再生产责任推向家庭和个人,随之而来就是家庭劳动私人化,个人承担与家庭相关的生育、养育、照料等一切成本。这样以社会为主要推动者,在劳动力精减和优化过程中,因为妇女天然被视为养儿育女和照料责任的天然承担者,以家庭作为经济单位,理性的家庭战略选择和性别分工传统使女性承担了大量的家务劳动。据三次妇女地位的家务劳动时间数据显示,女性承担的家务劳动时间相较男性而言较多。同时这份责任使女性的劳动效率低下,故女性工人成为企业下岗人员的首选。

私人企业迅速发展并开始了资本的全球扩张。全球化影响下的经济自由化和一体化,使劳动力市场变得更加灵活、短期和兼职化,一些不合常规的就业形式出现,如外包工、分包

---

①　马克思,恩格斯.马克思恩格斯选集:第 4 卷[M].北京:人民出版社,1995:74.

②　Peter Waterman. Feminism, Globalization, Internationalism: The State of Play and the Direction of the Movement[EB/OL]. [2017-05-17]. http://www.choike.org/documentos/feminism_global.pdf.

工、非全职工、在家工作等,使雇佣大批妇女成为可能,家务劳动市场化,但是承担者大多数是女性。与此同时,有些企业为了增强竞争力,吸纳受过高等教育的妇女进入高管、律师、医生等过去传统的男性行业和新兴的高科技行业,导致妇女内部的分化。在强调自由竞争的市场经济中,贫困妇女特别是有色人种妇女成为新的无产阶级。中产阶级的妇女则进入了男性主宰领域。女性内部的生存质量在下降,且内部的差距在全球化背景下不断加剧。贾格尔认为:"新自由主义全球化虽然使得很多妇女生活得更好了,然而它却使更多的妇女生活得更加贫困。世界上很多最穷和最边缘的妇女的生活不仅在相对恶化,而且在绝对的恶化。"①

我们试图通过许多途径解决妇女发展问题,但家务劳动、女性的家务劳动工资、家务劳动市场化水平及其背后的机制,几乎不是这一时期女性主义讨论的主流,主流女性主义运动在实践中成为资本主义的共谋。70年代后,女性主义者通过"公民社会"、"非政府组织"和"社会性别主流化"等机制来赋权妇女改善底层妇女的生活。赋权妇女是通过国际资金注入满足发展中国家的个人需求和社会福利项目中,女性主义干预金融组织其实质上削弱第三世界国家政府领导的发展。必须看到的是,欧美的公民社会与权力、欲望及本土化结构之间存在共谋关系。女性主义者特有的核心概念使女性主义理论失去了批判家庭劳动的政治经济秩序安排的能力。在理论上说,第二波的女性主义思潮的兴起正在逐步地瓦解女性的同一性,"对差异和特殊性的认可已经危害到女性主义政治的基础"②。著名美国民权和妇女行动者H.布斯总结道,女性主义运动在总体上犯的错误是,"我们把目标放在高层",而不是放在最贫困的妇女所在的低层。③ GG.斯皮瓦克提出,虽然印度反对殖民主义统治的民族独立实现了,但印度妇女并未真正解放.对妇女及其他底层人的压迫被民族主义旗帜遮蔽了。"在底层阶级主体被抹去的行动路线内,性别差异足迹被加倍地抹去了。"④"妇女受到双重掩盖"——她们既受父权制压迫,又受资本全球化压迫。

在全球化进程中,女性主义理论和实践把女性主体从复杂的社会整体中抽出来,把性别从阶级、阶层和历史中抽出来,在重视和强调文化压迫时也抽掉了性别里面的劳动和经济要素,抛弃了70年代马克思主义女性主义的家庭生产的政治经济学批判成分,使女性的地位整体地陷于市场经济的结构秩序中。而强调文化身份和政治身价的女性主义理论又不能对女性处于的结构性压迫进行有力的批判,只能在政策允许修正的情况下争取妇女个人的利益。而对应着不断成长起来的消费主义思潮,女性主义者所秉持的理论越来越脱离劳动阶级和中产阶级妇女,最终呈现出精英化和职业化趋向。女性主义者们倡导维权、提供救助性服务,从一定层面填补了国家和企业从社会福利供给撤出后的真空,这种有助于维护国家和市场秩序的有效的"服务"成为市场的共谋,成为一剂抚平社会痛苦的安慰剂,无助于我们发

---

① 艾莉森·杰格尔.全球化对妇女"GOOD"吗?[EB/OL].(2007-05-22)[2016-12-22].胡友珍,编译,http://www.ptext.cn/home4.php? id=1360.2007-04-30

② Moya Lloyd. Beyond Identity Politics——Feminism, Power and Politics [M]. London: Sage Publications, 2005: 7.

③ 加亚里特·斯皮瓦克.底层人能说话吗?[M]//陈永国等.从解构到全球化批判:斯皮瓦克读本.北京:北京大学出版社,2007:107.

④ 加亚里特·斯皮瓦克.底层人能说话吗?[M]//陈永国等.从解构到全球化批判:斯皮瓦克读本.北京:北京大学出版社,2007:108.

现压迫的根源和解除压迫。

五、家务劳动的变化和未付的劳动范畴

当下,家务劳动的含义已发生了重大变化,这使得妇女解放与家务劳动相关议题的讨论变得更加复杂。以前家务劳动是指在家庭内部生产供生产者家庭成员直接消费其使用价值的劳动,包括生育、哺育孩子、照料家人、洗涤、打扫、准备食物等,一般来讲在家庭内部,妇女承担家务劳动的多数。但随着社会生活、科学技术、空间维度和全球化进程的发展变化,我们发现转移为市场化的家务劳动一般是传统意义上的家务劳动,妇女并未真正从"家务劳动"中解放出来,家务劳动的内容正在悄然地变化,机器和市场对家务劳动的替代性明显不足,在一定意义上,女性的家务劳动的形式和内容呈现出复杂的面相。什么是家务劳动,哪些是未付的家务劳动,哪些是付酬的家务劳动,其界限越来越模糊,而家务劳动正在发生的变化还在一定程度上强化着性别分工,也强化着性别机制在全球范围内的对女性的压迫,使得与家庭和社会中与性别分工相联系的各种关系变得更加复杂。[1]

与此同时,我们发现随着资本主义不断地发展,家庭的形式和功能也在发生着巨大的变化,这使得家务劳动承担的主体发生了巨大的变化。现实社会中除了核心家庭,扩大型家庭、非亲的领养家庭,还出现了如单亲家庭、个人家庭、同性恋家庭等形式,家庭形式的变化挑战着我们对家庭劳动主体、劳动内容及家务劳动政策调整的认识和理解。而对于家庭所承担的功能而言,也由原来的经济合作单位,慢慢地转向承担爱、感情、情感抚慰的组织,其稳定性越来越差。所有以核心家庭为单位建立起来的关于家务劳动的认识和相关的社会政策都得重新审视。

家务劳动的内容也在发生着重大的变化。以前社会生产物品量少且品牌单一,家庭生活必需品的采购相对简单,目前采购变得复杂起来,具体表现在,购物不只是在物品上甄选,而且在不同的商品和不同的品牌中穿梭,不仅是时间上的耗费,而且是智力信息的比拼;洗衣机固然减轻工妇女在家的家务劳动,但是不同质地不同材料的衣物对洗涤提出了更加严格的要求,手洗、干洗、熨烫等家务劳动不断延伸出来,增加着家务劳动的内容。家庭照料也表现出不同的方式,不仅仅是身体生理上的照顾,而且是心理情感全方位的投入,而对于儿童的教育,社会倡导不要让孩子输在起跑线上,大批的母亲从孩子出生开始,就成为各种兴趣班门口的常客,花费大量的心力为赢得孩子的未来。还譬如闲暇时间的安排,可能会创造出一种关于玩的工作。环视周围,一到假期,许多的母亲带着孩子进行有计划的旅游,从规划旅行,到各种证件的办理,旅游线路的规划,都需要脑力和体力的付出,整个社会对于母职在各个方面要求的提高,从各个方面加剧了女性在家务劳动方面的投入,进一步形成社会性别分工。当我们将其看成是一个整体和系统时,我们不难发现,整个政治经济的秩序把女性编织在其中,无处可逃。再生产职能的私人化制造出公私领域的分离,形成了诸如女大学生就业难、农村留守妇女群体、职业高知女性高层领导人物偏少,整体女性的生存和发展状况

---

① Ursula Huws. Reproduction of Difference: Gender and the Global Division of Labour[J]. Work Organization Labour and Globalization, 2012, 6 (1): 1.

与家务劳动的社会性别分工息息相关。

整个社会弥漫着的消费主义倾向,生产和劳动淡出了社会舆论的视野。在众多的消费活动中,网络购物的时间花费也不可小觑,需要与卖家进行网上交流,进行网上评价,包括民众在 facebook、google、wechat 等网络平台上进行活动,参与讨论和创造,我们把这种劳动叫作网上产销合一的劳动,这些劳动参与了产品的创造,这有利于公司产品的进步,但是是未付的劳动。时代的发展可能创造出无数的未付报酬的劳动,就拿网络发展推进远程工作来看,以后网上填写各种信息,进行各种申报和交易,会变成一种生活必需,填写税单,处理家庭维修、交电费在网上提交付费,网上购买必需品,这都是一种消费性的工作。① 我们还注意到,在现实的生活中,未付的劳动范畴还可延伸到工人在工厂的加班时间。资本不断放大其剥削功能,不仅仅是女性所从事的工种被付以较低的工资,而且在底层的男性工人得到的工资也无法实现其自身和家庭的再生产,不得不通过加班加时的工作时间赢得生存费用。在全球资本重构的过程中未付工资的劳动还包括大量的志愿者服务劳动,这些活动没有工资的支付,且为主流意识形态不断扩大其存在的合理性。所有这些劳动形式的存在使我们更难地去解释家务劳动与劳动力市场性别分工及其劳动分工的机制联结,并向我们提出一个亟待关注的话题:如何界定家务劳动,家务劳动工资化后的女性解放现状如何,面对人类历史的变迁和发展,何种家务劳动的策略是可取的,抑或是根本没有家庭内部的家务劳动策略? 目前解决家务劳动的策略已经不是试图将无酬家务劳动纳入资本体系中来解决,而是要改变以资本和效益为中心的发展体系和分配模式,建立多样化经济体系及其分配模式。女性主义者要做的工作是要在家庭之中把这些被遮蔽、难以察觉的劳动清楚揭示出来,让女性从事的劳动出场,让女性真正从家庭走向社会,性别、家庭内部的劳动分工、家庭是女性主义为某种阶级政治寻求可供选择的空间。② 女性主义始终不应放弃劳动范畴,始终要正视家庭斗争的领域,在这方面,马克思主义所建立的宏观的整体的对资本主义的批判是真正实现人类解放包括妇女解放的宝贵财富。

Historical Changes of Domestic Labor and Contemporary Challenges

Shi Hongmei

(Marxism School of Xiamen University, Xiamen, 361005)

Abstract: Domestic labor is a labor category appeared in the private sphere along with the development of productivity and establishment of the status and function of the private property. A lot of women started to work in public sphere since 1960s, which accelerated the combination of feminism and Marxism. Marxist feminism theory reflected centrally in the discussion of comparable price theory of domestic labor. It opened up a "black box" in

---

① Ursula Huws. Reproduction of Difference: Gender and the Global Division of Labour[J]. Work Organization Labour and Globalization, 2012, 6 (1): 4.

② J.K.吉布森-格雷汉姆.资本主义的终结[M].陈冬生,译.北京:社会科学文献出版社,2002:88.

the domestic sphere, which is never involved in the emancipation of women before. But during the process of globalization of capitalism, the theory of domestic labor wage deviated from the right track of the emancipation of women. The goal and strategy chosen by the mainstreaming feminism encouraged the domination of capital and political power all over the world, which aggravated the inequality of different ranks of women in the world and the margination of poor women. Facing the development of modern technology and society, great changes of the types and function of family have taken place. The connotation and denotation of domestic labor changed quickly, which brought some new challenges to the women emancipation.

Key words: domestic labor; feminism; marxism

家庭暴力防治的法律问题研究

——基于民事司法裁判案例的统计分析[*]

陈晶华[**]

内容摘要:我国家庭暴力防治的研究已经较成熟,本文运用实证研究的方法,收集494份涉家庭暴力的民事案件判决书,分别以案件的案由、暴力客体、主体间关系为分类标准,以原告在家庭暴力中的角色及施暴者与受害人性别、家庭暴力发生的原因、家庭暴力的举证情况、家庭暴力认定情况、请求损害赔偿情况、裁判文书引用法律法规的情况等为变量,逐一统计分析各种类型的涉家庭暴力案件。基于对裁判案例的分析,发现了我国家庭暴力防治的若干个法律问题,并提出解决方向。

关键词:家庭暴力;认定;举证;损害赔偿

一、涉家庭暴力案件统计分析

(一)涉家庭暴力案件类型分析——以案件案由为标准

我国涉家庭暴力案件数量众多,笔者搜集了北大法宝数据库494个涉及家庭暴力的民事判决书进行统计分析。判决书年份为2001年至2014年,且早期的判决书较少。这些判决书来自全国多个地区,其中426个为一审案件判决书,占判决书总数的86.23%,另外67个为终审判决书,还有1个为再审案件判决书。根据案件的案由,涉家庭暴力案件类型多种多样,其中较为典型的有离婚纠纷、同居关系纠纷、婚约财产纠纷。此外还有继承纠纷、抚养纠纷、赡养纠纷、收养关系纠纷、人格权纠纷等。

表1　涉家暴不同类型纠纷的数量及百分比

单位:件

案件类型	离婚纠纷	同居关系纠纷	婚约财产纠纷	其他纠纷
数量	266	149	52	27
百分比	53.85%	30.16%	10.53%	5.47%

---

[*]　本文是在作者获得厦门大学法律硕士学位的同名论文基础上修改而成的。

[**]　陈晶华,女,国浩律师(福州)事务所律师,主要研究方向为婚姻家庭法。

表 1 显示,涉家庭暴力的案件案由主要为离婚纠纷案件,占了涉家暴案件总量的53.85％,可见离婚纠纷是涉家庭暴力案件的主要类型。其次为同居关系纠纷和婚约财产纠纷。

1. 离婚纠纷案件

(1)原告在家庭暴力中的角色及施暴者与受害人性别[①]

表 2　原告在家庭暴力中的角色及施暴者与受害人性别

单位:件

	原告	男	女
施暴者	27	249	17
受害人	239	17	249
总计	266	266	266

在涉家庭暴力的离婚纠纷中,239 件案例是受害人提起的诉讼,占总数的 89.85％。其符合常理,受害人不堪家庭暴力之苦提起诉讼,要求离婚,以期脱离家庭暴力的苦海。但是仍有部分家庭暴力的受害人不愿意提起离婚诉讼,反而由施暴者提起,可猜测部分家庭暴力的受害人对施暴者有依赖心理或者宁愿忍受家庭暴力也不愿意离开家庭。

从施暴者性别来看,大多数案件的施暴者为男性,占总数的 93.61％,只有少量案件的施暴者为女性,可见在家庭暴力中,绝大多数的女性是受害人,但是不可否认防治家庭暴力对于男性的保护作用。

(2)家庭暴力发生的原因[②]

表 3　家庭暴力发生原因

单位:件

家暴发生原因	涉及的案件数量(件)	所占百分比
家庭琐事	122	45.86％
草率结婚	51	19.17％
性格不合	46	17.29％
(疑)违背忠诚义务	26	9.77％
性格暴躁	22	8.27％
酗酒	18	6.77％

①　关于施暴者和受害人的性别有两份判决书无法判断,但是又有两份判决书为原告诉称被告有家庭暴力,被告辩称是原告方有家庭暴力,此时施暴方为男和女,受害方为女和男,因此总数仍然为 266 件判例。

②　由于家庭暴力在很多判决书中未被认定,被告也多不承认自己有家庭暴力行为,因此家庭暴力的发生原因以原告诉称的理由进行统计,一个案件若有多个理由,不分主次,均对其进行统计。在统计中,笔者将家庭暴力发生的原因分为家庭琐事、草率结婚、性格不合、违背忠诚义务、性格暴躁、酗酒、赌博、经济问题、重男轻女、不务正业、家庭事务处理分歧、疾病、不详共 13 种。

续表

家暴发生原因	涉及的案件数量(件)	所占百分比
赌博	16	6.02%
经济问题	13	4.89%
重男轻女	9	3.38%
不务正业	9	3.38%
家庭事务处理分歧	4	1.50%
疾病	3	1.13%
不详	20	7.52%

从统计案例的结果看出,家庭暴力发生的原因纷繁复杂,有家庭琐事、草率结婚、性格不合、违背夫妻间忠诚义务、性格暴躁、酗酒、赌博、经济问题、重男轻女、不务正业、家庭事务处理分歧、疾病等,且家庭暴力的发生常常不是单一原因引起的。表格数据显示,排在前五位的家庭暴力原因是家庭琐事、草率结婚、性格不合、违背夫妻间忠诚义务、性格暴躁。其中,家庭琐事是发生家庭暴力的主要原因,有122个案件涉及,占了总数的45.86%;草率结婚占19.17%,性格不合占17.29%。上述原因中,酗酒、赌博、不务正业均可视为有不良嗜好,此类原因涉及的案件数共有43件,占了总数的16.17%,也是家庭暴力发生的重要原因之一。此外,有的判决书不论从原告诉求、被告答辩还是法院审理部分均未涉及家庭暴力的原因,此类涉及家庭暴力的案件判决书多仅为原告诉称"被告对我实施家庭暴力",而后并未交代任何信息,且无证据证明家庭暴力的存在。

有学者调查了2008—2010年吉林省家庭暴力的原因,其结果显示,排在第一位的是酗酒,占34.44%,而后依次为家庭琐事,占19.17%,经济纠纷占9.17%,疑有外遇占8.16%,草率结婚占8.61%。[①] 湖南省的调查又有不同的结论,2008—2010年,法院受理的涉家庭暴力案件中,居于前五位的原因分别是疑有外遇(39.29%)、性格暴躁(37.01%)、家庭琐事(27.86%)、酗酒(27.86%)、赌博(22.82%)。[②]

综合笔者的统计结果及以上学者的调查结论,可以看出:不同地区运用不同的调查方式所统计出来的家庭暴力发生的首要原因是不一致的,但是家庭暴力发生的主要原因却是相似的,三份数据中位列前五的原因皆有家庭琐事和疑有外遇。

(3)家庭暴力的举证情况[③]

---

① 陈苇.我国防治家庭暴力情况实证调查研究——以我国六省市被抽样调查地区防治家庭暴力情况为对象[M].北京:群众出版社,2014:98.

② 陈苇.我国防治家庭暴力情况实证调查研究——以我国六省市被抽样调查地区防治家庭暴力情况为对象[M].北京:群众出版社,2014:163.

③ 由于每个案件均有当事人陈述作为证据,但在对方不认可的情况下,几乎没有证明力,因此笔者对其不统计分析。若判决书中未涉及相关举证情况或当事人未举证,一律认定为"无",由于当事人有举证但是判决书未反映的情况很少,为了统计方便,将其认定为"无",即当事人未举证。

表 4　案件有无关于家庭暴力的举证

单位:件

举证的有无	案件数量	百分比
有关于家庭暴力的举证	86	32.33%
无关于家庭暴力的举证	180	67.67%

在 266 份涉家庭暴力的离婚纠纷判决书中,高达 67.67% 的案件当事人并未就家庭暴力的主张进行举证,只有将近三分之一的当事人在主张对方存在家庭暴力时进行了举证。

表 5　有举证案件的举证情况 *

单位:件

证据来源	案件数量**	占有举证案件的百分比
公安局(派出所)	35	40.70%
医院	28	32.56%
知情人	20	23.26%
施暴者	22	25.58%
受害人	19	22.09%
各鉴定中心***	22	25.58%

* 从证据来源进行归类。

** 一个案件会有多种来源的证据,因此该列总量会大于有举证的案件数 86 件。

*** 由于鉴定书来源于不同机构,有的可能来自公安局。本表格将来自公安局的鉴定书一律归入此类,不归为来自公安局的证据,以避免重复统计。

从案件举证情况看,为了证明对方实施家庭暴力,受害人提供的证据多种多样,涵盖了民事诉讼法规定的所有证据类型。[①] 从证据的来源看,可以将其划分为从公安局收集的证据,主要有报警记录、出警记录、询问笔录、行政处罚决定、调解协议、证明;从医院收集来的证据,主要有病历、诊断证明、医疗费票据、检查报告单、验伤报告等;从知情人处收集的证据多为各类证人的证言,主要证人有子女、邻居、村民、保姆、近亲属等,还包括卫生院、社区、工作单位、村委会这些基层组织机构提供的证明以及代理人对知情人士所做的调查笔录;从施暴者处收集的证据有其书写的保证书、短信、电话录音、毁损物品;从受害人处收集的证据为其伤情照片;来自各鉴定中心的证据是指鉴定中心出具的受害人伤情鉴定意见书。从统计结果可以看出,对家庭暴力进行举证的离婚纠纷,其中 40.70% 的案件,当事人提供了来自公安局的证据,32.56% 的案件当事人提供了来自医院的证据。此外,还有一些较为常见的证据,例如,有 16 个案件的当事人收集了施暴者的保证书,19 个案件的当事人提交了自己的伤情照片作为证据,一部分的当事人还能提供专业鉴定中心的伤情鉴定书来证明家庭暴力,占举证案件的 25.58%。可见,公安局是证明家庭暴力最重要的证据来源,其次就是医院。

---

① 参见 2013 年《中华人民共和国民事诉讼法》第 63 条。

（4）家庭暴力的认定情况

表 6　是否认定为家庭暴力

单位:件

认定 举证	认定为家庭暴力	不认定为家庭暴力
案件数量	37	229
有举证的案件	25	61
证据不详(无举证)案件	12	168

在 266 件涉家庭暴力的离婚纠纷案件中,仅有 37 件被法院认定为家庭暴力,仅占 13.91％。举证的 86 个案件中,有 25 件被认定为家庭暴力,占有举证案件的 29.07％,另外 12 个被认定为家庭暴力的案件判决书中未反映出相关举证情况。在 229 件未被认定为家庭暴力的案件中,仅有 61 个案件的当事人进行了举证,占未被认定为家庭暴力案件的 26.64％;这 61 个案件的证据多为单一的伤情照片、证人证言等。可见,很多案件之所以没有被认定为家庭暴力是由于主张者根本没有履行举证义务,如果有对家庭暴力进行较为详尽的举证,其被认定的可能性会大大增加。

（5）法院判决离婚与否

表 7　是否判决离婚

单位:件

	案件数量	百分比
不准离婚	130	48.87％
准予离婚	136	51.13％
总计	266	100％

表 8　被认定存在家庭暴力的案件是否判决离婚

单位:件

	案件数量	百分比
不准离婚	3	8.11％
准予离婚	34	91.89％
总计	37	100％

根据我国《婚姻法》第 32 条规定,离婚的法定理由为夫妻感情确已破裂。涉家庭暴力离婚纠纷案件,被判决离婚和不准离婚的案件数基本相同。但是,法院认定存在家庭暴力的案件中,91.89％均会被认定为夫妻感情破裂,判决离婚,仍有少量案件判决结果为不准离婚。

（6）离婚损害赔偿情况

表 9　受害人是否请求离婚损害赔偿及法院支持与否

单位:件

	案件数量	占总案件量的百分比
请求	53	19.92%
支持	26	9.77%
未支持	27	10.15%
未请求	213	80.08%

表 10　家庭暴力受害人* 请求离婚损害赔偿与否及法院支持情况

单位:件

	案件数量	占被认定案件的百分比
请求	23	62.16%
支持	21	56.76%
不支持	2	5.41%
未请求	14	37.84%

*此表格是针对被认定为存在家庭暴力的案件的统计,因此请求损害赔偿和未请求损害赔偿的案件总数为 37。

统计结果显示,266 件涉家暴的离婚纠纷中,80.08% 的案件当事人未请求离婚损害赔偿。该数据说明绝大多数受害人没有请求离婚损害赔偿的意识。这种情况反映了受害人对离婚损害赔偿的忽略,同时也不排除有些当事人以对方存在家庭暴力为借口,意欲离婚。

在法院认定存在家庭暴力的案件中,大部分案件当事人会请求离婚损害赔偿,仍有 37.84% 的案件当事人未提请离婚损害赔偿;法院一旦认定一方存在家庭暴力,而另一方又要求离婚损害赔偿时,该项请求一般会被支持,但是赔偿数额与当事人的主张有所出入。从判决结果来看,支持数额从 800 元到 40000 元各不相同;法院认定存在家庭暴力时,即便不支持受害人的离婚损害赔偿请求,在分配夫妻双方共同财产时也会对受害人一方予以照顾,因此均一定程度上填补了受害人的物质或精神损失。

2. 同居关系纠纷案件

（1）原告在家庭暴力中的角色及施暴者与受害人性别

表 11　原告在家庭暴力中的角色及施暴者与受害人性别

单位:件

	原告	男	女
施暴者	18	147	2
受害人	131	2	147
总计	149	149	149

表格数据显示,涉家庭暴力的同居关系纠纷中,87.92％的案件均是受害人提起诉讼请求解除同居关系、析产或确定子女由谁抚养。该百分比与离婚纠纷对应的89.85％接近。98.66％的施暴者为男性,女性是家庭暴力的主要受害人,该数据反映的问题与离婚纠纷案件对应数据反映的问题是相同的。

（2）家庭暴力发生的原因

表 12　家庭暴力发生原因

单位:件

家暴发生原因	涉及的案件数量（件）	所占案件总数百分比
家庭琐事	51	34.23％
草率结婚	15	10.07％
性格不合	19	12.75％
（疑）违背忠诚义务	8	5.37％
性格暴躁	19	12.75％
酗酒	7	4.70％
赌博	3	2.01％
经济问题	4	2.68％
重男轻女	3	2.01％
不务正业	1	0.67％
家庭事务处理分歧	1	0.67％
疾病	1	0.67％
不详	36	24.16％

在同居关系纠纷中,引发家庭暴力的原因,居于前五位的分别是家庭琐事,占34.23％;性格不合和性格暴躁,均占12.75％;草率结婚,占10.07％;违背忠诚义务占5.37％。引发家庭暴力的前述五个主要原因,与离婚纠纷案件的统计结论是一致的。另外,还有24.16％的案件判决书无法看出家庭暴力的发生原因,该百分比明显大于离婚纠纷的5.57％。

（3）家庭暴力的举证情况

表 13　案件有无关于家庭暴力的举证

单位:件

举证的有无	案件数量	百分比
有关于家庭暴力的举证	24	16.11％
无关于家庭暴力的举证	125	83.89％
总计	149	100％

在149个涉家庭暴力的同居关系纠纷中,83.89％的案件没有关于家庭暴力的举证。仅有24个案件的当事人对家庭暴力举证。

表 14　有举证案件的举证情况*

单位:件

证据名称	涉及的案件数量	占有举证案件的百分比
医院证明**	8	33.33%
医院病历	6	25.00%
医疗费发票	4	16.67%
公安局报警、出警记录	3	12.50%
公安局询问笔录	1	4.17%
刑事判决书	1	4.17%
代理人做的调查笔录	1	4.17%
村委会证明	2	8.33%
证人证言	7	29.16%
保证书	3	12.50%
录音资料	1	4.17%
照片	6	25.00%
鉴定书	2	8.33%

* 由于该类型纠纷关于家庭暴力的举证比离婚纠纷简单,因此不以证据来源分类。

** 包括出入院证明、CT 检查证明、医院诊断证明。

　　统计结果显示,24 个案件中,有 8 个案件当事人提供了医院各类证明,7 个案件当事人提供了证人证言,6 个案件当事人提供了医院病历。这些证据收集较为简单,成为当事人试图用以证明家庭暴力的主要证据。从案件的举证情况来看,其证据来源和离婚纠纷中的证据来源是一致的,医院和知情人仍是证据的主要来源之一,但是同居关系纠纷从公安局处收集的证据数量明显少于离婚纠纷。从证据的多样性来看,同居关系纠纷的较为简单,仅为表格中列举的 13 种,而离婚纠纷中,证据多种多样。

　　(4)家庭暴力的认定情况

表 15　是否认定为家庭暴力

单位:件

认定情况	认定为家庭暴力	不认定为家庭暴力
案件数量	2	147
百分比	1.34%	98.66%

　　在同居关系纠纷中,被认定为家庭暴力的仅有两件,一件是由于施暴者自认有家庭暴力行为,另一件是由于施暴者因为其暴力行为已经构成了故意伤害罪,当事人向法院提供了刑事判决书。不认定为家庭暴力的案件占总量的 98.66%,也就是说在同居关系纠纷中,绝大多数案件都不会被认定为家庭暴力。有一些案件,法院将其认定为"殴打""发生打骂,对原告造成伤害"等。这和当事人的举证情况以及法官的观念都有关系。

与离婚纠纷相比,同居关系纠纷中,有24.16%的案件无法统计出家庭暴力的发生原因,83.89%的案件没有举证,离婚纠纷中对应的百分比分别为5.57%和32.33%。可以推测,有的当事人虽然主张家庭暴力,但是并非真的存在家庭暴力,同居关系纠纷相较于离婚纠纷,该现象更为普遍,因此其被认定为家庭暴力的案件少之又少。

(5)请求损害赔偿情况

表 16　受害人是否请求损害赔偿及法院支持与否

单位:件

	案件数量	占总案件量的百分比
请求	13	8.72%
支持	1	0.67%
未支持	12	8.05%
未请求	136	91.28%

统计结果显示,在同居关系纠纷中,当事人未请求损害赔偿的案件占91.28%,只有8.72%的案件当事人就其主张的家庭暴力行为请求损害赔偿。但是,获得法院支持的仅1件,支持其要求赔付医疗费的诉讼请求;其余主张损害赔偿的案件,不论是医疗费赔偿还是精神损害赔偿请求,均没有得到法院支持。

3. 婚约财产纠纷案件

(1)原告在家庭暴力中的角色及施暴者与受害人性别

表 17　原告在家庭暴力中的角色及施暴者与受害人性别

单位:件

	原告	男	女
施暴者	52	52	0
受害人	0	0	52
总计	52	52	52

在婚约财产纠纷案件中,所有案件的原告皆是施暴者,而家庭暴力的受害人均为女性,这与离婚纠纷和同居关系纠纷有很大的不同。通过裁判文书可以发现,婚约财产纠纷为原告无法与女方缔结婚姻,但又已经支付彩礼,因此要求返还。被告之所以提出原告有家庭暴力,是试图以家庭暴力为由进行抗辩,认为由于原告的家庭暴力行为,才导致双方无法共同生活以及领取结婚证,因此原告为过错方,彩礼不应返还。

（2）家庭暴力发生的原因

表 18　家庭暴力发生的原因

单位:件

原因	涉及的案件数量	百分比
家庭琐事	5	9.62%
怀疑外遇	2	3.85%
性格暴躁	1	1.92%
酗酒	1	1.92%
畏惧女方不能生儿育女	1	1.92%
不详	42	80.77%

在婚约财产纠纷中,有 80.77% 的判决书未反映出家庭暴力发生的原因;可以看出家庭暴力发生原因的案件,5 件为家庭琐事,2 件为怀疑外遇,由于性格暴躁、酗酒、畏惧女方不能生儿育女的案件各有 1 件。由此可见,发生家庭暴力的主要原因与离婚纠纷和同居关系纠纷基本一致。

（3）家庭暴力的举证情况

表 19　案件有无关于家庭暴力的举证

单位:件

举证的有无	案件数量	百分比
有关于家庭暴力的举证	17	32.69%
无关于家庭暴力的举证	35	67.31%

婚约财产纠纷中,被告虽然陈述对方有家庭暴力,但是仅有 32.69% 的受害人举证证明家庭暴力。有一半以上的案件,当事人未提出证据,该比例低于同居关系纠纷的 83.89%,与离婚纠纷的 67.67% 相近。

表 20　有举证案件的举证情况

单位:件

证据来源	案件数量	占有举证案件的百分比
公安局(派出所)	1	5.89%
医院	9	52.94%
知情人	5	29.41%
施暴者	4	23.53%
受害人	6(照片)	35.29%
各鉴定中心	1	5.89%

统计结果显示,当事人所举证据主要是伤情照片、证人证言以及从医院收集的证据。仅一个案件有来自公安局派出所的证据,大大少于离婚纠纷。但是可以看出,不同类型纠纷的

当事人试图证明家庭暴力存在时,所能够提出的证据是极其类似的。法院对这些证据的认定情况有:认定真实性,但是无法实现提供者的证明家庭暴力的目的;认为与本案无关或无其他证据印证而不予采信等。

(4)家庭暴力的认定情况

笔者收集的 52 件婚约财产纠纷中,即便有 17 个案件的当事人举证存在家庭暴力,但无案件被认定为存在家庭暴力。

(5)请求损害赔偿情况

表 21　是否请求损害赔偿及法院支持与否

单位:件

	案件数量	占总案件数的百分比
请求	11	21.15％
支持	0	0％
未支持	11	21.15％
未请求	41	78.85％

表格数据显示,大部分案件未涉及损害赔偿问题,占总案件数的 78.85％。21.15％ 的案件当事人有就家庭暴力提出损害赔偿请求,该比例大于同居关系纠纷,但均未得到支持。需要注意的是,当事人举证能够证实一定伤害后果时,法院虽然未支持受害人的损害赔偿请求,但是会酌情减少其需要返还的彩礼金额。

4. 其他相关纠纷案件

涉家庭暴力的纠纷除了上述三种主要类型外,还有抚养费纠纷、离婚后财产纠纷、赡养纠纷、收养关系纠纷、人格权纠纷等。其暴力客体为身体和精神,且有些暴力是发生在已离婚夫妻之间。值得注意的是,在人格权纠纷中,已离婚的受害人提起损坏赔偿时,有的判决书不支持当事人诉求,有的判决书则持支持的态度。[①]

(二)涉家庭暴力案件类型分析——以暴力侵犯客体为标准

根据暴力侵犯的客体,学界通常将家庭暴力区分为身体暴力、精神暴力、性暴力和经济控制。身体暴力是指施害人用推、打、咬等方式对家庭成员实施暴力,暴力针对的是受害人的身体,导致其人身上的伤害,包括限制人身自由。精神暴力是指施害人以威胁、恐吓、毁损他物、伤害他人自尊等语言或者非语言方式,造成被害人心理上的痛苦行为,暴力对象是受害人的心理,并不直接造成身体上的伤害。性暴力客体是受害人的性自由,指违背一个人的意愿,强迫实施与性相关的行为并导致其性伤害。[②] 根据最高人民法院中国应用法学研究所 2008 年颁布的《涉及家庭暴力婚姻案件审理指南》,若以家庭暴力侵犯的客体分类,其类

---

① 该问题在本文第二部分会进一步阐述。
② 蒋月.立法防治家庭暴力的五个基本理论问题[J].中华女子学院学报,2012(4):6-7.

型还包括经济控制。①

在 494 个判例中,家庭暴力侵犯的客体情况如下表:

表 22　家庭暴力侵犯的客体*

单位:件

暴力客体	涉及的案件数量**	占总案件数的百分比
身体暴力	323	65.38%
精神暴力	94	19.03%
性暴力	3	0.61%
经济控制	4	0.81%
不详	168	34.01%

* 因为一般另一方不承认家庭暴力的存在,且法院也不认定为家庭暴力,因此以主张有家庭暴力一方的陈述为准。

** 很多涉家庭暴力案件侵害的并非单一客体,因此该列数据总和大于 494。

从暴力针对的客体看,扣除 168 件无法辨别暴力客体的案件,剩余 326 件案件,其暴力针对的客体几乎都涉及身体,占了 323 件。涉及精神暴力的案件有 94 件,性暴力和经济控制较为少见,分别 3 件和 4 件。

1. 身体暴力案件

表 23　仅针对身体的暴力及针对身体的复合型暴力

单位:件

	案件数量	占身体暴力案件百分比
仅针对身体的暴力	227	70.28%
针对身体复合型暴力	96	29.72%
合计	323	100%

统计结果显示,在涉及身体暴力的案件中,有 227 件为仅针对身体的家庭暴力,占身体暴力案件的 70.28%。为了更能够体现家庭暴力中身体暴力的特点,以下关于身体暴力案件的分析仅针对该 227 个单纯的身体暴力案件。

(1)原告在家庭暴力中的角色及施暴者与受害人性别

表 24　原告在家庭暴力中的角色及施暴者与受害人性别

单位:件

	原告	男	女
受害人	184	10	216
施暴者	42	216	10

---

① 即加害人通过对夫妻共同财产和家庭收支状况的严格控制,摧毁受害人自尊心、自信心和自我价值感,以达到控制受害人的目的。

续表

	原告	男	女
总计	226*	226**	226

* 湖南省长沙市岳麓区人民法院(2013)岳民初字第 01476 号《民事判决书》的原告为受害人的母亲，其以被告对自己的孩子家暴为由，起诉要求变更抚养关系。

** 上海市浦东新区人民法院(2009)浦民一(民)初字第 6400 号《民事判决书》无法看出双方性别。

统计结果可以看出，身体暴力的受害人主要是女性，每 100 个身体暴力的案件，就有 81 个案件的受害人是女性；同时，受害人作为原告提起诉讼的占了总案件数的 81.42%，有少部分受害人不愿意或者不敢提起诉讼。

(2)身体暴力发生的原因

表 25 身体暴力发生原因

单位:件

身体暴力发生原因	涉及案件数量	百分比
家庭琐事	97	42.73%
草率结婚	26	11.45%
性格不合	29	12.76%
(疑)违背忠诚义务	19	8.37%
性格暴躁	19	8.37%
酗酒	14	6.17%
赌博	7	3.08%
经济问题	4	1.76%
重男轻女	5	2.20%
不务正业	4	1.76%
家庭事务处理分歧	1	0.44%
疾病	0	0%
不详	43	18.94%

在身体暴力的家庭暴力案件中，排在首位的家庭暴力原因是家庭琐事，42.73% 的案件当事人都提及因家庭琐事发生家庭暴力。其次为性格不合、草率结婚、违背忠诚义务、性格暴躁。而酗酒也是家庭暴力发生的重要原因之一，占身体暴力案件总数的 6.17%。

（3）身体暴力的举证情况

表 26　案件有无关于身体暴力的举证

单位:件

举证的有无	案件数量	百分比
有关于家庭暴力的举证	97	42.73%
无关于家庭暴力的举证	130	57.27%

从图表可以看出,227 件身体暴力案件中,当事人有举证证明家庭暴力的仅 97 件,占 42.73%。可见,身体暴力的举证情况不容乐观,只有不到一半的当事人会进行举证。

表 27　有举证案件的证据来源

单位:件

证据来源	案件数量	占有举证案件的百分比
公安局(派出所)	34	35.05%
医院	41	42.27%
知情人	23	23.71%
施暴者	14	14.43%
受害人	20	20.62%
各鉴定中心	24	24.74%
法院	3	3.09%

上表可看出,身体暴力案件当事人所举证据,来自医院的证据最多,占到了有举证案件的 42.27%,这是由于遭受身体暴力的伤害后,当事人需要到医院就诊,因此很多当事人均可提供来自医院的证据来证明身体暴力。其次是来自于公安局派出所,占 35.05%。最后,证人证言、鉴定中心对伤情的鉴定书以及受害人的伤情照片仍是当事人能够提供的常见证据。

（4）家庭暴力的认定情况

表 28　是否认定为家庭暴力

单位:件

是否认定为家庭暴力	案件数量	百分比
是	31	13.66%
否	196	86.34%

身体暴力的家暴案件中,法院认定为家庭暴力的案件数量很少,仅有 31 件,占总数的 13.66%,高达 86.34% 的案件未被认定为存在家庭暴力。

（5）请求损害赔偿情况

表 29　受害人是否请求损害赔偿及法院支持与否

单位:件

	案件数量	占总案件量的百分比
请求	58(23 件支持)	25.55％
未请求	169	74.45％

上表显示,身体暴力案件中,当事人请求损害赔偿的占 25.55％,法院支持损害赔偿有 23 个案件,其中 19 个是认定为家庭暴力的案件,另外 4 件为人格权纠纷案件。被认定为家庭暴力的 31 个案件,有 10 个案件受害人未请求损害赔偿。

2. 精神暴力案件

（1）涉精神暴力案件的暴力客体情况

表 30　精神暴力案件暴力客体

单位:件

暴力客体	案件数量	百分比
精神	3	3.91％
精神、身体	89	94.68％
精神、身体、性	1	1.06％
精神、身体、经济控制	1	1.06％
合计	94	100％

在 94 件涉及精神暴力的案件中,仅有 3 个案件针对的客体只有精神,而非复合型。可见,精神暴力大多数是与身体暴力共同存在的,仅仅针对精神的家庭暴力较为少见,也有可能是因为当施暴者的暴力仅针对精神时,当事人提起诉讼的很少。相比之下,暴力客体仅为身体的案件则较常见。精神暴力多和身体暴力复合,占精神暴力案件的 94.68％。

（2）原告在家庭暴力中的身份及施暴者与受害人性别

表 31　原告在家庭暴力中的角色及施暴者与受害人性别

单位:件

	原告	男	女
施暴者	16	89	6
受害人	77	10	88
总计*	93**	99	94

＊案件数量有重复计算,因为有的案件受害人既有男性又有女性,且有的判决书无法分辨当事人性别。

＊＊海南省海口市中级人民法院(2011)海中法民一终字第 335 号《民事判决书》的案件是抚养费纠纷案件,原告为受人的孩子。因此总计案件数少 1。

关于精神暴力的案件统计结果显示,原告为受害人的占了82.80%,女性是精神暴力的主要受害人,每100个涉精神暴力的案件中,男性受害人仅占10个。可见不论是身体暴力还是精神暴力,家庭暴力主要受害人均为女性。

（3）精神暴力发生的原因

表32　精神暴力发生原因

单位:件

精神暴力发生原因	涉及案件数量	百分比
家庭琐事	32	34.04%
草率结婚	15	15.96%
性格不合	16	17.02%
（疑）违背忠诚义务	8	8.51%
性格暴躁	8	8.51%
酗酒	9	9.57%
赌博	4	4.26%
经济问题	9	9.57%
重男轻女	6	6.38%
不务正业	2	2.13%
家庭事务处理分歧	4	4.26%
疾病	0	0%
不详	14	14.89%

数据显示,在涉精神暴力的案件中,暴力发生的主要原因为家庭琐事,占精神暴力案件总数的34.04%,其次为性格不合,占17.02%;草率结婚,占15.96%;酗酒和经济问题均占9.57%。与身体暴力不同的是,精神暴力发生的原因中经济问题占较高比例,而身体暴力中此原因仅占1.76%,低了7.81个百分点。

（4）精神暴力的举证情况

表33　案件有无关于家庭暴力的举证

单位:件

举证的有无	案件数量	百分比
有关于家庭暴力的举证	28	29.79%
无关于家庭暴力的举证	66	70.21%

从案件的举证情况来看,29.79%的案件有举证证明家庭暴力,而且其多为证明身体暴力的证据,鲜有证明受害人精神损失的证据。该比例低于身体暴力12.94个百分点,可见,相对于精神暴力,举证证明身体暴力较为容易。

表 34　有举证案件的证据来源

单位:件

证据来源	案件数量	占有举证案件的百分比
公安局(派出所)	12	42.86％
医院	9	32.14％
知情人	7	25％
施暴者	6	21.43％
受害人	9	32.14％
各鉴定中心	7	25％

在精神暴力案件中,证据的主要来源为公安局,占 42.86％,其次为医院与受害人自己拍摄的照片,占 32.14％,与身体暴力案件相比,证据的主要来源是相同的,但是精神暴力案件首要证据来源为公安局,而不是医院。同时,从证据证明目的来看,当事人的举证多为证明身体暴力的存在,精神暴力的举证限制在当事人陈述上。3 个暴力客体仅为精神的案件判决书中,根本没有体现当事人的举证情况。

(5)家庭暴力的认定情况

表 35　是否认定为家庭暴力

单位:件

是否认定为家庭暴力	案件数量	百分比
是	10	10.64％
否	84	89.36％

精神暴力的家暴案件中,认定为家庭暴力的案件数量很少,仅有 10 件,占总数的 10.64％,比身体暴力认定的百分比还低 3.02 个百分点,而近 90％的案件均未被认定为存在家庭暴力。

(6)请求损害赔偿情况

表 36　受害人是否请求损害赔偿及法院支持与否

单位:件

	案件数量	占总案件量的百分比
请求	14(支持 6 件)	14.89％
未请求	80	85.11％

统计结果显示,仅有 14.89％的受害人请求了损害赔偿,大多数受害人对于家庭暴力造成的伤害并未要求损害赔偿。未请求损害赔偿的案件占了 85.11％,比身体暴力案件高 10.66 个百分点。法院支持当事人损害赔偿请求的有 6 件,这些案件有 5 件被认定为存在家庭暴力。

3. 性暴力和经济控制案件

表 37　性暴力和经济控制案件

案号	暴力客体	暴力发生原因
(2005)穗中法民一终字第 2851 号	身体、精神、性	违背忠诚义务
(2008)江法民初字第 4737 号	身体、经济控制	家庭事务处理分歧
(2009)江法民初字第 3787 号	身体、经济控制	不详
(2009)伊一民初字第 181 号	身体、经济控制	性格暴躁、家庭琐事
(2013)原民初字第 459 号	身体、性	违背忠诚义务
(2014)夏民初字第 973 号	身体、经济、精神	草率结婚、性格暴躁
(2014)枞民一初字第 01449 号	身体、性	家庭琐事

　　表格资料显示,暴力客体为性和经济控制的案件均属于复合型,暴力在针对性或经济的同时,也有对受害人的身体或精神实行暴力。涉及性暴力的 3 个案件中,有 2 件暴力发生原因为违背忠诚义务。此两类案件可收集到的判决书较少,一共仅有 7 份,占总样本的 1.4%。其中有 6 个案件原告为受害人;施暴者均为男性;只有 1 个案件有举证,且被认定为家庭暴力,其他均无举证并未被认定为家庭暴力;关于损害赔偿的提出,有 2 个案件受害人提出损害赔偿请求,其中 1 个得到了法院支持。

(三)涉家庭暴力案件类型分析——以主体关系为标准

　　按照家庭暴力施暴者与受害人之间的关系,可以将其分为亲子暴力、夫妻暴力、同居暴力、姻亲暴力。

表 38　施暴者与受害人之间的关系

单位:件

主体关系	案件数量*	百分比
亲子	18	3.64%
夫妻	281	56.88%
同居者	202	40.89%
姻亲	7	1.42%

　　* 由于有的判例涉及多种暴力,因此该列数据总和大于案件总数 494 件。

　　从施暴者与受害人的关系来看,夫妻暴力占了 56.88%,是家庭暴力的主要类型;其次,为同居者暴力,占 40.89%,亲子暴力占 3.64%,姻亲暴力案件仅 7 件,占 1.42%。可见,家庭暴力主要发生在夫妻之间,同居暴力也很严重。

1. 亲子暴力案件分析

(1)亲子暴力案件概况

表39　原告在家庭暴力中的角色及施暴者与受害人性别

单位:件

	原告	男	女
施暴者	3	16	8
受害人	15	8	14
总计*	18	24	22

* 总计不一定为案件总数,因为案件的施暴者或受害人可以为两个或两个以上的人,且性别不同。

在18件亲子暴力案件中,有8件既存在亲子暴力,又存在夫妻或同居暴力,其他10件为父母与子女、继父母子女或养父母子女间的暴力。亲子暴力案件中,15个案件的原告为受害人;16个案件的施暴者为男性;值得注意的是,该类型案件中有男性受害人的案件数量占到总数的44.44%,可见在亲子暴力中,男性也是家庭暴力的受害群体。夫妻暴力中,女性是主要的受害人,但是在亲子暴力中,男女几乎各占一半,因此家庭暴力防治的立法对男性也有积极意义。[①]

亲子暴力发生的原因,11个案件为不详,占了总数的61.11%,其案件类型为抚养赡养纠纷、收养关系纠纷。其余原因有家庭琐事、性格暴躁、酗酒和重男轻女,需要注意的是,这些可以统计出家暴原因的7个案例中,有6个同时存在夫妻暴力。

(2)亲子暴力案件举证情况及审理结果

表40　案件有无关于家庭暴力的举证

单位:件

举证的有无	案件数量	百分比
有关于家庭暴力的举证	6	33.33%
无关于家庭暴力的举证	12	66.67%

在这些案件中,有举证证明家庭暴力的案件仅6件,案件证据有公安局报警记录、医院病历、证人证言等。18个案件中,被认定为家庭暴力的案件有4件,提起离婚损害赔偿的仅1个案件。

2. 其他主体间的家庭暴力案件分析

夫妻暴力主要存在于离婚纠纷中;同居暴力主要是同居关系纠纷和婚约财产纠纷。考虑到上文已对各类型纠纷的案件进行统计分析,此处不再重复。

---

① 高凤仙.家庭暴力法规之理论与实务[M].台北:五南图书出版股份有限公司,2011:56.

(四)裁判文书引用法律法规的情况[①]

1. 各类型案件适用的法律法规情况

相同案由的案件判决书引用的法律法规较为类似。法官对涉家庭暴力离婚纠纷的判决多引用婚姻法、婚姻法的司法解释或者人身损害赔偿司法解释。在被认定为家庭暴力的案件里,判决书依据的是婚姻法第三十二条第三款第(二)项、第四十六条第(三)项及婚姻法解释一第一条。没有一个案件的判决有适用《妇女权益保障法》《老年人权益保障法》等法律。

在法院审理同居关系纠纷中,案件适用的是婚姻法、婚姻法解释以及《关于人民法院审理未办结婚登记而以夫妻名义同居生活案件的若干意见》。

法院在审理婚约财产纠纷时,大都引用婚姻法以及婚姻法解释中关于彩礼的规定,并不涉及与家庭暴力相关的法律。

2. 地方性反家暴法规的适用情况

无案例适用地方性的反家庭暴力法规。我国 30 多个省、市、自治区均已出台防治家庭暴力的地方性法规。但是,由于其位阶较低,笔者收集的判例中无一适用地方性反家庭暴力法规。

二、我国家庭暴力防治的法律问题

(一)家庭暴力的认定问题

统计结果显示,法官对家庭暴力的认定非常谨慎。494 个案件中,仅有 43 个案件被明确认定为存在家庭暴力,占 8.70%。当然,很多当事人对家庭暴力的描述只是简单描述"对我施行家庭暴力",而没有进一步举证证明,也未请求损害赔偿,其可能仅仅是家庭成员间发生纠纷而已。学者对重庆市防治家庭暴力情况的调查也可以看出这一点,其调查发现,大量当事人诉称有家庭暴力时,其实并无一定程度的伤害后果,且发生为施暴者求情的情况。[②]因此,法官对家庭暴力的认定持谨慎态度无可厚非。

问题在于,有些案件已经达到了可以认定为家庭暴力的标准,但是法官似乎不太愿意在判决书中认定一方存在家庭暴力,而是以其他表达方式代替。例如有案件认定了施暴者打骂受害人,且据此变更了抚养权,但判决书中未认定为家庭暴力。[③] 还有一些判决,根据当事人提供的证据,法院已经认定"被告打过原告",但是在判决书中仍认为不可以此认定存在

---

①　从判例的法律适用情况可以看出,地方性反家庭暴力法规在判决书中均未反映。因此,需要完善立法,颁布全国性的反家庭暴力法,并更为细致地规制家庭暴力。可喜的是,我国已于 2015 年 12 月发布了《中华人民共和国反家庭暴力法》。

②　陈苇.我国防治家庭暴力情况实证调查研究——以我国六省市被抽样调查地区防治家庭暴力情况为对象[M].北京:群众出版社,2014:57-58.

③　参见四川省绵竹市人民法院(2006)绵竹民初字第 313 号《民事判决书》。

家庭暴力,或者不作进一步陈述。[①]　在婚约财产纠纷中,更是无一案件认定为家庭暴力,

在同居暴力案件中,法院会认定一方对另一方殴打、打骂、"采取不当方式导致被告流产",但未将其作为家庭暴力来处理。[②]　同居暴力占总案件数的40.89%,仅次于夫妻之间的家庭暴力,但是在反家庭暴力法出台前,我国立法并未将同居暴力纳入家庭暴力的范围。甚至在《中华人民共和国反家庭暴力法(征求意见稿)》的说明中,仍然认为"有恋爱、同居、前配偶等关系人员之间发生的暴力行为,与一般社会成员之间发生的暴力行为没有实质区别,则由治安管理处罚法、刑法等法律调整"。

(二)家庭暴力的举证问题

1. 有举证案件少

涉及家庭暴力的案件中,当事人对家暴进行举证的案件不多。离婚纠纷中有举证证明家庭暴力的案件占案件总数的67.67%,其他类型案件有举证的比例更小,即便在举证相对较为容易的身体暴力案件中,有举证的案件比例也不到一半。可猜测,家庭暴力受害人的举证意识较为薄弱。

2. 举证困难

家庭暴力有很强的隐蔽性,即便受害人试图举证证明家庭暴力,仍难以收集证据。同时,要证明家庭暴力与伤害结果间的因果关系很困难,若受害人收集到的证据仅为简单的到医院治疗的书面证据、证人证言、伤情照片时,很多法院不会认定为家庭暴力。此外,从法院认定家庭暴力的情况可以看出,法官们在分配当事人的举证责任时,根据的是传统的证明责任分配原理,即谁主张,谁举证,并未减轻受害人一方的证明责任。因此,在司法实践中,当事人成功地证明家庭暴力的案件也很少。

从被明确认定为存在家庭暴力的43个案件中,笔者挑出了30个可以看出举证情况的判例,予以进一步统计。

表41　案件有无有来自公安局的证据

单位:件

	案件数量	百分比
有来自公安局的证据	21	70%
无来自公安局的证据	9	30%
总计	30	100%

统计结果可以看出,受害人成功证明家庭暴力时,70%的案件均有来自公安局派出所的

---

①　参见(2010)河南省郑州市中原区人民法院中民一初字第737号《民事判决书》,湖北省长阳土家族自治县人民法院(2012)鄂长阳民初字第00617号《民事判决书》,内蒙古自治区扎鲁特旗人民法院(2014)扎鲁民初字第624号《民事判决书》。

②　参见河南省原阳县人民法院(2009)原民初字第689号《民事判决书》,甘肃省庄浪县人民法院(2013)庄民初字第128号《民事判决书》,安徽省濉溪县人民法院(2014)濉民一初字第02219号《民事判决书》。

举证。

3. 证据的认定不统一

当事人提供的证据足以认定伤情时，有的判决书会据此认为，被告将原告打伤属实，被告辩称原告受伤系自伤自残，但无证据证实，因此认定被告对原告实施家庭暴力。[①] 但是也有的法院会认为，证据能够证明伤害后果的存在，但是由于受害人无法证明伤害后果是由另一方家庭暴力引起的，因此不能证明家庭暴力。[②] 我国 2008 年颁布的《涉及家庭暴力婚姻案件审理指南》第 40 条规定"原告提供证据证明受侵害事实及伤害后果并指认系被告所为的，举证责任转移到被告。被告虽否认侵害由其所为但无反证的，可以推定被告为加害人，认定家庭暴力的存在"。但是司法实践中，仍然存在不同的认定。

(三)家庭暴力的损害赔偿问题

1. 请求家庭暴力损害赔偿的受害人较少

统计结果显示，受害人在主张存在家庭暴力的同时，只有少部分人会提起损害赔偿。甚至，有些被认定为家庭暴力的案件，当事人在诉讼过程中也未提起损害赔偿。原因在于，离婚纠纷中，案件当事人着重于婚姻关系的解除，担忧提起离婚损害赔偿会妨碍此目的的实现，因此会放弃要求损害赔偿的权利，也有可能法官未尽告知义务。[③]

2. 法院对当事人要求损害赔偿的请求处理不一

在涉家庭暴力的人格权纠纷案件，笔者收集到几个案例，均为已离婚夫妻中受害方提起诉讼，要求另一方承担婚姻存续期间其家庭暴力行为造成的损害。有的法院认为损伤是在原被告夫妻关系存续期间造成的，将其认定为婚内侵权，且双方均有过错，又已过诉讼时效，因此不予支持；[④] 有的法院根据婚姻法解释，认为当事人的损害赔偿请求应当在离婚诉讼时同时提出，而不支持其诉讼请求；[⑤] 有的法院则按照《关于审理人身损害赔偿案件适用法律若干问题的解释》，依据双方的过错程度，一定程度上支持原告的诉讼请求。[⑥]

[①] 中国(2004)渝一中民终字第 3442 号民事判决书,中国(2005)东民一终字第 26 号民事判决书.

[②] 中国(2009)商民初字第 1725 号民事判决书,中国(2011)栖霞民初字第 282 号民事判决书.

[③] 陈苇.我国防治家庭暴力情况实证调查研究——以我国六省市被抽样调查地区防治家庭暴力情况为对象[M].北京:群众出版社,2014:99.

[④] 参见广东省深圳市宝安区人民法院(2011)深宝法民一初字第 6118 号《民事判决书》。

[⑤] 参见山东省青岛市中级人民法院(2011)青民五终字第 247 号《民事判决书》。

[⑥] 参见重庆永川区人民法院(2012)永法民初字第 00878 号《民事判决书》,广西壮族自治区阳朔县人民法院(2013)阳民初字第 266 号《民事判决书》。

三、家庭暴力防治的完善

(一)家庭暴力认定问题的完善

1. 司法实践中应将家庭成员间的侵害行为认定为家庭暴力

《反家庭暴力法》第三条明确规定,家庭暴力,是指家庭成员之间以殴打、捆绑、残害、限制人身自由以及经常性谩骂、恐吓等方式实施的身体、精神等侵害行为。家庭暴力的认定并没有那么困难,因为家庭暴力行为与其他公民间的侵害行为无异,只是施暴者与受害人的关系更为亲近而已。我们绝不能因为双方的亲密关系而允许侵害行为的存在,而应当更加严格的限制。

我国自古以来的婚姻文化使得立法者不愿法律对婚姻家庭领域的过多干涉,亦不愿借助法律的语言对其进行规范,而是期望在抽象的法律规则下,将案件交由法官,由其依据社会优势及个人的道德直觉自由裁量,希望给婚姻家庭关系中的当事人最周到的人文关怀。① 因此在涉家暴的案件中,对于家庭暴力的认定过分谨慎。家庭暴力是严重伤害家庭成员的非法行为,绝不是家务事。当施害人的行为已经构成家庭暴力时,法官应当在判决书中根据现有法律法规,明确指出一方实施了家庭暴力行为,而不是仅仅以"打架""吵打"等词汇描述。我国立法对家庭暴力有其特殊的保护模式,将施害人的行为用法律概念表现出来,受害人才能更好地主张权利,同时也能在一定程度上宣扬家庭暴力的概念,普及法律常识,改变部分公民认为可以"打老婆"的观念。

2. 立法应当扩大家庭成员的范围

如前统计分析,同居暴力现象很严重。随着社会开放度的提升,我国的非婚同居现象将越来越多。

我国反家庭暴力法草案规定家庭暴力是指近亲属间的暴力,将同居关系纳入治安管理处罚法、刑法等法律调整范围,忽视了同居关系的特殊性,正式颁布的《反家庭暴力法》则一定程度上扩大了家庭成员的范围,将同居暴力纳入该法的调整范围。其中第 37 条规定,家庭成员以外共同生活的人之间实施的暴力行为,参照本法规定执行。"家庭成员以外共同生活的人"是指具有监护、扶养、寄养、同居关系的人。② 从域外立法经验看,美国家庭暴力示范法认为有以下关系的人,均为家庭成员:配偶或前配偶、现共同生活或曾共同生活者、现在或曾经约会交往者、现有或曾有性关系者、血亲、现有或曾有姻亲关系者……1995 年之纽西兰家庭暴力法规定"所谓家庭暴力系指一个人对于与其现有或曾有家庭关系者实施暴力行为而言"③。我国暂未将前配偶关系、曾共同生活者等之间的暴力纳入家庭暴力范围之中,

---

① 孙若军.论离婚损害赔偿制度[J].法学家,2001(5):86.

② 阚珂.反家暴立法调研在女子监狱[EB\OL].(2016-01-05)[2016-02-17].http://www.npc.gov.cn/npc/xinwen/lfgz/lfdt/2016-01/05/content_1958270.htm.

③ 高凤仙.家庭暴力法规之理论与实务[M].台北:五南图书出版股份有限公司,2011:48-49.

可能是考虑到当前社会的普遍认识,随着时间的推移,问题的暴露,社会观念的转变,立法还需对家庭成员的范围做进一步的扩展。

(二)家庭暴力举证问题的完善

1. 合理分配举证责任

家庭暴力具有隐蔽性,受害人又常常忽略家庭暴力证据的收集,为了达到保护受害人的目的,应当适当减轻受害人的证明责任,将家庭暴力视为特殊侵权,实行举证责任倒置。从举证难易而言,要证明伤害结果与施暴者行为的因果关系非常困难,而施暴者证明自己无家庭暴力则相对简单得多。在诉讼中应由施暴者证明未实施家庭暴力,受害人只需证明伤害后果的存在,无需证明伤害后果与暴力行为的因果关系。①

我国反家庭暴力法草案仅简单地规定人民法院应当合理分配举证责任,对于具体的责任分配并无进一步的规定,不利于受害人权利的保护。正式颁布的《反家庭暴力法》则规定,人民法院审理涉及家庭暴力的案件,可以根据公安机关出警记录、告诫书、伤情鉴定意见等证据,认定家庭暴力事实。那么"公安机关出警记录、告诫书、伤情鉴定意见等证据"之间暗含关联词是"且"还是"或"? 假设为"且",对证据的要求明显过高,因此,应当为"或",不同的案件在认定家庭暴力究竟需要哪些证据,应由法官进行裁量。调整后的规定比草案更加具体,但该条规定属于具体的列举式的规定,并未明确家庭暴力的举证责任分配。因此,立法仍需进一步完善。

2. 重视警察的作用

为解决家庭暴力举证难问题,警察介入是重要途径。

(1)家庭暴力具有隐秘性,但警察介入具有可行性。很多受害人在遭遇家暴时,会报警求助公安机关。从证据来源的统计可以看出,家庭暴力的证据很多来源于公安局,可见警察可以接触到涉家庭暴力案件。因此,要发挥警察的作用,及时固定家庭暴力证据。

(2)警察介入家庭暴力后,必须及时固定相关证据。我国很多公安机关在接警之后对涉家庭暴力案件没有作认真细致的记录与适当处理。从学者的调查可发现,一些出警记录上仅对家庭暴力作简单记录,警示施暴者不许施暴。② 我国《反家庭暴力法》规定,公安机关接到家庭暴力报案后应当及时出警,制止家庭暴力,按照有关规定调查取证,协助受害人就医、鉴定伤情。家庭暴力情节较轻,依法不给予治安管理处罚的,由公安机关对加害人给予批评教育或者出具告诫书。上述规定并未充分发挥公安机关固定家庭暴力证据的作用。似乎先前的家庭暴力法草案的规定更有利于解决家庭暴力举证难的问题。③ 笔者以为,所有家庭

---

① 雷明光,李莹.论家庭暴力案件中的证据认定[J].西北民族大学学报,2005(5):85-87.

② 陈苇,段伟伟.法院在防治家庭暴力中的作用实证研究——以重庆市某区人民法院审理涉及家庭暴力案件情况为对象[J].河北法学,2012(8):36.

③ 草案的第15条规定公安机关接到家庭暴力报案后应当立即出警,并根据情况采取下列相应措施:(一)制止正在发生的家庭暴力行为;(二)及时询问受害人、加害人和证人,使用录音、录像、摄像等方式固定相关证据,并制作书面记录;(三)受害人需要立即就医的,应当协助联系医疗机构救治,并根据需要委托伤情鉴定;受害人是未成年人的,应当及时组织伤情鉴定并妥善安置。该条不足之处在于并未要求必须固定相关证据,而是视情况而言。

暴力案件,一旦受害人报警,不论情节轻重,公安机关均应固定相关证据并制作笔录。应当探索拟定警察干预家庭暴力的操作流程,使得到场警员可据此拟定最佳策略。①

警察介入不仅能够一定程度上解决家庭暴力举证难的问题,同时,其对施暴者和潜在施暴者都有强烈的威慑作用,能够有效防止再次施暴。② 在家庭暴力防治过程中,要注重警察介入的作用。

(三)家庭暴力损害赔偿问题的完善

1. 加强受害人请求家庭暴力损害赔偿的意识

根据我国离婚损害赔偿制度,无过错方作为原告基于被告的家庭暴力行为向人民法院提起损害赔偿请求的,必须在提起离婚诉讼的同时提出,否则不予支持。因此,在处理相关案件时,法官要尽到告知义务,要让家庭暴力的受害人明了自己的权利。工会、共产主义青年团、妇女联合会、残疾人联合会、电视、报刊也应当加强家庭暴力损害赔偿的宣传,以提高受害人请求家庭暴力损害赔偿的意识。

2. 保障对家庭暴力的发生有一定过错的受害人的离婚损害赔偿权

对家庭暴力的发生有一定过错的受害人有权请求离婚损害赔偿。依据我国现行法律规定,唯无过错方可以要求离婚损害赔偿,也就是说受害人不能有一丝过错,否则就不能要求损害赔偿。但是,现实生活中,很少受害人是完全无过错的,且要证明无过错也十分困难。③因此这种规定有违正义原则和比例原则,极其不合理地摒弃损害赔偿法上共同过错的基本法律原则。共同过错一直以来都不是令加害人侵权责任不成立的绝对免责事由,而仅为相对抗辩事由,减轻加害人赔偿责任。现行婚姻法却从根本上否认有共同过错一方配偶的赔偿请求权,显然存在问题。④

从司法实践看,这种离婚损害赔偿制度也可以从其他制度层面予以突破。已经离婚的家庭暴力受害人,若以"人格权纠纷"为案由诉至法院,要求施暴方赔偿因家庭暴力造成的物质和精神损失。此时,法院会按照双方过错程度,判决施暴方承担一定的损害赔偿责任。这就相当于,即便家庭暴力的受害人存在过错,法院仍保障其损害赔偿请求权。这类案件的损害赔偿只是没有以"离婚损害赔偿"为名,而是将其转为一般的人身损害赔偿,但其实质上就是因家庭暴力而产生的离婚损害赔偿。

3. 赋予夫妻暴力受害人单独提起损害赔偿之诉的权利

根据我国现行婚姻法规定及司法实践,婚姻关系存续期间,受害人无权要求家庭暴力损害赔偿。一个国家和地区的婚姻家庭制度与当地的传统文化息息相关,自古以来,我国文化就推崇夫妻一体的思想,该观念至今仍影响着人们。多数社会成员认为两人一旦结婚,就应

---

① 蒋月.论警察介入和干预家庭暴力——若干国家和地区的经验及其对中国的启示[J].福建行政学院福建经济管理干部学院学报,2007(1):35.

② 王春光.澳洲反家庭暴力法律机制及其启示[J].法律适用,2004(10):76.

③ 刘余香.构建和谐社会:完善我国的家庭暴力损害赔偿制度[J].湖南科技学院学报,2006(27):190.

④ 郝希明.论婚内一般侵权责任制度的建立——兼评离婚损害赔偿制度[J].南京大学学报,2010(3):117.

该不分彼此,财产共同所有。只要夫妻关系仍然存续,一方向另一方请求损害赔偿的行为在感情上似乎就让人难以接受,夫妻双方也容易因此产生隔阂。

但是,家庭暴力是一种侵权行为,侵犯了家庭成员的权利,受害人应当有权请求损害赔偿,且不需以离婚为前提。法律明确规定侵害他人人身权的,需承担民事责任。与一般的人身侵权相比,夫妻暴力的不同之处在于双方间关系的亲密性以及夫妻财产的共有。从逻辑而言,由于双方关系亲密,为配偶关系,所以受害人无权向施暴者主张损害赔偿,其明显不符合公平正义。法律保护的是权利而不是关系,由于双方的某种关系,似乎无法推导出受害人不该享有请求损害赔偿的权利,即便受害人愿意放弃请求损害赔偿,这种权利的处分也应当由受害人自己作出,法律不能替受害人做决定。还有一种逻辑认为,婚内的家庭暴力损害赔偿其实是用自己的财产赔偿自己的损失。其实,即便是夫妻共同财产制,根据婚姻法的规定,夫妻双方仍然会有自己的个人财产,在夫妻暴力损害赔偿中,施暴者应当用自己的个人财产来承担责任,以避免此问题。如果夫妻在受害人请求损害赔偿时,只存在共同财产,无个人财产,则可以建立非常财产制度或者债权凭证制度保障受害人权利。[①] 因此,受害人单独提起家庭暴力损害赔偿在我国是有法律基础和物质基础的,[②]应当赋予夫妻暴力受害人单独提起损害赔偿之诉的权利。

Research on Legal Issues about Preventing and Solving Domestic Violence：
Focusing on Statistical Analysis of Civil Cases

Chen Jinghua

(Guohao Law Firm, Fuzhou, 350000)

Abstract： The research on preventing and solving domestic violence in China has achieved much progress. This paper used empirical study method, collecting 494 Judgments in civil cases involving domestic violence. These cases has been classified by cause of action, the object of violence and relationships between subjects in order to analyze the different types of cases by the variables of the plaintiff's role in the domestic violence, the gender of perpetrators and victims, the reasons of domestic violence, the proof of the cases, affirming domestic violence or not, compensation for damages and quotations of laws and regulations in the judicial documents, and try to find out some legal problems and propose solutions based on the statistical analysis.

Key words： domestic violence; affirmed; proof; compensation for damages

---

① 范李瑛.婚内损害赔偿与夫妻共同财产制的冲突和协调[J].烟台大学学报,2007(5):261-262.
② 严晓慧.家庭暴力损坏赔偿刍议[J].兰州学刊,2003(3):105-106.

凤凰论丛

Fenghuang Research Forum of Xiamen University

Women/Gender Studies

中国性别工资差异研究

赖小琼　李晓雯[*]

内容摘要：基于"中国家庭健康调查（CHNS）"1989—2011年的数据，本文综合运用Cotton模型以及交叉项分析法对1989—2011年间中国性别工资差异进行探讨。结果显示，中国性别工资差异整体上呈现缩小的趋势，个别年份有所上升，但并不明显。歧视因素占工资差异比例呈现逐年减少的趋势，个别年份有所提高，但幅度不大。而非歧视因素占工资差异比例则相对上升，个别年份有所下降，但幅度不大；工资差异扩大主要表现在35岁以上，工作经验较少，本科以下以及农村群体中。

关键词：工资差异；性别歧视；Cotton模型；交叉项分析

一、前言

性别平等不但是社会文明进步的标志，而且对于解决我国严峻的收入不平等问题具有重大意义。而实现性别平等，首先要保证男女在就业机会和报酬收入水平上的平等。自中华人民共和国成立以来，国家通过宪法赋予广大女性与男性同等的社会地位与权力，并且，在就业方面也同样提供了巨大制度性的保障，女性在劳动力市场中逐渐占据半边天。然而，随着改革开放的进行，相比计划经济时期，男女工资差异是在不断加大的。[①] 这种性别工资差异的产生，主要是由于女性从事各项职业的性别歧视摩擦的存在，导致女性从事各项职业的比例以及职业工资收入的差距不断升高。[②] 由于市场作用的增加而引起的工资差异现象在某个程度上讲，是一种激励机制。因为，市场机制中，人力资本取代传统计划经济的制度性分配，成为决定劳动力工资的重要因素。然而，由于市场中存在的基于歧视，职业隔离等因素而导致的工资差异，则是一种不公平的现象。从经济角度来讲，由于劳动力在进入职业中所具有的特有歧视和摩擦，会对整个社会造成资源的错配现象，最终导致社会经济效率水

---

* 赖小琼，女，厦门大学经济学院教授、博士生导师，主要研究方向为新马克思主义经济学。

李晓雯，女，厦门大学经济学院经济系硕士研究生，主要研究方向为新马克思主义经济学。

① Gustafsson, B., Shi, L.. Economic Transformation and the Gender Earnings Gap in Urban China [M]. Journal of Population Economics, 2000, 13 (2), 305-329.

② Zhang, J., Han, J., Liu, P. W., et al,. rends in the Gender Earnings Differential in Urban China, 1988—2004[M]. Industrial and Labor Relations Reviews, 2008, 61 (2): 224-243.

平的下降。因此,无论从社会公平角度还是从经济效率的角度,有效地解决现存的性别工资差异问题,都是利大于弊的。并且,面对社会性别工资差异问题,党的十八大首次将男女平等写进报告,这一举措,有力折射出中国在解决性别工资差异中的决心。

本文综合运用 Cotton 模型和交叉项分析方法针对 1989 年至 2011 年的中国男女工资差异的问题进行研究,试图找出在研究期间中国性别工资差异的变动规律,从而对中国性别工资差异问题提出一定的对策。

二、文献综述

纵观国内外的研究成果,无非可以分成两类:基于理论模型的讨论和基于统计学方法的实证研究,因此,本文将按照基于理论模型和统计理论两个方面,分类阐述国内外性别工资差异的研究成果。

(一)基于理论模型的研究综述

1. 人力资本模型

人力资本模型最初是由 Schultz(1961)[①]所提出的,在该模型中,Schultz 指出人力资本是促进经济进步的主要力量,而真正利用该模型解释性别工资的差异的却是 Mincer (1974)。Mincer 认为[②],劳动力工资水平的高低是由劳动力自身所具备的人力资本水平高低来决定的,人力资本的多少通过劳动力的生产效率来影响劳动者的收入,而女性相较于男性所受的教育较少,工作中所受到的培训较少,接受的医疗较少,营养等方面欠缺,最终导致女性人力资本的水平相较于男性是比较低的。因此,相对于男性劳动力的劳动报酬的水平,女性劳动力的劳动报酬水平是比较低的。基于人力特征的人力资本模型是经济学界领域中探讨性别工资差距理论的一大突破,人力资本的提出解决了利用传统经济学理论难以解释的很多难题,之后的学者们,纷纷从劳动力自身所包含的人力资本水平的角度来探讨性别工资差异产生的原因以及衡量其大小的理论方法。

2. 二元劳动力市场理论

Piore 提出了名为"二元布局的劳动力市场"的理论来解释市场中存在的性别工资差异现象,应该说,"二元布局的劳动力市场"理论是一个飞跃,因此,这个二元布局理论也是当今劳动经济学领域中,研究劳动报酬差异时,援引较多的一个思想方法。二元劳动力市场理论是基于 Thurow 的职业竞争理论提出的,Thurow 的观点是[③],技术决定各种职业的特征,职

①　Schultz, T. W.. Investment in Human Capital[M]. The American Economic Review, 1961, 51 (1): 1-17.

②　Mincer J.. Schooling, Experience, and Earnings[M]. National Bureau of Economic Research, 1974.

③　Thurow, L.. Poverty and discrimination[M]. Washington DC: Bookings, 1969: 243-248.

业决定工资水平,而非劳动者的人力资本。在此基础之上 Piore 提出[①]:劳动力市场可以分为两个:一元市场和二元市场。其中,一元市场工资高,工作环境较好,职位稳定性好;二元市场相较一元市场而言,具有工资低,工作环境差,职位不稳定的特点。在一元市场中,内部管理制度决定劳动力的职位,例如培训,招聘等,市场交易不起到作用,而在二元市场中,就业者多数具有人力资本或是其他方面的劣势,这种两市场的分割,导致处于二元劳动力市场的人群难以进入处于优势的一元劳动力市场,从而导致了这两个群体间的劳动报酬差异现象。

(二)基于统计学方法的研究综述

本文主要介绍基于工资平均值分解的方法的研究成果。基于工资平均值的分解方法来探讨各种性别工资差距的文献成果多如牛毛,文章只选取了几篇典型的成果进行阐述与说明。

工资平均值的分解方法最先是出现在 Oaxaca 于 1993 发表的一篇经典论文"Male-Female Wage Differentials in Urban Labor Markets"[②]中。文章主要从数量上讨论 1973 年时期美国对女性的歧视的平均水平和影响女性工资差距的因素大小。文章将分析的样本群体划分为群体 H 和群体 L,将两个群体在劳动力市场供求平衡时的工资分别记为 W_h 和 W_l,两个群体的人力特征分别为 X_h 和 X_l,利用回归,所得到的回归系数分别是 β_h 和 β_l,两者的半对数回归方程分别为 $LnW_l = X_l\beta_l + \mu^l$ 与 $LnW_h = X_h\beta_h + \mu^h$,则两者的工资差距可表述为 $LnW_l - LnW_h = X_l\beta_l - X_h\beta_h$。之后的学者们,依据 Oaxaca 所提出来的分解方法,加以改造,并陆续提出了 Cotton 分解方法,Neumark 分解方法,Brown 分解方法,JMP1991 分解方法等一系列基于工资报酬平均值的分解方法,这里不一一阐述,这些分解方法在经济学中的应用表明,随着计量方法在经济学领域的广泛使用,学者们对于劳动报酬差异这一问题的研究越来越具体和直观化。

三、实证分析

(1)数据描述

本文所采用的是 CHNS 数据库中的调查结果,CHNS 全称为"中国营养与健康调查",由隶属于中国疾病预防控制中心(CCDC)的营养与食品安全研究所(NINH)和北卡莱罗纳大学人口中心合作开展的项目。该项目旨在研究人口健康等各方面,从 1989 年开始,CHNS 先后进行了多次调查,调查范围涵盖多个省和自治区,内容包括人口特征、收入、就业、教育、营养健康、医疗卫生等多个方面。总体来说,CHNS 数据搜集是具有较高的可靠性的,可以成为研究居民微观问题的数据。

① Piore, M.. The Dual Labor Market: Theory and Applications the State and the Poor[M]. Cambridge, Mass: Winthrop, 1970, 422-454.

② Oaxaca, R.. Male-Female Wage Differentials in Urban Labor Markets[J]. International Economic Review, 1973, 14 (3), 693-709.

　　根据 CHNS 的调查数据,结合本文的研究目的,本文采用的是其针对 18 岁及以上的成人的调查结果进行统计分析,样本采用随机抽样的方式,样本的年龄范围在 18 岁至 52 岁之间;[①]工作类别包括四大类:政府机关、国有企事业、集体企事业和私有制企业,并细分为 10 个小类;样本所在地区划分为城市和农村两类,并根据样本所在的省份,进一步将样本划分为东中西三个地理区位,其中,东部地区包括辽宁、江苏和山东省,中部地区包括黑龙江、湖北和河南省,西部地区包括贵州和广西壮族自治区;[②]样本的受教育年限根据其达到的最高教育水平和曾受过的正规教育时间共同进行整理,其中,小学受教育年限默认为 6 年,中学为 3 年,高中为 3 年,大学为 4 年,硕士为 3 年,博士为 3 到 6 年,若根据样本达到的最高教育水平所计算的受教育年限长于其曾受过的正规教育时间,则按照正规教育时间进行处理,例如,某样本的最高教育水平为小学,而其曾受过正规教育时间为 3 年小学,则该样本的受教育年限为 3 年;样本的工资收入,采用的是基于主要职业的月收入的方式,加上其他副职业和各种收入来源(例如:奖金、分红等)的总收入来衡量样本的工资收入水平。进一步,为了保证样本数据的合理性,将在校学生、孕妇、残疾人剔除,保留实际劳动力数据进行研究;在样本的职业选择方面,剔除男女从业比例严重失调的职业,如,军人、士兵。

(二)实证方法与变量介绍

1. Cotton 模型介绍

Cotton 模型中衡量 A,B 两个群体工资差异的公式为[③]:

$$R = E(y_A \mid x_A) - E(y_B \mid x_B) \text{[④]}$$

进一步,我们假定各自的基准回归方程是:

$$y = \alpha + x\beta_\tau + area \times \gamma_\tau + unit \times \eta_\tau$$

其中,y 表示工资的对数形式;

x 表示样本的受教育年限、工作经验、工作经验的平方、婚否、是否有孩子。

$area$ 表示被调查人所处地区,设为虚拟变量,分为城市、农村,其中,城市为 1,农村为 0。

$unit$ 表示被调查人所在的单位类别,主要有具有政府性质的政府机关单位、具有公立性的事业单位、具有产能性的企业单位以及具有私有性的私有制企业。

同时,我们将回归线性公式带入原始公式中,进行分解,便可以得到以下应用公式:

$$R = [E(y_A \mid x_A) - E(y_B \mid x_B)]\beta^* + E(y_A \mid x_A)(\beta_A - \beta^*) + E(y_B \mid x_B)(\beta^* - \beta_B)$$

其中 $\beta^* = \alpha\beta_A + (1-\alpha)\beta_B$,Cotton 分解法将 α 取值成群体 A 在总人数中所占的比例,即 $\alpha = \dfrac{n_A}{n_A + n_B}$。

实际上,整个工资差别的大小被划分为了两个部分:即 $R = E + C$

---

① 对样本的怀孕史调查针对的是 52 岁以下妇女,因而将样本的年龄范围缩小到 18 岁至 52 岁之间。

② 由于 2011 年增加了几个省份,为了保持数据的延续性,特选取共有的 8 个省份进行分析。

③ Cotton, J.. On the Decomposition of Wage Differentials, Review of Economics and Differentials [J]. Review of Economics and Statics, 1988, 236-243.

④ 其中,$E(y \mid x)$ 表示利用 A 和 B 各自进行回归所形成的估计工资报酬水平,由于本文采用非线性形式因此采用条件期望回归值。

其中,第一项为:

$$E = [E(y_A|x_A) - E(y_B|x_B)]\beta^*$$

E 表示是由群体各自的特征不同所形成的差异,是可以解释的部分,我们称作要素差异。

第二项为:

$$C = E(y_A|x_A)(\beta_A - \beta^*) + E(y_B|x_B)(\beta^* - \beta_B)$$

C 是非解释部分,我们将此定义为性别歧视造成的工资差异。其中,Cotton 分解又将歧视分成两个部分,一个是对群体的偏见,导致该群体的劳动力价值被低估,所形成的直接歧视;另一个是反向歧视,即仅针对某个群体的歧视会相对高估另一个群体的劳动力价值,进而形成反向歧视。

2. 交叉项分析法

本文的交叉项分析方法主要可以表述为如下公式[1]:

$$Lnwage_i = \alpha + \beta x_i + \eta gender + \delta x_i gender + \mu_i$$

其中,x 表示本文所研究的五种因素,年龄,地区,单位性质,工作经验和受教育年限;α、β、δ、η 分别代表各变量回归系数;$gender$ 在本文为性别虚拟变量,设定女性为 0,男性为 1。从而,在交叉项的回归公式中,系数 δ 则表示在控制其他变量不变的前提下,该因素的不同类别对于性别工资差异的影响大小。

(二)实证结果

1. Cotton 分解结果

(1)总体 Cotton 分解结果:利用 STATA 软件,结合 CHNS 的 1989 年至 2011 年的调查数据,进行 Cotton 模型分解,并分解结果整理为如下表 1:

表 1 1989—2011 年 Cotton 分解结果

年份	男女工资总差异[2]	特征差异	特征差异占比	直接歧视	直接歧视占比	反向歧视	反向歧视占比
1989	−0.1016	−0.0010	0.95%	−0.0492	48.49%	−0.0513	50.56%
1991	0.1178	0.0082	6.97%	0.0553	46.97%	0.0542	46.05%
1993	−0.1547	−0.0026	1.69%	−0.0716	46.29%	−0.0804	52.01%
1997	0.0426	0.0008	1.85%	0.0167	39.31%	0.0251	58.84%
2000	−0.0119	−0.0037	30.79%	−0.0017	14.25%	−0.0066	54.96%
2004	0.1349	0.0176	13.03%	0.0547	40.53%	0.0626	46.44%
2006	0.0588	0.0093	15.82%	0.0287	48.85%	0.0208	35.33%
2009	0.0628	−0.0005	−0.73%	0.0251	39.97%	0.0382	60.75%
2011	0.0008	0.0020	249.59%	−0.0050	−628.37%	−0.0038	478.79%

资料来源:CHNS 数据库,2011 年

---

[1] 张丹丹.劳动参与及工资的性别差异[D].北京:中国社会科学院研究生院,2003.

[2] 本篇文章所提到的男女工资差别均是以男性工资报酬为基准,用女性工资报酬进行对比的差值结果。

　　由表1可知,男女工资差异自1989年至2000年期间,经历了类倒"W"型的变化,2000年至2011年间男女工资差异则呈现先增长后下降的态势。并且,在造成工资差异的三个因素中,特征差异占比除个别年份外,均保持着2%左右的浮动情况,并远远小于直接和反向歧视的占比;直接歧视和反向歧视占比,则保持着相同的浮动态势。为了更直观研究,中国男女性别工资差异的发展趋势,及样本的特征差异等相关情况,特将Cotton分解结果具体输出图1如下:

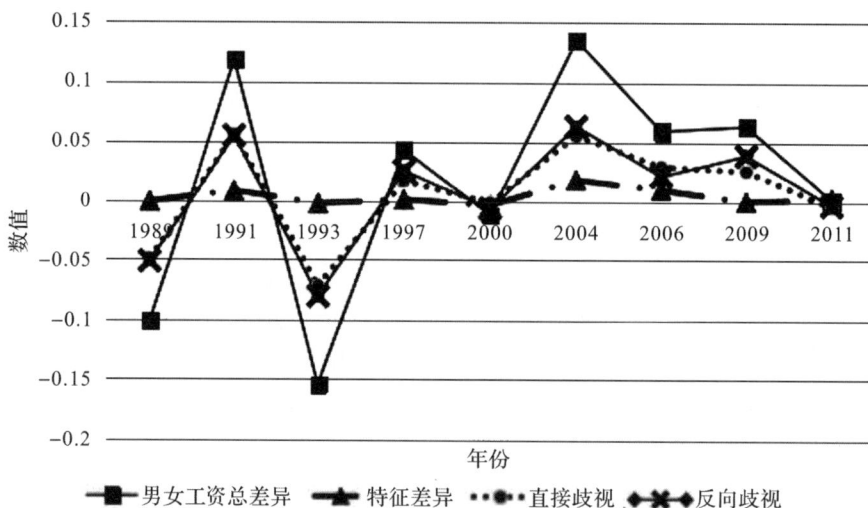

图1　历年Cotton分解结果

资料来源:CHNS数据库,2011年

　　自1989年至2000年间,男女工资差异的大小,是呈现不断波动的状态,而2000年至2011年期间,男女工资差异总体趋势则表现为倒"U"形状到2011年,全国男女工资差异接近0值。与此同时,男女劳动力的特征性差异并没有发生明显变化,这也意味着,1989年至2011年期间,男女劳动力的特征差异对于性别工资差异的解释作用是很小的;另一方面,直接和反向歧视呈现几乎一致的趋势形态,这说明,直接和反向歧视对于性别工资差异的作用也应该是一致的,并且,歧视因素是造成男女工资差异的主要诱因。在接下来的部分中,本文将利用分位数回归分析法对男女工资水平进行分析,以进一步分析性别工资差异的形成原因和分布情况。

　　(2)分区域Cotton分解:为了更好地研究各区域的性别工资差异情况,特将有关地区数据进行Cotton分解,分解结果如下表2:

表2　分区域Cotton分解结果

年份	省份	东部地区			中部地区			西部地区
		辽宁省	江苏省	山东省	黑龙江省	湖北省	河南省	贵州省
2000	总差异	0.1729	0.1381	0.1401	0.1594	−0.0694	−0.1621	−0.0442
	歧视差异	0.1812	0.1397	0.1041	−0.0068	−0.0865	−0.1404	−0.0132

续表

年份	省份	东部地区			中部地区			西部地区
		辽宁省	江苏省	山东省	黑龙江省	湖北省	河南省	贵州省
2004	总差异	0.5065	−0.2696	0.0121	0.2518	0.5739	−0.0906	0.1168
	差异	0.4895	−0.2603	−0.0195	−0.0034	0.5785	−0.0447	0.1513
2006	总差异	0.3623	−0.1886	0.2025	0.0707	−0.0543	−0.1351	−0.0897
	歧视差异	0.3521	−0.2398	0.2025	0.0337	−0.0161	−0.1519	−0.0273
2009	总差异	0.4588	−0.1231	−0.2736	0.0926	−0.5111	0.1933	−0.1195
	歧视差异	0.4492	−0.1279	−0.2556	0.0093	−0.5319	0.1831	−0.1263
2011	总差异	−0.6371	0.0651	0.399	0.4617	−0.0888	−0.3905	0.2251
	歧视差异	−0.6173	−0.5332	0.4541	−0.007	−0.0547	−0.4203	0.1654

资料来源:CHNS 数据库;《2011 年统计数据》,2011 年。

由表 2 可知,由辽宁省 2000 年到 2011 年的数据可知,辽宁省的男女工资总差异随着时间的推移是呈现先上升而后下降的趋势;对于江苏省而言,江苏省的男女工资差异水平基本逐年保持负值状态,这说明,在江苏省,整体的性别工资差异是比较明显的,并且,这种工资差异并没有保持稳定的态势,而是逐年上下波动的。山东省历年的男女性别工资差异是比较大的,基本以 0.3 为基准上下波动。对于中部地区而言,黑龙江省的历年男女性别工资差异一直保持正值,这点与山东省的发展趋势类似,但是不同的是,黑龙江省的性别工资差异更小,但其数值波动更为明显。河南省和湖北省相对黑龙江省而言,两个省的男女工资差异水平保持着负值状态,这说明,在河南省和湖北省,女性工资是要整体高于男性的。相比较东部地区和中部地区,我们可以得到:相比东部沿海地区,内陆地区的工资差异更小些。在贵州省,历年的男女工资差异是基本上保持负值的状态,这说明,在贵州省,女性工资水平是要高于男性工资水平的,虽然个别年份有正值的情况,但从总体上来讲,贵州省的男女工资差异是比较理想的。这意味着,相比东部沿海与中部内陆地区,西部地区的性别工资差异要更小些。为了更好观察各省历年的趋势,特将各省历年工资差异的趋势输出如下图 2 所示。

由图 2 可知,在本文所研究的 7 个省的样本中,湖北、辽宁、山东、江苏四个省份的男女工资差异变动幅度是最为巨大的,结合 1989 年至 2011 年的社会发展情况来看,造成这种现象的主要原因可能是由于改革开放的实施,位于这四个省的劳动力大量流动,这就造成了这四个省份男女职工劳动报酬差异的显著波动。而黑龙江省和贵州省的数据波动是 7 个省份中较小的,这是由于这两个省份地理位置的限制,贵州省和黑龙江省的劳动力流动性小,工资的变化也是相对滞后的。对于湖北省和河南省而言,由于两省地理位置接近,因而其性别工资差异在总体上表现出一定的相似性,但是,湖北省的男女工资差异波动幅度是要比河南省更大些,这是因为,湖北省地处有利的地理位置,加之高校云集,男女劳动力流动频繁,导致湖北省的男女工资差异呈现更为明显的波动。

2. 性别工资差异的交叉项分析

本文进一步采用交叉项分析方法,以样本的受教育程度、年龄、工作经验、单位性质、地

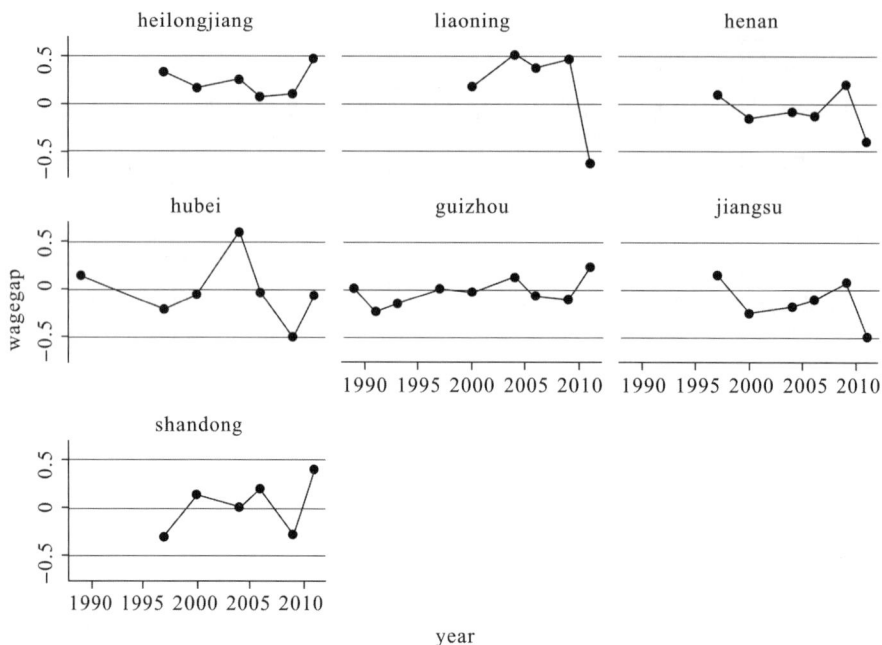

图 2　各省历年男女工资差异趋势图

资料来源：CHNS 数据库，2011 年

区五个指标为例，进一步研究，非歧视因素对于性别工资差异的影响。为此，将以上五个因素划分不同的教育组，年龄组，工作经验组以及单位性质组和地区组来研究不同组间的性别工资差异。

（1）教育程度交叉分析：利用 STATA 软件，将样本总体的教育程度分为本科及以上和本科以下两个组别（以本科以下作为基本对照组），与性别因素进行交叉项回归，得到如下表3 的结果：

表 3　教育程度交叉回归结果

变量	1989	1997	2000	2004	2009	2011
性别	0.0461*	−0.0140*	0.0210	−0.0555	0.0665	0.1502**
	(0.0413)	(0.0433)	(0.0429)	(0.0731)	(0.0612)	(0.0539)
本科及以上	−0.0038	0.0040	0.0017	0.0176*	0.0075*	0.0154**
	(0.0045)	(0.0043)	(0.0041)	(0.0063)	(0.0051)	(0.0042)
性别♯本科及以上	0.0127**	−0.0046*	−0.0012*	−0.0070	−0.0165**	−0.0159**
	(0.0063)	(0.0060)	(0.0057)	(0.0082)	(0.0067)	(0.0053)
常数项	6.6028**	7.8558	8.0297	8.1285*	9.1442	9.4791*
	(0.0317)	(0.0331)	(0.0328)	(0.0590)	(0.0490)	(0.0432)
R^2	0.4226	0.3444	0.6343	0.4102	0.5867	0.5302

注：表中 * 表示在显著性水平 10% 下变量显著，* * 表示在显著性水平 10% 与 5% 下变量均显著

由表 3 可知,从总体上来看,在控制了其他变量保持不变的前提下,1989 年至 2011 年间,拥有本科及以上学历的性别工资差异水平要明显小于低学历群体。分群体来看,本科以下学历的群体间,性别工资差异具有扩大的整体趋势,由 1989 年的 4.61％,逐步扩大到 2011 年的 15.02％,这说明,在低学历群体中,虽然 1997 年和 2004 年性别工资差异有所下降,但是,整体的趋势是不断上升的,这意味着,在低学历群体中,性别歧视更为严重,性别工资差异是更明显的。这意味着,女性劳动力的学历越高,其所受到的教育性歧视则越小,这点发现,在一定意义上指导了今后女性的发展,那就是,要加强自身的人力资本积累,尤其是学历方面的提升,这样才能够在一定程度上减少针对女性的歧视。

(2)年龄交叉分析:利用 STATA 软件,将样本总体的年龄分为 35 岁及以上和 35 岁以下两个组别(以 35 岁以下作为基本对照组),与性别因素进行交叉项回归,得到如下表 3-6 所示结果:

表 4 年龄交叉回归结果

变量	1989	1997	2000	2004	2009	2011
性别	0.1397*	−0.0693	0.0828**	−0.1292*	−0.0049*	−0.1170
	(0.0559)	(0.0560)	(0.0594)	(0.0856)	(0.0804)	(0.0664)
35 岁及以上	0.0001	0.0002*	0.0010	−0.0002	0.0010	−0.0020**
	(0.0011)	(0.0010)	(0.0010)	(0.0013)	(0.0011)	(0.0009)
性别♯35 岁及以上	−0.0011*	0.0007*	0.0019**	−0.0001**	0.0013*	0.0025*
	(0.0015)	(0.0014)	(0.0014)	(0.0018)	(0.0016)	(0.0013)
常数项	6.5829**	7.8733**	8.0051*	8.2877**	9.1617*	9.7193*
	(0.0397)	(0.0393)	(0.0416)	(0.0609)	(0.0559)	(0.0474)
R^2	0.4563	0.5134	0.5746	0.4110	0.4874	0.4486

注:表中 * 表示在显著性水平 10％下变量显著, ** 表示在显著性水平 10％与 5％下变量均显著

由表 4 可知,1989 年至 2011 年间高龄组相对于低龄组的性别工资差异是有所增加的,由 1989 年的 −0.11％,波动中增加到 2011 年的 −0.25％,并且指标均是显著的。分组来看,低龄组的性别工资差异在总体上是呈现波动下降趋势的,由 1989 年的 13.97％,波动中下降到 2011 年的 −11.7％,其中,只有 1997 年和 2011 年的数值指标不显著,其他年份的指标都是显著的。这说明,性别工资差异,主要存在于高龄组中,并且有扩大的趋势。一种可能的解释是,随着劳动力年龄的增加,劳动者本身的劳动生产率是呈现下降趋势的,原因在这部分人群中提供更多的人力资本投资,而女性由于生理原因,其劳动生产率下降的速度是要相对快于男性的(当然,我们所阐述的是一般可以观察到的情况),这导致了在高龄组中,针对女性的较高的性别歧视。

(3)工作经验交叉分析:利用 STATA 软件,将调查的样本个体的工作经验分为 15 年及以上和 15 年以下两个组别(以 15 年以下作为基本对照组)与性别因素进行交叉项回归,得到如下表 5 结果:

表 5　工作经验交叉回归结果

变量	1989	1997	2000	2004	2009	2011
性别	0.1385**	−0.0642*	0.0548*	0.1368**	0.0544*	0.0966*
	(0.0411)	(0.0412)	(0.0437)	(0.0606)	(0.0569)	(0.0463)
15 年及以上	0.0002	0.0000	0.0009**	−0.0009*	0.0006	0.0026**
	(0.0010)	(0.0010)	(0.0010)	(0.0013)	(0.0011)	(0.0009)
性别#15 年及以上	−0.0015*	0.0009*	−0.0017*	−0.0001	−0.0003*	−0.0030
	(0.0014)	(0.0013)	(0.0014)	(0.0017)	(0.0015)	(0.0012)
常数项	6.5784**	7.8812**	8.0206**	8.3045**	9.1896**	9.7074**
	(0.0288)	(0.0287)	(0.0303)	(0.0433)	(0.0401)	(0.0334)
R^2	0.6233	0.6511	0.6258	0.5147	0.5171	0.4136

注:表中 * 表示在显著性水平 10%下变量显著,* * 表示在显著性水平 10%与 5%下变量均显著

　　由表 5 可知,从总体上看,工作经验较为丰富的一组相对于工作经验较为少的一组,性别工资差异基本保持稳定。从分组的情况来看,在工作经验较为少的一组,性别工资差异是有所增加的,虽然在 1997 年该组性别工资差异为 −6.42%,但是随后 2000 年又上升到 5.48%,并一直在不低于该值范围中波动,这说明,工作经验较为少的一组,性别工资差异比较明显。这意味着,工作经验的丰富度越高,越有助于女性摆脱性别歧视,女性平时要注意实践经验的积累,并且将之运用到工作中,这样才能减少因歧视而造成的歧视。

　　(4)单位性质交叉分析:利用 STATA 软件,将调查样本的个体的工作单位性质划分为两大类:国有(包括政府机关,国有企事业单位)和非国有(包括私营制企业和集体企事业单位)两个组别(以非国有作为基本对照组)与性别因素进行交叉项回归,得到如表 6 结果。

表 6　单位性质交叉回归结果

变量	1989	1997	2000	2004	2009	2011
性别	0.1467*	0.0617	−0.1944**	−0.2013*	−0.1718*	−0.2437**
	(0.0835)	(0.0866)	(0.0842)	(0.1081)	(0.0937)	(0.0732)
国有	0.0070	−0.0341*	0.0058	0.0191*	0.0087**	0.0705**
	(0.0224)	(0.0231)	(0.0221)	(0.0292)	(0.0254)	(0.0201)
性别#国有	−0.0780*	−0.0571**	−0.1733*	−0.0449*	−0.1073	−0.2892**
	(0.1149)	(0.1156)	(0.1152)	(0.1498)	(0.1273)	(0.0968)
常数项	6.5558**	7.9932**	7.9833**	8.2194**	9.1675**	9.4102**
	(0.0801)	(0.0834)	(0.0793)	(0.1058)	(0.0919)	(0.0726)
R^2	0.6543	0.5796	0.54222	0.4112	0.5971	0.5287

注:表中 * 表示在显著性水平 10%下变量显著,* * 表示在显著性水平 10%与 5%下变量均显著

　　由表 6 可知,从总体上讲,国有制企业相对于非国有制企业来说,性别工资差异是呈现

"W"形状,1989 年至 1997 年期间性别工资差距,由－7.8％下降到－5.71％,而后,2000 年又上升到－17.33％,而后又出现下降后又上升的现象。一种可能的解释是,随着国企改革的深入,人员流动性和波动性变大,因而,国企的性别工资差异是在波动中上升的。从分组的情况来看,非国有制企业总体上呈现性别工资的上升的趋势,并且,对于非国有制企业来说,性别工资差异是要大于国有制企业的(表中性别♯国有的交叉项系数表示国有制企业与非国有制企业的性别工资差异大小的差值)。这说明,劳动力的单位性质对于性别工资差异具有一定的影响,并且,在非国有制企业中的性别工资差异是要大于国有制企业的。一种可能的解释是,国有制企业碍于政策上的约束,对于本企业的男女职工的工资水平实行较为公平的机制,而非国有制企业则较为灵活,在男女职工工资决定的问题上,更容易形成性别工资差异机制,这就导致了非国有企业相对于国有企业来讲具有更为明显的性别工资差异。

(5)城乡交叉分析:利用 STATA 软件,将调查的样本个体所属的区域,划分为两大类:分为城市和农村两个组别(以农村作为基本对照组)与性别因素进行交叉项回归,得到如下表 7 所示结果:

表 7　地区分类交叉回归结果

变量	1989	1997	2000	2004	2009	2011
性别	0.5441**	0.3701**	－0.1937*	－0.3236*8	－0.2803**	－0.0318
	(－0.0967)	(0.0954)	(0.0984)	(0.1205)	(0.1029)	(0.0419)
城市	0.0012	0.1462**	0.1982**	0.1735**	0.0054	0.0277*
	(－0.0403)	(0.0396)	(0.0405)	(0.0513)	(0.0437)	(0.0236)
性别♯城市	－0.2687**	－0.2510**	－0.1224**	－0.1166	－0.1346*	－0.0292
	(－0.0565)	(0.0557)	(0.0570)	(0.0710)	(0.0607)	(0.0327)
常数项	6.5793**	7.6396**	8.3718**	8.5613**	9.2180	9.6548**
	(－0.0692)	(0.0680)	(0.0703)	(0.0873)	(0.0744)	(0.0306)
R^2	0.5466	0.4344	0.5983	0.4112	0.4221	0.7140

注:表中 * 表示在显著性水平 10％下变量显著,** 表示在显著性水平 10％与 5％下变量均显著

由表 7 可知,从总体上看,城市相对于农村来讲,性别工资差异是呈现不断下降趋势的。一种可能的解释是,由于 1989 年之后,城乡劳动力转移不断加快,加之城市中劳动力的缺失,需要大量由农村转移而来的劳动力,雇主们不在基于性别因素来考虑雇佣哪个劳动力,因为劳动力的供给是小于需求的。因此,城市中的性别工资差异相对变小了。分组来看,农村的性别工资差异也是不断减小的,一种可能的解释是,由于农村劳动力的大量输出,剩余的劳动力很少,雇主不再以性别偏好来选择雇员,因为市场供给是小于需求的,因此,这段时间的农村性别工资差异一直是呈现下降趋势的。

四、结果分析

(一)性别工资差异总体下降

结合以上实证分析结果,可以得到一个总体的结论:自 1989 年以来,中国性别工资差距总体上呈现不断缩小的趋势。之前的数据分析结果已经表明,虽然在进入 21 世纪前,中国的性别工资差距是不断上下波动的,但是从整体角度上看,中国的性别工资差距具有缩小的趋势。造成这个现象的原因为,随着改革开放的不断深化,中国的劳动力市场打破了原有的计划经济的职位配给机制,转而实行市场化的管理,市场需要时间来稳定劳动力的工资水平,因此,在这期间,劳动力市场中的男女工资水平有着明显的波动态势。

进入 21 世纪以后,中国经济开始转型,中国劳动力市场的整体意识开始发生改变,同时,在之前劳动力市场中,无法生存的女性劳动者,纷纷退出劳动力市场,而在市场中幸存的女性劳动者们不断提升自身的人力资本水平,从而,女性从业者们的整体素质不断攀升,这些因素都导致了在中国整个的劳动力市场中,出现了男女工资差异不断减小的现象。另外,自党的中共十八大召开以来,党和国家针对女性社会地位和歧视等问题进行了明确的规范,全国上下对于女性的歧视减少,这种政策上的支持引起了女性劳动力的整体劳动报酬水平显著的上升,从而导致了中国男女劳动报酬的差异减小。

(二)性别歧视是造成工资差异的主要因素

通过前文的实证分析,本文得到:自 1989 年以来,性别歧视因素占中国性别工资差异的比值总体上是呈现不断下降的趋势的,但其依旧是性别工资差异的主要影响因素。

从全国分区域的讨论分析中,本文也得出结论:全国各个区域的性别歧视比重依旧很大,占据解释性别工资差异的重要部分。这意味着,在全国范围内,针对女性劳动力的性别歧视水平仍然是很高的。具体从各个地区的代表省份进行考虑,本文发现,东部地区整体的男女工资差异,数山东省最为巨大,并且东部地区三个省份非歧视性因素占比一直保持比较稳定的状态;针对内陆地区的研究中,本文发现,内陆地区的三个省份,黑龙江、湖北和河南省虽然三者具有各自的工资差异变动趋势,但是三个省份却有着一个共同点,那就是三个省份历年的性别歧视变动和总体的工资差异变动是几乎一致的,这说明,在中部内陆地区,男女劳动力的工资差距是由性别歧视引起的;在西部偏远地区,性别歧视的因素对于女性工资的影响相对于全国有着一定的时滞性的。在全国的样本数据中,全国的性别工资差异是在一定时期中保持着波动并不断下降的,而对贵州省的数据分析结果显示,贵州省的性别歧视却刚刚显露端倪,并呈现进一步的发展趋势,预计在未来会经历一段的性别歧视上升而后下降的变化。

(三)非歧视因素组间差异显著

通过对样本的受教育年限、年龄、区域、工作经验、工作单位性质这五个因素进行分组交叉讨论,本文得出,这五个因素的组间差异是十分显著的。

在性别与教育年限的交叉分析上,本文通过对教育年限分组,以此讨论学历组内与组间的性别工资差异情况,得到在控制其他变量不变的情况下,由于学历的不同,而引起的性别工资差异水平也是不同的。具体而言,高学历组相对于低学历组来说,其组内的性别工资差异是比较小的,而且具有上升的趋势;低学历组的性别工资差异则更为显著,同样具有上升的趋势特点,这意味着,无论是不同学历间,还是同样的学历,其群体内部的性别工资差异都呈现上升的趋势,这点对于女性人力资本的积累是具有负效应的。因为,这样的结果,释放出这样一个信号,那就是,即使女性具有较高的学历,也不免承受上升的工资差异,女性用于自身人力资本积累的成本,显然要高于其所带来的收益,在理性经济人的前提下,女性劳动者往往会选择在达到本科时便就业,以减少因为教育而带来的各种成本。

在性别与年龄的交叉分析上,本文通过对年龄分组,以此讨论年龄组内与组间的性别工资差异情况,得到在控制其他变量不变的情况下,由于年龄的不同,而引起的性别工资差异的情况也是不同的。具体而言,在年龄组内,高龄组显然要比低龄组具有较高的性别工资差异,并且具有扩大的趋势。造成这样的结果,一方面是由于雇主在考虑劳动力持续性上的考虑,一方面是由于,随着女性劳动力年龄的增长,其自身的健康水平有所下降,加之家庭因素的考量,雇主更愿意为男性劳动力支付更高的工资,以获取男性劳动力较为丰富的工作经验。

在性别与地域的交叉分析上,本文通过对地域分组,以此讨论地域组内与组间的性别工资差异情况,得到在控制其他变量不变的情况下,由于地域的不同,而引起的性别工资差异的情况也是不同的。具体而言,在地域组别内,城市相对于农村来说,具有较小的性别工资差异,并且这种差异是呈现下降趋势的。这可能是因为,由于城市建设的需要,城市中需要吸引大量农村劳动力来城市工作,之前的性别工资差异对于这样的劳动力需求是十分不利的,并且,农村中的男女劳动力在工作效率等方面差别不如城市中大,雇主在此基础上,不再按照个人偏好等方面,对于劳动力进行选择,因此,城市中的性别工资差异呈现缩小的趋势。另一方面,随着农村劳动力不断向城市涌入,城市中劳动力受到来自农村廉价劳动力的影响,降低了自身的标准,这导致之前不愿意就业的女性和男性,纷纷选择就业,从某一方面来说,这也缩小了城市中的性别工资差异。

在性别与单位性质的交叉分析上,本文通过对单位性质分组,以此讨论单位性质组内与组间的性别工资差异情况,得到在控制其他变量不变的情况下,由于单位性质的不同,而引起的性别工资差异的情况也是不同的。具体而言,在单位性质分组的探讨中,国有制企业相比非国有制企业的性别工资差异是具有一定波动态势的,一方面是由于近年来大力推行的国企改革政策,国企内部工资体系和人员发生相对改革前比较大的改变;另一方面,非国有制企业对于劳动力的性别因素考量更为严重,这也会造成非国有制企业更为严重的性别工资差异,进一步引起组内间的对比波动态势。

五、政策启示

根据前文已有的分析结果,本文特提出以下三点政策启示:

第一,完善保障妇女就业合法权益的措施。

在我国,有《中华人民共和国劳动法》以及《妇女权益保障法》对妇女进行权益上的保护,然而,现实中,女性在就业上,仍然受到了歧视,这就提醒我们,妇女在就业中的合法权益,光靠法律保护,是远远不够的。要制定和完善保障妇女就业合法权益的配套措施,切实做到保障妇女的就业和休假权利,尤其确保妇女在产后可以顺利地返回工作岗位。完善妇女就业合法权利的配套措施,政府可以鼓励企业建立有利于女性劳动者平衡家庭和工作的用人机制,引导女性职工制定自身的职业规划,使得女性不会由于生育的特殊性,而受到就业歧视。无论是企业还是政府,都应该坚决抵制针对女性的就业歧视,切实保障我国女性的合法就业权利。

第二,加强就业市场监管,完善就业机制。

现实中,不存在完全竞争市场,在非完善竞争的劳动力市场中,由于劳动力供给的因素的影响,市场中往往是存在着买方垄断势力。这种垄断的存在,大大降低了劳动力市场中的效率,也在一定意义上造成了女性就业的歧视问题。基于劳动力成本(包含女性生育的经济和时间成本)和企业利润的考虑,企业在选人环节中,往往青睐男性,把女性劳动力作为替补选项。这种行为,造成了市场人才的极大浪费,对女性造成了极大的心理阴影,同时,也桎梏了女性的职业发展和职业追求,会影响中国整个经济运行。而买方垄断所造成的性别偏好的选择,是由于市场监管不力产生的,因此,在现阶段,有关部门应该加强对就业市场的监管,严厉打击雇主针对女性的就业歧视行为,完善中国劳动力市场的就业机制,真正做到有法可依、有法必依,同时,加大企业违规的成本,让企业不敢对女性就业歧视,在整个社会营造出男女平等的就业公平氛围。

第三,加速女性权益组织的建立,为女性提供可靠的社会保障。

女性权益组织是女性在社会生活中的一个可靠的保障,但是,在中国如此众多的女性组织中,没有几个组织可以真正有效地为女性服务,大多数的女性权益组织,都是在一些恶性事件发生很久以后,才得以知晓,这样的工作效率大大降低了女性求助这类型组织的概率,使得女性权益保护组织形同虚设。一方面,大多数女性权益组织的地位一直得不到权威的认可,这种地位上的尴尬境地,令女性权益组织在开展各类活动以及处理女性权益事件时,受到了很大的阻力。为此,本文建议,各级地方政府应在法律上明确女性权益保护组织的合法有效地位,确保女性权益组织在社会上的权威性,保障组织活动的进行。另一方面,在众多的女性组织中,没有几个组织可以将其他的组织充分地联系结合在一起,共同为全国的女性服务。这种相对孤单的组织分布,大大降低了全国范围内各组织的服务效率,并且难以解决跨地域的问题。在互联网如此发达的今天,我们应该借助互联网的力量去构建一个网络女性联盟组织,以此将各地分散的女性权益组织有机地结合起来。我们有理由相信,在互联网如此发达的今天,通过网络联盟的形式去组织女性工会等保护组织,是一种具有极大经济和人文效率的方式。

Study on the Gender Wage Gap in China

Lai Xiaoqiong, Li Xiaowen

（The Wang Yanan Institute for Studies in Economics, Xiamen University;

Department of Economics, Xiamen University, Xiamen, 361005）

Abstract: The changes of the gender wage gap in China has been discussed in this paper by using Cotton model and cross-term analysis method based on the "China Health and Nutrition Survey（CHNS）" data from 1989 to 2011. According to the results, we know that China showed a trend of narrowing of the gender wage gap from 1989 to 2011. Although the wage gap had been widened in some years, it was not obvious. And the proportion of discrimination factors of the gender wage gap has declined year by year while it has risen in small amplitude in some years. Meanwhile, the proportion of non-discrimination factors of the gender wage gap has risen relatively while it has declined in small amplitude in some years. The method of cross-term analysis has been used in the paper to find out that the wage gap has been widened mainly in the group of people without bachelor degree who are lack of work experience in the age of 35 years old and rural population.

Key words: wage gap; sexism; Cotton model; Cross-term analysis

关于"超性别写作"的思考

朱郁文[*]

内容摘要:"超性别写作"是新时期以来中国文坛女性写作的一个重要现象。其在表面上看来是众多女性作家对"女人""女作家""女性/妇女文学""女性主义""个人化写作"等称谓的敏感和规避,从而导致了一种普遍性的厌"女"倾向,而背后掩盖的是重家国轻个体的中国传统文化、二元等级化的性别模式以及批评家所持的双重标准给女性作家造成的巨大压力。当然也可能与女性作家自身对女性主义的误解有关。"超性别写作"的提出于女性作家不无策略性的意义。

关键词:"超性别写作";女性作家;二元等级化性别模式

1920 年代末,作家丁玲已经以《梦珂》《莎菲女士的日记》等作品蜚声文坛。一些报刊(如《真善美》杂志)专辟"女作家专号"来吸引读者,增加销量,屡次约稿均被丁玲拒绝,她曾对那些编辑斩钉截铁地说:"我卖稿子,不卖女字!"此事曾轰动一时。80 年代,丁玲为这件事做过解释,她认为那些打着"女作家专号"的刊物并非真的是为广大妇女说话或解决什么妇女问题。[①] 其实,直到晚年,丁玲仍反感于别人称她为"女作家"。

众所周知,丁玲早期的作品是具有鲜明的性别意识的。也正是那些追求个性解放、富含觉醒了的女性意识的作品为丁玲赢得了声誉,也奠定了她在中国现代文学史上的地位。可是,为什么丁玲会对被称作"女作家"始终耿耿于怀? 这个问题可以从两个方面来考察:一方面,五四时期作为女性文学的开端和第一次规模性的兴起,是与民族救亡和妇女解放的要求相一致的。但是与此同时,也有不少报纸刊物借机大卖"女"字,用一些看似具有新思想实为封建糟粕的东西,既吸引新女性的眼球,又迎合男性的猥琐心理。这种现象无疑会激起具有进步思想的女性作家(也包括男性作者)的不满,丁玲正是基于这一点拒绝投稿的。另一方面,男尊女卑、男优女劣、男高女低的二元等级化性别模式,势必产生这样的审美心态,即女性作家的创作能力和水平不如男性,其作品在思想性和艺术性上也必定不如男性作家的作品。在这样的思维模式下又势必产生一种看法,凡是出了名的女性作家一定沾了"女"字的光,因为人们在看待女性作者的文章时一定会降低标准,尤其是在女性解放呼声高昂的时代。这样一来,就加重了一些女性作家的心理负担,她们不愿因为自己的性别而受到"特殊照顾"。这也是一些女性作家忌讳"女"字的一个重要因素。丁玲只是其中一个比较典型的

---

[*] 朱郁文,男,佛山市艺术创作院文化与文艺理论研究部主任,佛山市文艺评论家协会副主席,主要研究方向为文化研究与文艺批评。

① 丁玲.写给女青年作者[C]//丁玲全集(第八卷).石家庄:河北人民出版社,2001:124-125.

例子罢了。丁玲在 30 年代迅速左转,淡化了作品中的女性意识,更多地将"女"性融入"人"性,将"小我"融入"大我"之中,这种转变有着特殊历史背景和作家个人性格的驱动,但也不能完全否认女作家的上述忧虑所起的作用——她不愿自己的作品永远靠"女"字而走红。于是,许多女性作家"自觉"走向了革命化、政治化、社会化的创作风格,结果就是作品的去性化和去性别化,或者叫"男性化"倾向。

这种情况从三四十年代一直延续到"文革"结束,"文革"十年发展到极端。广大女性既不能书写自己的女性意识,又不能抒发被压抑的情感。正如论者所言:"在'男女都一样'被政治意识大为强调的时代(其实是女性被统到男性性别的大袍之下),这个时代对女性自我最大的威胁,是她们被裹挟在超前的性别平等的政治意识下,经受着被掩盖了的滞后的性别歧视的社会意识的折磨而不能言说、无意言说或无可言说。"①在这样的时代,"取消性别界限,不甘于'女'字、不屑于'女'字的观念却成为一种集体无意识"②。这个时代"男性化"了的女性,事实上承受着身心的双重压迫。

极端的年代结束之后,女性文学如雨后春笋,勃勃生长。此前被压抑的私人化、个性化的东西开始浮出地表。此时,女性的"女性化"不仅不再被压制,反而给人带来久违的耳目一新。女作家不再对"性别意识""女性气质"这些东西唯恐避之不及。于是,我们在新时期初看到了张洁的《爱,是不能忘记的》(1979)、舒婷的《致橡树》(1979)、林子的《给他》③(1980)、张辛欣的《我在哪儿错过了你》(1981)、张抗抗的《北极光》(1981)、张洁的《方舟》(1982)等等,80 年代中后期看到了翟永明的组诗《女人》、伊蕾的组诗《独身女人的卧室》、铁凝的《玫瑰门》和"三垛"系列、王安忆的"三恋"系列等等,90 年代看到了林白、陈染以及稍晚的棉棉、卫慧等等。

纵观新时期以来的女性写作,我们可以看到,性别意识和"性"的成分逐渐增强增多,作品中透露出的思想内容似乎越来越前卫越"另类"。与此同时,我们从女作家对待自己创作和外界评论的看法上,可以发现一些微妙的东西。

早在 80 年代,张洁、张抗抗、王安忆、翟永明等人,都对被问及诸如"是女作家(诗人)还是作家(诗人)"之类的问题极度敏感,都公开、明确、坚决地表示自己的态度。翟永明在 1986 年的"青春诗会"上表示:"我希望自己首先是诗人,其次才是女诗人。"④张洁答记者说:"即使是写女人,我也不是以女作家这个角度去反映女人,我也不是将它作为一种社会现象来对待,所以对女权主义不感兴趣……我觉得自己看女人常常是一种男人的眼光或中性人的眼光,所以我常说女人首先要健全自己。""作为一个作家,世界上各种各样的事物、感情都应是关注的对象,所以我觉得'女性文学'这一概念相当模糊。"⑤张抗抗在柏林参加妇女文学讨论会发言时开宗明义:"我希望,我首先是以一个作家,然后才是以一个女作家的身份发言。""我尽管塑造了许多青年妇女的形象,但我认为我的作品似乎并不属于妇女文学的范畴。""我的作品中写过许多女主人公,但如果把她们统统改换成男性,我作品中所表现的思

① 林丹娅.当代中国女性文学史论(第 2 版)[M].厦门:厦门大学出版社,2003:188.
② 盛英.大陆新时期女作家的崛起和女性文学的发展[J].理论与创作,1993(5).
③ 该诗写于 20 世纪 50 年代,发表于《诗刊》1980 年 1 月号。
④ 翟永明."女性诗歌"与诗歌中的女性意识[J].诗刊,1989(6):10-11.
⑤ 张洁答香港记者问:谈女权问题与"女性文学"[J].当代文学研究资料与信息,1989(12):26-27.

想感情和矛盾冲突在本质上仍然成立。因为我写的多是'人'的问题。"①她还说："我想我首先是一个人,其次才是一个女人。"②与翟永明的话如出一辙。王安忆谈到性别气质与创作的关系时说："我不喜欢大家所给予的'女性化'的定义:譬如细腻、清新、纯情、情感丰富等等……但我绝不反感'女性化',我觉得'女性化'有一个非常好的特点,即'温柔'。最好的男作家也一定具备这种'女性化'的温柔。这个'温柔'我很难表达,它是一种很温暖的情感,绝不同于我们所说的'温存'。……最好的作家都会具有这种情感,无论男女。所以我觉得最好不要用性别特征去定义它们,这不是性别特征,是人性特征,是人性最好的东西,一旦用性别去定义,马上变得非常狭隘。""我不太喜欢从性别角度看问题,这样会带来很多麻烦。其实人性中有些东西好,有些东西坏,有些东西深刻,有些东西浅薄,就这么简单。"③她还表示她在主观上并没有张扬女性、倾向女权的思想。因而她说："我的背后,偌大的后盾是人类。""我希望能够高于性别。"④斯妤说："我是一个人,而不仅仅是女人。我们关注人的普遍问题,表达人的共同情感,寻找人的可能出路。"⑤上述言论让我们看到诸位女性作家所持的极其相似的立场:都对"女人""女作家""女性/妇女文学""女性化"等称谓有一种排斥性的敏感,都强调对"人性"(而非"女性")、男女共通性的关注。这种普遍性的厌"女"倾向不禁又让我们想起来当年丁玲的宣言,时隔六十年,历史似乎在循环。

王安忆所谓的"高于性别"换一个词说就是"超性别"。"超性别意识"这个概念一般认为是由作家陈染提出来的。1994年,在英国几所大学所作的题为《超性别意识与我的创作》的演讲中,陈染首次使用"超性别意识"一词,表达了两方面的意思:一是对异性爱霸权的抗议,二指的是作家观察世界的方式。她说："我努力在作品中贯穿超性别意识。"这样,作家才会有"自己内心的情感追求和独立的艺术探索"⑥。"超性别意识"的提出既是陈染对爱情的注脚(同性爱在其作品中很常见),又是对她自己写作心态的解释。她在《爆竹炸碎冬梦》《一些不连贯的思考》等文章中借用伍尔夫《一间自己的屋子》中"双性同体"观点说明"超性别"对于写作的意义。她说："在我的概念中,只有好作家和不好的作家之分,而这,不是性别决定的。我觉得一个女性作家,她不仅应拥有可感、可触的感性方式,同时她也应具备理性的、逻辑的、贴近事物本质的思想能力。也就是说,她不仅用她的身体、她的心来写作,她同时也用她的脑子来写作……一个女性作家,只有把男性和女性的优秀品质融合起来,才能毫无隔膜地把感情和思想传达得炉火纯青的完整。这并不意味着缩减或隐藏我们作为女性的特质,恰恰相反,我以为这是更加扩展和光大了我们作为女性的荣光。"⑦这段话可视为陈染对"超性别写作"所作的完整解释。这种解释与伍尔夫的观点基本是一致的——一个优秀的女性作家必须同时具有所谓的"男性特征"和"女性特征"中的优质成分,同时不刻意抹掉("缩减或隐藏")自己身上的女性意识。

同样明确提出超性别写作的还有铁凝。在谈到《玫瑰门》时她说："我本人在面对女性题

①　张抗抗.我们需要两个世界[J].文艺评论,1989(1):57-61.

②　张抗抗、刘慧英.关于"女性文学"的对话[J].文艺评论,1990(5):69-71.

③　齐红、林舟.王安忆访谈[J].作家,1995(10):66-70.

④　王安忆.乘火车旅行[M].北京:中国华侨出版社,2000:92.

⑤　斯妤.作为另类[M]//斯妤.睁着眼睛的梦.石家庄:河北教育出版社,2006:58-59.

⑥　陈染.超性别意识与我的创作[J].钟山,1995(2):105-107.

⑦　陈染.一些不连贯的思考[J].南开学报(哲学社会科学版),2006(4):10-12.

材时,一直力求摆脱纯粹女性的目光。我渴望获得一种双向视角或者叫作'第三性'视角,这样的视角有助于我更准确地把握女性真实的生存境况。……当你落笔女性,只有跳出性别赋予的天然的自赏心态,女性的本相和光彩才会更加可靠。"①王安忆也承认她确实想在创作中去掉一些女作家的毛病(如自我修饰、矫揉造作),不想让人在作品中感觉她是个女作家。她觉得女人做一个作家有很大的弱点(很强的自我意识)。②徐小斌也表示"没有在性别意识上停留","不想成为一个狭义的女性主义者"。林白也说她不是为了表现性别差异而写作,也不是为了表现对男性社会的反抗而写作,也不是为某种主义写作,而是"从一个女性个体生命的感官、心灵出发,写个人对于世界的感受,寻找与世界的对话"。③很显然,她们在有意拉开与女性主义和性别问题的距离。同样引起过很大争议的虹影明确表示她不是女权主义者,她说她"从来没有把自己当作一个女人",她进行的是一种"超性别写作"。④刘索拉、翟永明等人更是直接提出"双重性别""男/女性"等说法,来表达女性在文学艺术创作中认识到并顺应和引导自身"阴阳素质"的重要性。⑤

提倡"超性别写作"的同时,陈染多次谈到她对"女性主义""个人化写作""自我书写"等问题的困惑和质疑。在她看来,这些概念常被(男性)批评家拿来往一些女性作家(如陈染、林白、海男、徐小斌等)身上套,并倾向于贬低化的处理。她一方面表示不了解女性主义这个概念也不愿意被其限定;另一方面表示不喜欢"个人化""私小说"这样的说法。陈染就"个人化"问题做过系统的辩解,认为个人化不等于写作家自己,也不等于"小",缺个个人化的文化是贫穷的文化。⑥王安忆在《女作家的自我》中,反对女性"过于沉溺自己的情感中",主张作家应该讲写作"与自身以外广阔的世界及人生联系起来"。⑦

女性作家在忌讳诸如"女性主义""个人化写作"("身体写作""私小说")和"女作家"这样的称谓时,实际上已经在表明她对外界加诸这些概念上的文化涵义(多是成见和偏见)的认同。这种文化涵义包括:女性主义一定是反男性的、面目狰狞的、势不两立的;个/私人化、写性、写身体一定是写作家生活隐私的、自恋的矫揉造作的、无理性无哲思的、不宏大不深刻的、脱离社会和人类的……这种认同往往不为女性作家所自觉。

看到女性作家如此不约而同又如此不谋而合的反应,我们不禁再一次发问:为什么她们讳言"女"字?为什么她们强调"超性别"写作?为什么对写两性关系、写自我/身体/性感到忧虑?先来看看斯妤的几段话——

① 铁凝.写在卷首[M]//铁凝.铁凝文集:玫瑰门.南京:江苏文艺出版社,1996:1-2.
② 李昂,王安忆.妇女问题与妇女文学[J].上海文学,1989(3):76-80.
③ 林白,荒林,徐小斌,谭湘.九十年代女性小说四人谈[J].南方文坛,1997(2):33-35.
④ 虹影.我从没把自己当女人[N].中华读书报,2004-01-08.
⑤ 参见刘索拉.我的女性主义和"女性味"——答《艺术评论》专问[J].艺术评论,2007(3):11-12;翟永明."我们都是男/女性"?[J].读书,2004(1):83-88.
⑥ 陈染的相关陈述可参见下列文章:陈染,萧钢.另一扇开启的门[J].花城,1996年(2):81-91;陈染.作家还是女作家[N].淮阴日报,1996-4-14;陈染,王朔.关于写作的对话[J].作家,2000(4):76-84;康宇.陈染姿态与立场[J].作家,2001(2):2-6;陈染.一些不连贯的思考[J].南开学报,2006(4):10-12.
⑦ 王安忆.女作家的自我[M]//王安忆.王安忆自选集之四:漂泊的语言.北京:作家出版社,1996:414-420.

　　当我们"出现"时(在社会上,在某些场合,在家族中),我们首先被看作女人,其次才是人——很多时候甚至没有其次。作为女人,作为另类,我们是生物的,次等的,不可理喻的。多数男人在下意识里,在内心深处,是无法平等地看待我们的。他们不承认我们的力量(内在力量),不承认我们的智慧,不承认我们的风格,不承认我们的创造力,更不承认我们的思想。如果有谁承认,他就要冒被同类耻笑的危险。

　　平心而论,男人之所以这样对待我们,除了传统,除了偏见,还因为他们无法真正了解我们。他们看不清我们。他们无法明白女性的直觉有多么敏锐,女性的颖悟有多么充沛,女性的意志有多么坚定,女性的思维,当她们思索起来,将多么深入浅出,直抵本质。而女性的想象力、创造力——一旦它们迸发出来,又是多么丰饶而绮丽。

　　当然,女性的焦虑,女性的脆弱,女性的起伏波动、变化无常,他们也无法真正了解。作为常常首先被看作女人的反拨,当我们提笔、发声时,我们无意中表达的可能首先是:我是一个人。①

　　斯妤的话充分说明了传统性别文化给女性作家造成的巨大压力。首先,女人永远只被看作是女人而非人,而女人是生物的、次等的;其次,男性永远不会平等地看待女人;其三,力量、智慧、思想和创造力这些东西不属于女人,女人即使有也不如男人;其四,已经非同往日的当代女性不被男性所了解(不论是她们的敏锐、聪颖、坚定、思考,还是她们的焦虑、脆弱和变化无常)。在这种文化氛围中,女性的"个人化写作"(姑且这样称之)遭到"围攻"就不是偶然的了。于是就有了"仇男文学""怪女人文学""阴影下的写作""让人忧虑的放纵"等等阴阳怪气的评语。评论者对女性作家"突破性"的书写甚感震惊,似乎她们越轨到了男性权利范围之内,做了女人不该做的事。这足以证明评论者对女性偏见的根深蒂固,以及在文学批评上所持的双重标准。仅举一例为证:陈染、林白甚至棉棉、卫慧笔下的性描写,比之于诸多男性作家的"出色"发挥,不知要逊色多少,而在真实性和艺术性上后者又不知要逊色前者多少。但是,从已知的事实来看,评论界施于双方的待遇又不知差了多少。

　　鉴于上述种种,女性作家对"女""敬"而"远"之,似乎认可了它就等于认可了以上那些性别文化内涵,并且还要时刻准备暴风雨的袭击。这导致了女性作家的两种走向,一是以一种中性甚至男性化的姿态向主流文学靠拢,一种是坚守高扬女性意识的书写,但对之讳莫如深。即便女性作家似乎摆脱了女性身份的拘囿,作品呈现出大开大合、大喜大悲、粗犷豪放、哲理性强、涉及面广等等特征时,立即会被冠以"男性化"之名,自我主体的迷失又在所难免。当然,女性作家对"女"字的规避,也不排除在她们自己身上,也有对"女性主义""女性文学""性别意识"等概念误解的因素。与女性作家集体性的讳莫如深相反的是,从不曾听到过哪个男性作家担心被别人或评论界称为"男作家"。原因很简单,因为人们不会在男性作家/诗人/艺术家身上打上性别的标签,所以他们根本就无需多虑。对于男女两性的不同处境,思想大师布尔迪厄已经给了我们解释。他说:"男性秩序的力量体现在它无需为自己辩解这一事实上:男性中心观念被当成中性的东西接受下来,无需诉诸话语使自己合法化。""无论在社会认识还是在语言方面,在某种程度上,男性出现时总是不被指定的、中性的,相形之下,

---

　　① 斯妤.作为另类[M]//斯妤.睁着眼睛的梦[M].石家庄:河北教育出版社,2006:58-59.

女性具有明确的特征。"①可以说,在这一层面的性别权力关系上,东西方的历史与现状是相当一致的。

此外,女性作家对个人化书写的规避,对"小我"的讳言,似乎还与中国传统的家国意识、集体意识有关。中国文化的精髓之一就是极力抬高家国利益,而轻视个人利益和个体价值,这一点与西方文化形成鲜明对照。反映在文学活动中,那些涉及国家、阶级、家族、战争、政治、历史、社会等问题的作品,往往被赋予较高的价值和地位;而与这些无关的作品即使写得再好,也不可能得到一流的评价。对于那些写自我/身体/性的女性作家的作品,主流的性别意识形态要么大加讨伐,要么加以利用使其商品化消费化。"身体写作""美女作家"等称号的出现就是这种卑劣策略的体现。对于这样的称号,林白、陈染、棉棉、卫慧她们是极力反对并反感的,在她们看来,这些称谓指向的是"身体"和"美女",而非写作本身。这些称谓代表着批评家、媒体和大众对女性作家的"污名化"和"妖魔化"。② 棉棉曾专门写了一篇《一场"美女作家"的闹剧》表达了自己的愤怒,她觉得人们都"病"了——"作家病了,媒体病了,批评家病了,读者病了",她直言"'美女作家'闹剧的导演和演员们病得很丑,丑得像垃圾"。这足以说明她并不在乎可能有"美女"品牌带来的名利效应,拒绝向男性社会献媚,拒绝成为消费文化的牺牲品。很多人批判她们,源于根本没有读懂,或者压根就没有读过她们。无需否认,她们的作品可资消费文化利用;但也要看到她们作品中的残酷、痛彻及对自由的向往,而残酷正是我们这个社会的真相,痛彻正是这个社会加于她们身上的东西,自由却遥不可及。

时至今日,丁玲们、陈染们的愤怒和困惑依然无法停止,女性作家和女性写作依然面临着重重的焦虑和压力。这种焦虑和压力,源于"女性写作整体与菲勒斯中心主义批评机制的分裂,女性集团内部对于'女性写作'这一问题认识的纷杂不一,每个女性个体内心体验与外在现实之间存有的裂隙……"③这里涉及到三种关系:女性写作与男性中心批评的关系、女性(主义)内部在女性写作问题上的分歧、女性作家个体内在与外在的关系。在这三种关系中几乎都存在着分裂,这就更加重了女性写作与批评的"说不清道不明"状况。其实,只要有"女性主义""女性文学""女作家"这些概念的存在,就说明这不是一个男女平等的世界。早在80年代,张抗抗就表达了一种愿望:"我们什么时候才能够不需要在一块被特别划分出来的空地上自然而然地体现我们的价值,也不需要向读者特别指明我们的性别来引起他们的兴趣,而是任其自由选择我们的作品时,我们才获得了与男作家同样的平等权利。"④这样的理想说起来简单,实现起来却任重而道远。

陈染曾说:"恰恰是最个人的才是最为人类的。"⑤她还说:"所有能够真实而深刻地表现人性的好作品都只能在个人化写作中完成。"⑥如果女性作家有如此的认识,在笔者看来,她们的种种忌讳和这样那样的争辩,包括一次又一次对"超性别"的强调,就是多余的甚至是幼稚的。正如徐坤所说:这种现象"暴露了在最优秀的女性写作者自身内部所存在的祛除不掉

① 皮埃尔·布尔迪厄.男性统治[M].刘晖,译.深圳:海天出版社,2002:8.
② 棉棉.一场"美女作家"的闹剧[J].文学自由谈,2001(1):60-61.
③ 徐坤.女性写作:断裂与接合[J].作家,1996(7):70-75.
④ 张抗抗.我们需要两个世界[J].文艺评论,1989(1):57-61.
⑤ 陈染,萧钢.另一扇开启的门[J].花城,1996(2):81-91.
⑥ 康宇.陈染姿态与立场[J].作家,2001(2):2-6.

的深深忧惧,以及由此而导致的她们的创作主张与个人创作实践之间裂隙的不可接合"①。徐坤的话可谓一语中的,因为我们的确在陈染们的作品中看到了高扬的性别(女性)意识和女性主义精神——不管这种意识和精神是不是她们有意追求的,的确看到了她们对个人、性以及身体的"以血代墨"般的书写。但是,我们(不包括带着男性中心主义思维的评论家)并没有因为这种女性意识就否认她们具有超越性别的境界,也绝不会因为写了性、身体和"私人生活"就觉得作品的境界不高,深度不够。相反,在笔者看来,她们的许多作品无论从思想性艺术性来看,还是从人性社会性来分析,抑或从对人类的性史、身体史和两性关系史的意义上来考察,其水准都不亚于众多所谓的"史诗式"的"宏大叙事"。

不管如何,"超性别写作"已经成为新时期尤其是 80 年代以来,女性写作中的一个重要现象,在中国当代文坛和批评界激起一层又一层的波澜。超性别不是中性,不是无性,而是对单一社会性别身份和性别气质的超越,在平衡与和谐中实现充分的自我主体性,从而创造出更好的作品。

需要说明的是:首先,超性别意识与性别意识并不是截然对立的。超性别意识的获得不以主体放弃性别意识为代价;相反,从某种意义上说,它正赖以主体性别意识的自觉。缺乏性别意识的超性别写作无异于女性文学的反动。其次,在中国当代文学语境下,超性别意识主要是针对女性写作而言,指女性作家突破女性身份、对纯粹的女性意识的超越。此外,在笔者看来,"超性别"是一个带有策略性意义的概念,很难准确界定其涵义,即便给出了明确的定义,也很难在实践与理论之间实现恰如其分的解释和对应。比如一部作品根据什么判定其是"超性别"的? 有没有纯粹"男性化"或纯粹"女性化"的作品? 是不是写了性/身体/个人化生活的就不是超性别的,反之就是超性别的? 是不是写两性对抗就不能超越性别而写两性和谐的就是超越性别的? 另外,还有人质疑,在对性别意识(尤其是女性意识)的认识和接纳与国外尚有很大差距、性别意识尚未在国人心中真正唤醒的时候,提倡"超性别意识"是不是太不合时宜? ……这些问题都值得我们进一步思考。

Thoughts on "Writing Beyond Gender"

Zhu Yuwen

(Art Institute of Foshan, Foshan, 528000)

Abstract: "Writing beyond sex" is an important phenomenon of Chinese Female Literary Writing Since the new period. On the surface, it reflects the sensitivity and circumvention of many women writers to "women", "woman writer", "female literature", "feminism", "personalized writing", etc, and resulting in universal misogyny. Essentially it's the enormous pressure that women writers are facing behind the situation, which comes from binary hierarchical gender mode, double standards of literary Critics and Chinese traditional culture which thinking highly of the unity and lowly of the individual.

---

① 　徐坤.女性写作:断裂与接合[J].作家,1996(7):70-75.

And it may have something to do with the women writers' misunderstanding about the feminism. "writing beyond gender" has strategic significance for women writers.

Key words: "writing beyond gender"; women writers; binary hierarchical gender mode

中国产业女工历史中性别与身体的叙事策略研究

——以《泡》、《女工》和《霓虹》为分析对象

巩淑云[*]

内容摘要：本文选取中国产业女工历史上不同时期的文本(夏衍《泡》、毕淑敏《女工》和曹征路《霓虹》)为分析对象,考察产业女工的身体和性别之间不同的叙事策略——"被性别化"和"去性别化"是如何被贯穿到女工的历史中的。一方面,女性的身体更加"适合"机器生产而"被性别化",并被不断规训为更加适合流水线的"机器";另一方面,女性身体的特殊性要求不被利润最大化、不能停止的流水线所允许,而特殊时期对"铁姑娘"的标榜更是对女性身体的一次"去性别化"。当女性被抛出生产过程之后,女性再次被凸显性别而选择延续传统的性别劳动分工以再就业,或者选择直接商品化。文本试图展现的就是产业女工在生产内部和外部的身体/性别和生产间的关系,揭示其深层的资本与父权的合谋对女工的控制。

关键词：产业女工；性别；身体；商品化；文本分析

鸦片战争以后,中国传统家庭手工业遭到破坏,大量破产农民和小手工业者逐渐涌入城市成为产业工人及其后备军,产业女工是其中非常重要的一部分。孙毓棠主编的《中国近代工业史资料》(第一辑上册)中介绍了这一过程:"鸦片战争以后,外国资本主义侵入中国,使中国社会经济起了新的变化,大大加速了农民与小手工业者剥夺生产资料而转化为无产阶级的过程。外国资本把大量的鸦片、棉纱、棉布、煤油、金属品和各种廉价工业品推销于中国,逐步破坏了中国农民的家庭手工业和城市手工业。中国的手工业最初会顽强地抵抗外国工业品的侵袭,但是到了 19 世纪最后 20 年终于失败。这个破坏过程在'五口通商'时期首先在东南沿海四省开始。自 60 年代以将,随了通商口岸的日渐增多和外国商品的日益大量深入内地,这破坏过程也便日益扩大,日益猛烈,而农民和小手工业者的破产也日益严重。大量破产的农民和小手工业者涌进了日益扩大的新的劳动力市场,做了近代工业无产阶级的后备军。"[①]在城市工厂这一公共领域中,产业女工从不可见的私领域中大量涌入其中并成为非常可见群体。这是因为,一方面传统家庭手工业的破坏使得作为其主要承担者的女性"失业",另一方面,通商口岸的逐渐开放使城市手工业工厂发展,对廉价劳动力的大量需求为"失业"的女性提供了"就业"机会。"工厂手工业是开给因农村破产而流浪到都市的男子、妇女及儿童以出卖劳动力门户。中世纪的手工业者行会是不准妇女参加的,妇女只能在家内手工业中参加工业生产,到近代工业制度之下,许多不熟练的妇女及儿童也成了工厂中

---

* 巩淑云,女,北京大学中文系博士生,主要研究方向为文学理论、女性文学。
① 孙毓棠.国近代工业史资料:第一辑上册[M].北京:科学出版社,1957:56-57.

的产业工人。这是因为在近代工业制之下,生产程序已经有了详细的分工,体力较逊的女工与儿童亦可以担任工作,同时女工与童工的工资较低廉,性情亦比较驯顺。企业者自然乐于用。因此女工及童工的数目便日渐增大。"[1]

进入工厂进行生产的女性一开始就是只能出卖劳动力的无产阶级,而且她们有出卖劳动力的"资格"便是身体上的"优势"。用恩格斯的话说就是身体上更"适合":"在机器上工作,无论是纺或者是织,主要就是接断头,而其余的一切都由机器去做了;做这种工作并不需要什么力气,但手指却必须高度地灵活。所以男人对这种工作不仅不必要,而且由于他们手部的肌肉和骨骼比较发达,甚至还不如女人和小孩子适合,因此,他们几乎完全从这个劳动部门中被排挤出去了。这样,随着机器的使用,手的活动和肌肉的紧张逐渐被水力和蒸汽力所代替,于是就越来越没必要使用男人了。因为女人和小孩子不仅工资比较低,而且如上面已经说过的,比男人更适合于做这个工作。"[2]更深层的原因,则是女性在权力等级关系中始终处于底层,所以能隐忍并能接受更廉价的待遇。因而,分析产业女工,身体和性别权力关系共同作用是一个不可忽视的角度。

身体和性别权力关系共同作用使女工被大量纳入工厂生产,值得注意的是二者的关系并没有因为工业的发展而消失,而是始终作用于女工的生产过程中,只不过以各种不同的话语策略的变体形式伴随着女工的历史。如果说近代产业女工是因为被凸显了性别的身体而进入工厂的,那么在生产过程中女工的身体状况并没有因为性别原因而被考虑。所以本文选取了三个描写不同时期女工的文本——《泡》《女工》和《霓虹》,来看身体和性别之间的不同叙事策略是如何作用于不同时期的女工中的。

一、"漏了气"的身体——"被性别化"的产业女工

夏衍的《泡》最早在 1935 年刊载于郑振铎主编的《文学》6 卷 2 号。这篇短篇小说之所以特殊,是因为在此之前的描写女工身体的小说基本是以"灵魂"为参照,思考机器对人的异化以及以女工为能指思考中国出路的问题。这一条脉络大概是从"问题小说"中延伸出来,以庐隐的《灵魂可以卖吗?》为开端。庐隐借荷姑之口质问机器生产收买人的灵魂而将人机器化的过程,直指人的终极问题。但是,荷姑的问题"我"无法给出答案。在这部小说中,庐隐并没有直接写荷姑的故事并问出"灵魂可以卖吗"的问题,而是通过向"我"求助的外在故事叙述出来。在以"最大的利益"面前,人们不需要灵魂,只需要像机器一样。然而,是否有了金钱就可以? 荷姑的回答是金钱并不能代人救赎灵魂。在这样步步紧逼中,答案好像是只有自己才能赎回灵魂,但是赎回的途径又不得而知。

在此之后,草明等作家对于女工的书写主要集中于觉醒后的女工如何自我反抗并且以自杀、堕落等失败而告终,这是对于"梦醒了无路可走"的个人的现实困境的思考和探索。如小说《万胜》中,在"我"看来,"我们乡里,缫丝生产方面,女人是主要地位的。男人们除了经

① 郭箴一.中国妇女问题[M].太原:山西人民出版社,2014:15-16.
② 恩格斯.英国工人阶级状况.[M].中共中央马克思恩格斯列宁斯大林著作编译局,译.北京:人民出版社,1956:186.

营丝、蚕、种桑买卖,和做店员之外,其余不是闲着就是到城市里去了。至于女人,一出世就被一般命运决定了:她们的精力不是消磨在丝厂里,就是耗费在桑地上。"①万胜是"我"的同族姐姐,"丝厂里炙烤着女工们的血液的蒸汽机消磨着她的青春,酗酒的父亲,和赌迷的哥哥也在折磨着她。"②"我"请求向她学徒时,姐姐万胜用了一个非常形象的比喻展现了丝厂对于女工身体的摧残和吸血:"丝厂有什么好处?——简直是一个火炉哩——你这样想就得了。比方骨头是树枝,要是树枝给火烤干了,变成炭条的时候,一敲就会断的。当真,我们夜里反身的时候,那敢使劲!"③万胜是非常温和的,但是有次她发了工钱后赌徒哥哥要她的钱,并且咆哮着用刀相逼,直到她跳了河。被救后两个月,因为不愿意给工头做妍头而被工厂赶出来了。她几次跳河自杀不得后失踪了。有意味的是在小说结尾,一个念圣贤书的族叔说:"女人,怎能反抗命运呢?"④这一寓言化的结尾意在指向的是,女性的命运是不能反抗的,在乡下、在城里的命运都是已经被决定了的,女性的反抗是非常无力的。那么,觉醒后的女性,除了臣服于命运,是否有路可走?

　　夏衍的《泡》是直接以机器和工厂对女工身体的残酷压榨为主线,放弃灵与肉的对立性思考,以直面现实的方式书写女工困境。同时,他是以女工为视角,所思考的是如何改变社会以改变个人的命运。这种写实性和批判性是"左翼文学"的突出特征。小说中,十七八岁的女工王采云在生产肥皂的鑫记厂上班,她并没有灵魂、思想一类的想法,只是拖着"漏了气"的身体做满五年工以多获半年薪工。有天全工夜班时被调去用机器给肥皂打上字。初来鑫记时她非常健壮,但现在非常虚弱。"三盘'生坯'还没打完,采云的手心和额上就渗了一层冷汗。颧骨上有些发烧,嘴里好象含了一口石灰一般的干燥,脚筋在吊,右脚失了知觉,用手揉了一下却又感到针刺一般的疼痛。"⑤采云十二岁爸爸死了之后就到厂里做工养家糊口,但是第三年后得了病,感觉身体成了一个"漏了气的皮球","身体,好象已经是一个漏了气的皮球,多动一下,里面的气就多漏一点。当然,这种漏出的力气,她自己也深深地知道是没有再回复的希望了。"⑥妈妈和她商量让她嫁人冲喜,而采云为了多拿半年薪工要做满五年。但是,在她差两个月做满五年时被各种莫名其妙的理由辞退了。其实,厂里是不会让一个工人做满五年的。同时,通货膨胀,物价飞涨。"在她空虚的头脑里面,觉得这好像是一种什么连环图画画本上看到的妖法,只要什么道一挥手,一道白光,十化百百化千的武器,就会天罗地网似的降临到每个人头上。前几天还只是一种新闻,一种'先生'们嘴上讲着的不容易理会的'道理',可是过了一晚,这种眼看不见的力量,就会丝毫不给人逃避地作用到每一个'赚工吃饭'的人们的厨房。用一块钱就得缺损三百五十,就三百五十文用她廉价的劳力换算起来就得在那骚音和油臭的工场里面足足的做上这么连个半钟头!"⑦采云的被辞退以及通货膨胀,使得本可以多领的半年薪工打了水漂,"两箱一橱,三床被"的嫁妆转变成哥哥嘴里说的"一人一马"。听到这个,采云感到难堪的酸辛和原始的憎恶愤怒。小说最后说:

①　草明.草明文集第 1 卷[M].蔡毅,安然.北京:光明日报出版社,1992:55-57.
②　草明.草明文集第 1 卷[M].蔡毅,安然.北京:光明日报出版社,1992:55-57.
③　草明.草明文集第 1 卷[M].蔡毅,安然.北京:光明日报出版社,1992:55-57.
④　草明.草明文集第 1 卷[M].蔡毅,安然.北京:光明日报出版社,1992:55-57.
⑤　夏衍.夏衍全集:文学(上)[M].袁鹰,姜德明.杭州:浙江文艺出版社,2005:35-49.
⑥　夏衍.夏衍全集:文学(上)[M].袁鹰,姜德明.杭州:浙江文艺出版社,2005:35-49.
⑦　夏衍.夏衍全集:文学(上)[M].袁鹰,姜德明.杭州:浙江文艺出版社,2005:35-49.

"不知从那儿流来了一股冷风,很脆,一个大一点的皂泡就爆碎了。"①

如果说《泡》中的采云受到的是工厂和物价的盘剥,夏衍的报告文学《包身工》则主要再现了工厂生产以外工人们的困境和受到的残酷压榨。《包身工》在 1936 年 6 月发表于《光明》创刊号。"包身工"是历史的产物,夏衍在报告中做了简练但详细的表述。顾正红事件尤其是"一二八"之后,东洋厂家对包身工的需求增多,因为包身工廉价而没有"结合力",也"极合经营原则和经济原理"。而且这可以防止产业工人的流动:"包身工的身体是属于带工的老板的,所以她们根本就没有'做'或者'不做'的自由"②,"包身工都是从乡下来的,而且她们大半都是老板的乡邻,这一点,在'管理'上是极有利的条件。"③"包身工是一种'罐装了的劳动力',可以'安全地'保藏,自由地使用,绝没有因为和空气接触而起变化的危险。"④"一些在日本通常是男工做的工作,在这里也由这些工资不及男工三分之一的包身工们担负下来。"⑤所以包身工的数量是非常大的,全上海三十家日本厂的四万八千工人里面,替厂家和带工头二重服务的包身工总在二万四千人以上。包身工的生活是"两粥一饭,十二小时工作,劳动强化,工房和老板家庭的义务服役,猪一般的生活,泥土一般的作贱——血肉造成的'机器',终究和钢铁造成的不一样的,包身契上写明三年期间,能够做满的大概不到三分之二。工作,工作,衰弱到不能走路还是工作,手脚像芦柴棒一般的瘦,身体像弓一般的弯,面色像死人一般的惨,咳着,喘着,淌着冷汗,还是被压迫着做工。"⑥夏衍在宏观的报告中聚焦了其中一位女工——包身工"芦柴棒",并且聚焦到发生在"芦柴棒"身上的一件事情上。之所以叫这个名字,是因为她"手脚瘦得像芦棒梗一样"。"芦柴棒"有天害了急性的重伤风而躺在床上,并且实在起不来,打杂的却把她打了一顿并浇了一盆冷水。但是,"芦柴棒"的经历并不是个例,像"芦柴棒"一般的包身工,每一分钟都有死的可能,"直到被榨完残留在皮骨里的最后一滴血汗为止"⑦。所以,夏衍才激愤地说:"日本纱厂的每一个锭子上面都附托着中国奴隶的冤魂!"⑧

从"问题小说"到"左翼文学",女工一直是其中重要的形象,因为女工是近代社会转型的产物,传统的性别观念和封建秩序、新型的生产关系和阶级矛盾等都在她们身上演绎出来。在资本主义和父权制的合谋下,传统的性别分工被恶性循环,正如海迪·哈特曼(Heidi I. Hartmann)在《资本主义、父权制与性别分工》中所说的:"按照性别分工是资本主义社会的基本机制,它维护男人对妇女的优势,因为它坚持在劳动力市场中对妇女实行较低的工资。低工资使妇女依赖男人,因为它鼓励妇女结婚。已婚妇女要为丈夫料理家务。于是,男人从较高工资和家庭分工中得到好处。这种家庭分工反过来又为削弱妇女在劳动力市场中的地位起作用。这么一来,等级制家庭分工被劳动力市场永久化,反之也一样。这一过程是资本主义和父权制两种连锁制度长期影响的结果。父权制远没有被资本主义征服,它仍然是强

① 夏衍.夏衍全集:文学(上)[M].袁鹰,姜德明.杭州:浙江文艺出版社,2005:35-49.
② 夏衍.夏衍全集:文学(上)[M].袁鹰,姜德明.杭州:浙江文艺出版社,2005:10-20.
③ 夏衍.夏衍全集:文学(上)[M].袁鹰,姜德明.杭州:浙江文艺出版社,2005:10-20.
④ 夏衍.夏衍全集:文学(上)[M].袁鹰,姜德明.杭州:浙江文艺出版社,2005:10-20.
⑤ 夏衍.夏衍全集:文学(上)[M].袁鹰,姜德明.杭州:浙江文艺出版社,2005:10-20.
⑥ 夏衍.夏衍全集:文学(上)[M].袁鹰,姜德明.杭州:浙江文艺出版社,2005:10-20.
⑦ 夏衍.夏衍全集:文学(上)[M].袁鹰,姜德明.杭州:浙江文艺出版社,2005:10-20.
⑧ 夏衍.夏衍全集:文学(上)[M].袁鹰,姜德明.杭州:浙江文艺出版社,2005:10-20.

有力的;它具备了现代资本主义所采用的形式,正如资本主义的发展改变了父权制一样。父权制与资本主义相互适应给妇女造成恶性循环。"①可以将近代女工的身体/性别关系与生产之间做一个简单的过程分析:在进入生产之前以及在实际的价值评估上,女工的身体被性别化而成为进入工厂的"优势",也是女工在竞争中的"优势";而在实际的生产过程中,女工的身体被异化为机器并被作为被直接剥削的对象,性别的差异却被完全搁置起来了。

二、"去性别化"的"铁姑娘"到"再性别化"就业

性别的差异被搁置的时期,最突出的形象则是"铁姑娘"。金一虹在《"铁姑娘"再思考——中国"文化大革命"期间的社会性别与劳动》一文中用了大量的数据和访谈对 20 世纪50 至 80 年代中国妇女参与社会劳动的过程进行了分析。她认为国家动员和行政干预深刻影响了女性新的劳动角色的形成。在这一历史阶段,在国家政策的干预下,逐渐形成了以城市女性为一级蓄水池、农民为二级蓄水池的劳动计划调节模式。只是与市场经济下的工业后备军制相比,这种蓄水池机制具有更鲜明的强制性特征。伴随于此的,是中国劳动分工的"去性别化",即形成女性不断扩大其职业领域、与男性劳动相融汇混合的特点。②

这一点体现在毕淑敏的长篇小说《女工》中(最早发表于《长篇小说选刊》,2005 年第 2 期)。故事讲的是品学兼优的女性浦小提是如何在政策造化中工作、下岗及再就业的。浦小提因为在"大跃进"中不愿意用身体换取一个好的工作,结果自愿被分配去做掏粪工。但是她最终被分到了一家重工业工厂,并和同学白二宝一起被分到酸洗车间。她的任务是要把酸洗槽子里浸泡的金属板,每隔一段时间翻动一遍,让金属的含量更加纯粹。小说中有一个细节让人感到触目惊心:"金属板重达几十公斤,还有呛人的挥发气体和极富腐蚀性的电解液。几天下来,新工人们引以为自豪的新工作服就面目全非,无数洞穴潜藏在衣服的褶缝里,千疮百孔。要是有喷溅起的电解液恰好从破损的窟窿里崩进去,皮肤就会被烧成亚白色。"③"金属板的分量也着实让人吃不消,浦小提觉得每一块都比自己的身体还重,简直就是重如泰山了。在浦小提有限的知识范畴内,泰山就是重量的极致了。每当她抬起一块金属板,连尾巴骨都在使劲,从周围不断传出的放屁声,就知道大家都不轻松。"④而师傅劝她只能这么过下去因为"只有练出了这股劲,你才能在这儿干下去。谁让你是工人呢!"⑤

工厂中女性的性别被抹除,但是当她回家时旧有的性别分工又重新出现,家庭和工作的双重负担在小说中展现得淋漓尽致。当浦小提被白二宝施用阴险手段欺骗成为妻子后,她操持家务还要上班,非常劳累并且很快衰老。自己舍弃机会却辅导白二宝考上了大学,但是白二宝还是把她抛弃了。之后她独自抚养女儿并买断自己的工龄为女儿凑足上大学的学

---

①　海迪·哈特曼.资本主义、父权制与性别分工[M]//李银河.妇女:最漫长的革命.北京:中国妇女出版社,2007:51.

②　金一虹."铁姑娘"再思考——中国"文化大革命"期间的社会性别与劳动[J].社会学研究.2006(1):169-196.

③　毕淑敏.女工[M].福州:海峡文艺出版社,2004:42.

④　毕淑敏.女工[M].福州:海峡文艺出版社,2004:42.

⑤　毕淑敏.女工[M].福州:海峡文艺出版社,2004:43.

费。有意味的是,下岗后的浦小提找不到合适的工作,又做回了女性的"本职工作"——家政工,这可以说这是下岗女性再就业的基本模式。即下岗女工重新进入到性别分工中,并将原有的家庭内部分工职业化。更加有意味的时,在表述下岗的官方话语中,下岗女工的再就业成为被放大的符号。戴锦华在《性别中国》的《"故事"里的故事——社会主义时代的性别与阶级表述》一文中认为,在 80 年代告别革命、结束阶级斗争、新自由主义的浪潮中,伴随中国经济转型,至 90 年代中期,突然间获得清晰显影的贫富分化开始在中国投下阴影,"'官方说法'首先启动和借重的确实昔日的阶级论述"[①]。在大众文化上的表现是工人阶级"分享苦难"而以主人翁的姿态牺牲自我以率先下岗。在这个叙述中,一个最重要的特点是用"下岗女工"和"外来妹"作为一种"暂时而有效的话语性移植"。也就是说,"下岗女工"取代了"下岗工人",同时"打工妹"成为农民工的假面和代称,从而使得女性叙述成为一种社会修辞而遮蔽了更为复杂的社会现实,即"以性别议题的浮现遮蔽了转型期中国一次酷烈的阶级重构过程"[②]。在"作为社会修辞的女性叙述"中,"下岗女工"和"打工妹"的文化表述中,这类女性要么成为"再就业明星"、成功女老板,要么就是凸显女性的隐忍、母性气质,要么就是彻底遮蔽打工妹和下岗女工生活的中产阶级的"全职太太"的构建。所以,在社会转型的过程中,尤其是在下岗女性再就业过程中,性别问题并不是不可见的,恰恰是因为太"可见"了而其光芒掩盖了性别中现实的、结构性的阶级事实,这既可以说是中国女性主义理论脉络中开始对个人化、性别差异进行强调所带来的问题,也是"官方话语"对性别问题的再度利用。

三、镶嵌于生产的身体/性别与生产之外的商品化身体

如果说鸦片战争带来的中国工业史上的第一次转型使得女工得以"被性别化"而进入工厂,"铁姑娘"时期女工被"去性别化"而被纳入更广的生产中,那么伴随着当代中国的市场化转型,产业女工的构成发生了极大的变化。一边是城市工人下岗(尤其是因为"性别排挤",女性被优先下岗[③])、制造业和服务业的发展急需大量劳动力,另一边则是"三农问题",大量农村劳动力向城市转移形成民工潮。

曹征路的小说《霓虹》[①]是新世纪底层书写的典范,也是曹征路 2004 年发表的《那儿》的姊妹篇。在《那儿》开篇就是"霓虹灯下的哨兵"杜月梅被狗吓瘫的情节,"杜师傅是那样一种人,每天早晨六七点就推着一辆小车,上头装着几个暖瓶,几袋面包蛋糕,穿白大褂戴大口罩满大街吆喝:珍珠奶茶,热的! 珍珠奶茶,热的! 而到了夜里却换上一身时装,浓妆艳抹,十分青春地去霓虹灯下做哨兵"[⑤]。《霓虹》则以倪红梅为主人公,书写了她下岗之后是如何被迫彻底将身体商品化的。倪红梅顶替为抢救工厂财产而牺牲的父亲到绢纱厂上班,丈夫在

① 戴锦华.性别中国[M].台北:麦田出版社,2006:132.
② 戴锦华.性别中国[M].台北:麦田出版社,2006:135.
③ 具体参考:石彤.中国社会转型时期的社会排挤——以国企下岗失业女工为视角[M].北京:北京大学出版社,2004.
④ 曹征路.霓虹[J].作品与争鸣,2006(12):3-21.
⑤ 曹征路.那儿[J].当代,2004(5):188-210.

厂内被行车砸死,随着厂子解体她也下岗,为了养活瘫痪的奶奶和先天性的心肌功能不全的女儿使她的生活陷入困境。丈夫的死"百分之百是厂里责任,他们也都认账,可厂里有困难,我就信了他们的话。共渡难关,共渡难关,最后他们是渡过去了,却把我扔在了深渊里。我们不过是一块垫脚石,垫过了人家也就忘记了"①。倪红梅死后警察找到市贸发局副局长也就是原绢纱厂厂长了解倪红梅情况时,他说:"是我把工厂搞破产了,卖了,贪污了,拍屁股走人了。我不怕。卖厂是市里的决定,我有什么办法?改革嘛,总是有成本的。"②倪红梅们是在改革的"阵痛"付出代价的人,她的现实经历冲击了官方的承诺,"从前以为这叫阵痛,痛一阵子就过去了,好日子还在后头。现在总算明白了,我们不过是一块抹布,用过了就该扔。谁也不会把抹布当作人。"③在下岗女工中,"改嫁是当时厂里单身女工共同的出路,每个家庭都需要有个男人来支撑。绢纺厂改制意味着大家都失去了饭碗,从前还硬撑着不向男人低头的女强人们,全都比霜打的还蔫,乖乖地低下了骄傲的脑袋。找新男人,找旧男人,反正你得找个男人啊。"④但是她找到的人并没有给她一个温暖的家,反而将她推向深渊。倪红梅只能做着妓女,出卖自己的身体以养活家庭。作者在叙述倪红梅做妓女的生活时,也刻画了与她共同下岗的工人们,比如锯掉双腿"要是没钱了,就往机关门口一坐"的刘师傅,还有和她一起做妓女的女孩们。《霓虹》的后半部分,同为妓女的阿红和阿月的遭遇给了她们绝望生活中一点转折。二人接活去给"大机关"的一个"人物"祝寿,期间备受欺凌,倪红梅与她们开始共同维护权利,她认为"总得有人先站出来,何况我们是这样一群人",在这个过程中,刘师傅和下岗工人"互助会"帮助他们维权,使倪红梅觉着终于做了一回有尊严的人,更重要的是她意识到他们作为工人团结起来抗争的力量,"这就像猛然走进一部老电影里,我们迎着高压水龙,迎着令人窒息的无可诉说的悲痛,还有像鞭子一样抽下来的暴风雨,劳苦人拉起了手,唱起了歌。这是孤雁追上了队伍,是溺水者看见了海岸线"⑤。在倪红梅的悲剧中,我们看到了"底层"尤其是女工的悲惨生活场景,也看到了这些底层女性如何与下岗工人们一起进行抗争的力量,小说的后半部分展现的工人阶级整合起来的抗争力量是曹征路对工人阶级的希望。工人阶级从作为领导阶级的工人变成没有尊严的"非人",但他们的权利受到损害时迅速变成"一群人",并重新找回团结的工人阶级的力量,他们的结构性存在形成的共同经验使之作为一个群体而形成新的政治能动性。

在《霓虹》中,作者向我们展现了下岗女工的不同出路,即不同于毕淑敏《女工》中浦小提最终只能做家政工的选择,当下岗女工在承担巨大的家庭压力时最大可能的选择便是直接将身体商品化。这是女性被抛出生产之外时身体的再次凸显,只不过身体不再被异化为机器,而是直接变为商品。

就后者而言,随着市场化的全面和深入,女工身体的性别特征再次被凸显出来,尤其是"打工妹"大量涌入工厂极大满足了全球市场对"中国制造"的需求。而在这个过程中,如果规训女工的身体以更"适应"机器生产是资本最大化的内在需求。潘毅在《中国女工——新

① 曹征路.霓虹[J].作品与争鸣,2006(12):3-21.
② 曹征路.霓虹[J].作品与争鸣,2006(12):3-21.
③ 曹征路.霓虹[J].作品与争鸣,2006(12):3-21.
④ 曹征路.霓虹[J].作品与争鸣,2006(12):3-21.
⑤ 曹征路.霓虹[J].作品与争鸣,2006(12):3-21.

兴打工者主体的形成》中说："身体，尤其是女性的身体，对于中国的全球资本来说极其重要，因为生产机器可以从这些真实的劳动身体中榨取劳动力。跨国资本对于'中国打工妹'的想象，正如中国父权制文化所表现的那样，是一种同质性、东方式的构造：身材苗条、目光敏锐、手指灵活、性格羞涩而且勤劳能干。"①历史好像又重新回到了起点，或者说女工的解放并未完成反而变本加厉。因为性别权力被更加微观地渗透到女工的生产网络中，对身体的形塑是建立在对性别的操演上，而性别又是一个建构的过程，当打工妹置身于生产线中时，其外来打工者、女性等身份被不断制造和重复，从而被镶嵌于生产的网络中。如朱迪斯·巴特勒（Judith Butler）在《性别麻烦》中所说，"人的'一致性'与'连续性'，不是有关人的一些逻辑或分析的要素，而其实是社会所建构与维系的理解规范"②。换句话说，就是管控性实践（regulatory practices）构成了身份，创造出性别规范矩阵，使得身份成为一种规范的理想。"性别的实在性效果是有关性别一致的管控性实践通过操演（performatively）生产而强制形成的。因此，在我们所承继的实在形而上学话语里，性别证明是具操演性的……在性别表达背后没有性别身份；身份是由被认为是它的结果的那些'表达'，通过操演所建构的。"③在打工妹进行生产过程中，女性的身份被不断强调，其目的是通过"你是个女孩子"来使之符合关于女性的所有想象和要求，比如温顺、服从、勤劳等。因此，性别成为被规训的一种手段，而直接性的被控制则是为了创造更符合流水线要求的身体。除了身体的规训和性别的操演外，女工们还会面临在生产过程中的性别分工。首先是女工们较男性而言更能接受较低的工资和技术含量低的工作，因为她们先在地承认了自己的女性即弱势的地位；其次，在生产过程中，管理女工们的管理层绝大多数是男性，即便是女性，在女工们看来也是具有"男性气质"的，是相较女工们不同的气质；④最重要的是资本延续了与父权相整合的逻辑，所以女工身上所呈现的依然还是性别劳动分工的问题，即传统的男女分工和等级组织与控制技巧在她们身上的操演。

女工的身体和性别在不同时期被赋予不同的话语策略以达成资本的最大化，在吞吐女性劳动力、降低成本需求中，女性的身体被赋予极强的性别特征，而在提高生产力的需求中，女性的性别特征则被搁置。更为复杂的是，在生产过程中，微观权力运作于女性的身体之上，使得女工的身体和性别被镶嵌于生产中。当女性被甩出生产过程后，女性的性别被再次凸显，要么延续传统的性别劳动分工，要么直接被商品化。在叙述女工身体/性别的不同话语策略中，资本和父权结合在一起，一定程度上使许多身体理论中的寓言性和想象性失效，因为女工面临的不是理论的演绎，而是身体和资本之间的肉搏。

① 潘毅.中国女工——新兴打工者主体的形成[M].任焰,译.北京:九州出版社,2010:76.
② 朱迪斯·巴特勒.性别麻烦:女性主义与身份的颠覆[M].宋素凤,译.上海:上海三联书店,2009:23.
③ 朱迪斯·巴特勒.性别麻烦:女性主义与身份的颠覆[M].宋素凤,译.上海:上海三联书店,2009:34.
④ 潘毅.中国女工——新兴打工者主体的形成[M].任焰,译.北京:九州出版社,2010:66-67.

The Study of the Narrative Strategy on the Gender and Body of Chinese Female Industrial Workers: Focusing on the Analysis of *Bubble, Workwomen* and *Neon*

Gong Shuyun

(Department of Chinese language and Literature, Peking University, Beijing, 100871)

Abstract: The different narrative strategies on the gender and body of Chinese female industrial workers in the three novels *bubble, workwomen and Neon* has been discussed in this paper. And how the en-gendering and de-gendering interweaved with the history of Chinese female industrial workers has been studied in the paper as well. On the one hand, women were en-gendered for their bodies were more adaptive to the machine production. On the other hand, women's gender traits were not allowed by the assembly lines which pursued the maximum profit. What's more, the advocate of Iron Girls is a kind of de-gendering. Once women were thrown out of the productive process, what the women had to do was either continuing the traditional gender division of labor or selling them as commodity. What I will do is to show the relationship of the productive process and gender/body of the female industrial workers, and expose how capital and patriarchy control women.

Key words: female industrial workers; gender; body; commercialization; text analysis

硕博论坛
Postgraduate Forum

Women/Gender Studies

中国现代女性作家的强暴叙事与意义[*]

王怀昭^{**}

内容摘要：在中国现代文学中，"被强暴的女性身体"是一个极为暧昧的叙事符码，它既是中国男性与日本鬼子在战争中争夺的场所，又涉及男性与女性之间不平等的性别境况。梳理五四至 1949 年前后女性作家的强暴叙事，考察在宏大的叙事逻辑中，女性在遭受身体的被侮辱被损害的疼痛生命体验后所呈现出来的心理状况及其被强暴后的命运遭际，以及女性作家面对国族主义话语所表现出来的纠缠、共谋与疏离的多重写作形态，或许是揭露现代文学批评中性别政治的真实情况的一条可供借鉴的研究路径。

关键词：身体献祭；国族想象；女性主体性；强暴叙事

在历史变革与民族战争中，女性除了和男性一样要遭受饥饿、疾病、死亡之外，她们还要面临生产，来自男人的打骂以及可能被强暴的厄运。考察发现，"被强暴的女人"这一女性形象在中国现代小说文本中反复出现，它本身有双重意涵：首先，对女性来说，在非自愿的情况下进行的性行为是一种屈辱的生命体验，而男权社会专门为女性形塑的贞洁话语在规训她们的同时又在她们心里根植不洁的羞耻感和不贞的犯罪感，于是，失贞的女人毫无例外地遭受到巨大道德舆论的指责，含恨而死成为她们的宿命；其次，男性强加给女性的性暴力、对她们的凌辱和损害无疑印证了男性为生物种性上的"强者"，而女性从属于"弱质性别"的生物政治逻辑。

那么，现代女性作家是如何运用"被强暴的女性身体"这一叙事符码的？她们的女性主体立场在文学话语中发挥了怎样的作用？其笔下的被强暴的女性，是否也如男性作家文本中所塑造的那样，要么趋于死亡，要么成为残酷、暴虐战争的牺牲者和无辜受害者，继而奋起反抗，加入革命的队伍？因此，梳理中国现代文学中女性作家的强暴叙事，考察在宏大的叙事逻辑中，女性在遭受身体的被侮辱被损害的疼痛生命体验后所呈现出来的心理状况及其被强暴后的命运遭际，以及女性作家面对国族主义话语所表现出来的纠缠、共谋与疏离的多重写作形态，或许是揭露现代文学批评中性别政治的真实情况的一条可供借鉴的研究路径。

五四以来，现代女性作家在小说文本中塑造了多种类型的女性，少奶奶、女教师、女知识分子、女战士、女工、女农民、婢女、妓女等等，几乎涉及各个阶层，但唯独弃置了"被强暴的女人"这一叙事符码。即使像石评梅、冰心、庐隐这样在 20 年代声名鹊起的女性作家，也没有将"被强暴的女人"设置为小说的主人公，详细叙述他们的命运以及生存境况，而让她们在

　＊　本文为 2016 中国妇女研究会年会暨"新发展理念下的妇女发展与性别平等"研讨会的会议论文。

　＊＊　王怀昭，女，厦门大学人文学院中文系博士研究生，主要研究方向为性别与文学文化。

20 年代的兵匪叙事中匆匆而过,成为控诉战争罪恶的活见证。石评梅的短篇小说《归来》(1927)中光荣归来的军官马子凌回忆起他的爱人君曼因负命南下被军阀活捉,继而被营长强占为姨太太,后自杀而死。《流浪的歌者》(1927)里男主人公的遗书里提到故乡被兵匪搅扰得不得安宁,父母饮弹而亡,"妹妹被逼坠楼脑碎"。①《匹马嘶风录》(1927 年 12 月)中,雪樵到村庄驻防时听闻老婆婆的两个女儿被土匪兵蹂躏而死,一个怀有身孕,一个才十二岁。而庐隐的《父亲》重在描摹小说中的男主人公与自己父亲的姨太太之间的不伦之恋,倾诉男主人公因得不到理想女性而产生的精神苦闷,而没有细致展开女性的名为许配、实为强占的悲惨命运,更忽视了她内心的精神诉求与肉体的生理欲望。

总体而言,在面对强大的贞洁话语的规约力量时,20 年代的女性作家也未能走出性暴力的话语禁忌,其笔下的被强暴的女性形象,与同时代的男性作家所塑造的并无差别,女性并不是作为一个独立主体而存在,而是在他人的话语中被言说、在他人的回忆中被记忆,被奸污后含恨而死的女性成为 20 年代文学版图中的空白之页。

一、变声的焦虑:纠缠于国族主义话语中的女性身体

进入 30 年代后,由于日本侵华的现实刺激,关于强暴叙事的文本渐渐多了起来。主要的作品有萧红的《生死场》(1935)、丁玲的《新的信念》(1939),以及《我在霞村的时候》(1940)。② 萧红和丁玲拒绝把女性缝合在整合性的民族主义的"语法"和"修辞"当中,重新思考女性与民族主义话语之间的冲突,以及二者之间复杂纠葛的多重关系,从而延伸出三个意涵丰富的观照面向。

《新的信念》中,丁玲拒绝让女人在沉默中屈辱死去,而是让老太婆自己勇敢言说她亲眼所见的疼痛、流血、可怖的经历:"'那姑娘叫不出声音来,脸变成了紫色,嗯⋯⋯嗯⋯⋯像只母牛般哼着。'"③"'小脸蛋也被咬破了,像一个被虫蚀了的苹果。'"④这种被凌辱的痛苦体验由于老太婆的反复诉说而滋生出一种可怕的力量,愤怒的火焰舐舔着她的家人的心灵,仇恨在他们身上生长着。最后,"千百个声音痛苦地响应她:'我们要活,我们不是为了给鬼子欺侮才活着的呀。'"⑤丁玲把女性身体置放在民族主义、女性解放的交叉地带,并挑战了一般意义上的国族叙事。显然,老太婆的女性意识的产生以及抗日主体身份的确立是通过诉说自己和他人的屈辱生命体验而获得的,这也激发了其他人的民族意识。

然而,在复述这些惨剧的过程中,老太婆无法忘却强暴本身被赋予的意义和色彩,即"污

---

① 石评梅.石评梅作品集(诗歌小说)[M].北京:书目文献出版社,1984:213.

② 丁玲《我在霞村的时候》虽写于 1940 年,但文本表现出来的女性主义与民族主义之间的纠缠、复杂交织的文学议题与 40 年代女作家的写作形态大为不同,因此,本文并不按照严格的年代来划分章节,而选择把这篇小说纳入到这一节来讨论。

③ 丁玲.丁玲全集:第 4 集[M].石家庄:河北人民出版社,2001:171.

④ 丁玲.丁玲全集:第 4 集[M].石家庄:河北人民出版社,2001:172.

⑤ 丁玲.丁玲全集:第 4 集[M].石家庄:河北人民出版社,2001:179.

秽和屈辱"。① "她怕儿子们探索的眼光,而且她觉得羞耻,痛苦使她不能说下去。"②儿子们的激愤并不能给予她安慰,他们的男性身份反而无时不在提醒她被强暴的不雅事实。男性并不是受难女性真正的同盟者,他们无法真正体会女性所遭受的痛苦。于是,作家试图在文本中建立起女性之间的坚固情谊,不管是老太婆与孙女金姑的温爱感情,还是她与媳妇们的接近和融洽,或者是妇女们之间的同仇敌忾,都因着对被损害被凌辱的生理体验的感同身受而确立起来。

《我在霞村的时候》的挑衅性"不在于美化了妓女或丑化了民族正气,而在于根本摇撼了传统文化论述所视为当然的那套女性神话",女性的性别自觉使丁玲不愿意"简化小说内蕴的道德、政治与性问题的错综关系"。③ 把握自己的命运、遵从自己的情爱欲望,不让身体受到封建家长制的规训,宁愿到天主教堂里面当姑姑也不屈从于父亲的权威之下,或者被攥在父权制的手里,是贞贞在被凌辱之前对父权的第一次违抗。拒绝夏大宝心中的愧疚和亏欠,不和他结婚,这可说是贞贞的第二次逃离。因为和夏大宝结婚,意味着女性身体在被异族凌辱之后又被缝合在父权制话语和民族主义话语的双重威压之下。夏大宝的"自卫队小排长"职位意味着他具有民族国家的身份象征,他的求婚变成父权制与民族国家对贞贞的"不洁"身体的莫大恩赐。然而,贞贞的逃离并不彻底,她挣脱了父家的束缚、拒绝了拥有夫家的可能,却期冀投身到国家革命中,在其中找寻自己的主体位置和人生价值。她想象着,"到了延安,还另有一番新的气象。"④可以说,丁玲在文本中把女性身体设置为象征性的战场,建构了民族主义话语中受辱女人的隐喻,同时她又通过妇女之间琐碎的多次对话这一细节来不断予以颠覆。于是,叙事文本呈现出个人话语与民族主义话语的复杂纠结的多样形态。

与丁玲小说相似的是,萧红的《生死场》更为彻底地颠覆了受辱女人的隐喻。情欲的驱策促使成业引诱了金枝的身体,使她未婚先被诱奸;而当年盘转动,日本国旗"在山岗临时军营门前,振荡的响着"⑤,成为寡妇的金枝为了活命,离家到城里当缝穷妇时再一次被主顾强暴。可见,女性的悲惨命运并不会因为出走的虚幻光明前景或者年盘所象征的现代性时间之前进而得以突围,发生本质上的转变。

金枝之所以无法像参军的寡妇那样拿起武器为民族国家的独立贡献自己的一分力量,也无法获得像男性中心那样的领土感,是因为从其被强暴的惨痛身体经验来说,中国男人比日本鬼子更可恨。其实,被中国男人还是被日本鬼子蹂躏对女性来说并没有本质上的区别。同时,虽然被强暴的女性身体与民族国家话语所允诺的光明未来相抵牾(小说结尾,被强暴后的金枝陷入无家可归的境地),但"遭受痛苦的女性身体的瓦解性的力量"反过来又成为作家叙事的压制策略,"性的原始力量被重新组织"⑥,升华成一种崇高的叙事效果和艺术魅力。由此,女性的破坏性体验既揭穿了民族国家话语的虚假性,反过来又自觉不自觉地与民族国家话语融为一体,从而通向积极的国族认同的文化重构。可以说,女性主义与民族国家

---

① 刘健芝.恐惧、暴力、家国、女人[J].读书杂志,1999(3):7.
② 丁玲.丁玲全集:第4集[M].石家庄:河北人民出版社,2001:172.
③ 王德威.想像中国的方法:历史·小说·叙事[M].北京:读书·新知·生活三联书店,1998:174.
④ 丁玲.丁玲全集:第4集[M].石家庄:河北人民出版社,2001:232.
⑤ 萧红.呼兰河传·生死场[M].南京:译林出版社,2011:274.
⑥ 王斑.历史的崇高形象——二十世纪中国的美学与政治[M].孟祥春,译.上海:上海三联书店,2008:94.

话语之间具有复杂的双向互动关系,二者产生了不可言喻的美学张力。①

二、身体的献祭:战争中女性的国族想象

随着抗日战争的白热化,40 年代女性作家的强暴叙事呈现出与 30 年代相异的文学景象。白朗的《老夫妻》(1940)、草明的《受辱者》(1940)、谢冰莹的《晚间的来客》(1941)、袁静和孔厥合著的《新儿女英雄传》(1949)的叙事策略与《新的信念》、《我在霞村的时候》、《生死场》大为不同。具体来说,可划分为三种叙事形态。

虽然《受辱者》与《新的信念》、《我在霞村的时候》一样,讲述的都是村子沦陷时被日军抓走的女人惨遭奸污继而死里逃生的悲惨故事,但是不同于老太婆对自己的屈辱经历的不断言说以分享男性主体的话语权与领土感,也不同于贞贞利用自己的身体为抗日组织刺探情报,被强暴的阿开通过欺骗来隐藏自己所遭受的痛苦,以求"能在别人跟前讲一句响亮的话。"②此种欺骗行为一方面体现了传统贞洁话语对女性的话语压迫,另一方面也流露了阿开作为女性自觉的求生欲望。同时,作家也没有把阿开的毁坏机器的复仇举动涂抹上救亡图存、爱国抗日的虚幻色彩,而是把她的行为归结为女性身体遭受损害、女性生存面临威胁而采取的自发的个人行为。

《晚间的来客》讲述的是穷苦人家的女儿琬云不断被卖、被强暴,后来奋起反抗并从监狱里逃出来加入抗日组织队伍的故事。在小说中,"我"充当着启蒙者的身份,琬云向"我"和光光诉说悲痛身世的初衷是希望得到我们的援救。但在叙述的过程中,琬云十四岁时被日本军阀强暴的屈辱体验以及后来又被日本宪兵司令部的参谋山本铃一蹂躏继而在他熟睡时开枪复仇的英勇举动反转了启蒙者与被启蒙者的身份,琬云变为我们知识分子尊重与崇敬的对象,当她离开后,我们不禁感叹"真想不到在这里遇到一个这么伟大的女性"③。同时,被凌辱的疼痛生命体验与难以抑制的痛苦情感不断地逸出她所拥有的爱国情怀,超出原本意在彰显以我们为代表的民族国家力量对她的拯救之功的界限,在文本的字里行间弥漫开来。可见,她在投身抗日组织之前的反战行为更多的是女性对个人命运遭际的自觉反抗,对自身生存困境的自发突围。于是,这种从女性之口表达出的异样不协调的声音,在抗日战争时期显得极具挑战性。

《老夫妻》和《新儿女英雄传》中,叙述者对村中来不及逃走的妇女的悲剧命运的转述削弱了其被奸戕的血腥场面和残酷事实,女性遭受痛苦的身体并不是作为作家揭示性别境况的叙事符码而存在的,而是痛斥日本鬼子侵略中国、残害中国人民的暴行的有力佐证、激励全中国人民(张老财、牛大水、杨小梅)觉醒反抗从而走向革命的中间介质。白朗、孔厥与袁静都把"被强暴的女性身体"当作一个象征交换的符号,却否认了性暴力作为特殊的性别迫害给女性带来的痛苦体验的意义。

---

①　关于《生死场》的论述具体参见王怀昭.暧昧的现代性——论萧红《生死场》中的女性身体书写与国族认同[J].山东女子学院学报,2017(3).

②　草明.草明文集:第一卷[M].北京:光明日报出版社,1992:294.

③　谢冰莹.谢冰莹文集:下[M].合肥:安徽文艺出版社,1999:143.

总体而言,40 年代女作家都在不同的程度上,把被强暴的女人铭刻为宣扬民族主义话语的中间介质。在民族主义文化编码中,女性身体"其实是战场的一部分,侵犯民族主权或自主性与强暴女体之间,占领土地与'占领'妇女子宫之间,似乎可以划上一个等号"①。如果说为抗日战争的胜利而牺牲是社会成员为之不懈奋斗的崇高使命,那么女性身体的献祭则是民族主义话语积极重构和不断完善的重要驱动力。其中包含了女作家们力图升华个人主义话语,抹除性别化的立场,从而实现"把本能的性的力量"转化为"更高层次"的主流话语所认可和重视的文化能量的诸多努力。

然而,40 年代的女作家们的叙事策略并不能掩盖崇高与柔弱相龃龉的事实。她们的努力也不是呈直线上升态势的,而是不断地回返、打转,波浪式地游移于民族国家话语之间。究其原因,"接连不断的政治事件、民族灾难和社会革命,不断地冲淡着她们的女性意识,要求她们忘却'女性角色'、'女性关怀'而进入'社会角度'和'社会关怀'。② 女性的性别化立场与个人自觉又使她们对女性身体的疼痛、情感的痛苦有着天然的理解与同情,从而不断地思考女性真正的出路在哪里。再加上被强暴的女性身体本身是一个极为暧昧的叙事符码,它既是中国男性与日本鬼子在战争中争夺的场所,又涉及男性与女性之间不平等的性别境况。于是,她们的写作不断地背离与男性作家叙事毫无差别的叙事策略,溜出宏大民族主义叙事的话语体系,传达出属于现代女性作家的宝贵而难得的女性话语以及女性关怀。

三、非现代的"现代":背离民族叙事的女性主体性

如果严格按照一般的现代文学史的划分,那么自孔厥和袁静的《新儿女英雄传》之后,现代女性作家再也没有书写过关于"被强暴的女人"的故事。然而,本节想讨论两篇特殊的小说:张爱玲的《十八春》和《小艾》。③

写于 1951 年的《十八春》可说是中国现代文学史上关于强暴叙事的艳异的风景。与女农民及女工相比,曼桢作为女大学生,有着较高层次的知识水平和精神追求。同时,她有着独立自主的自我意识,知道要靠自己自食其力;并且,她对女性的性别化困境有着相当程度

---

① 陈顺馨.女性主义对民族主义的介入[M]//陈顺馨,戴锦华.妇女、民族与女性主义.北京:中央编译出版社,2002:17.

② 逢增玉.沦陷时期东北女作家小说创作的基本轨迹[J].中国现代文学研究丛刊,1993(1):26.

③ 之所以把张爱玲写于 1950 至 1951 年间的作品纳入到现代文学范围中来,是因为:第一,从根本意义上来说,张爱玲在 40 年代成名并大红大紫,奠定其文学史地位的主要作品基本上发表于 40 年代,应属于现代女性作家。第二,《十八春》和《小艾》中的强暴叙事看似歌颂新中国的成立给普通市民以及底层人民带来的全新转变,实则游离于国族主义话语之外,着重探讨被强暴后的女性的真实生存境况,以及女性的主体性话语。两篇小说看似非现代,实则非常"现代",因此不能简单地归到"十七年文学"当中。

此外,以《十八春》为研究对象,原因有二:第一,说是《半生缘》的蓝本也好,前文本也罢,其写作时间(1951 年)更切合本文讨论的时间范围。第二,虽然众多评论者认为《半生缘》更符合张爱玲写作的苍凉美学原则,但是笔者认为,在《十八春》中,张爱玲把女性细节与国族认同之间的复杂关系表现得淋漓尽致。参见王怀昭,向天渊.暧昧的现代性——与汉学家周蕾商榷张爱玲《十八春》的阅读政治[J].外国语文,2014(1).

的自省与认识。然而,不管女性处于怎样的位置,在男性眼里,女性不过是取悦男性的低层次的物质和感官存在的本能需求的"一团肉"。而强奸,乃是男性控制女性的主要工具。于是,被奸污的永恒宿命与女性对自身的性别化困境的清醒认识形成极大的美学张力,其中蕴含了作家对女性生命困境的深刻揭露,继而,女性清醒地陷入悲凉命运的泥淖的无力感和苍凉感在文本中肆惮地弥漫开来。

曼桢与祝鸿才发生关系后,曼璐以为"她再狠也狠不过这个去",并向自己的丈夫保证,"哪天她养了孩子了,你放心,你赶她走她也不肯走了,她还得告你遗弃呢!"[①]然而,传统的贞洁话语在曼桢这里已经失效,被强暴的既定事实并不能阻碍她逃离曼璐和祝鸿才对她的囚禁,被迫怀孕也不能浇灭她企图重获人身自由的愿望。可是,曼桢的逃离并不彻底,男权菲勒斯中心文化所营构的贤淑良善的母亲的传统规约在她身上依然发挥着一定的作用,当她意识到自己是一个母亲,心中又因为放不下孩子而自愿与祝鸿才结婚,在发现祝鸿才有外遇后又下定决心与他离婚。曼桢的反抗—回归—逃离的复杂心理脉络,体现了40年代女性主体性立场的不坚定性以及女性意识的局限性。

祝鸿才对曼桢的强暴实则体现了男性对待女性的双重心理机制。一方面,他觊觎曼桢的年轻美貌,这乃是男性本能的生理欲望。另一方面,曼桢的女大学生的社会身份以及她对他的不以为然的态度促使祝鸿才滋生挫败感和无能感,当他的金钱只能辖制曼璐、庇护顾太太等人,却无法对曼桢产生作用时,男性天然的征服感驱使他想要控制曼桢。而凌辱女人的身体,显然是控制对方最好的工具。因为"强奸展现了阳物统治的现实"[②]。

张爱玲在小说文本中弃置了关于"被强暴的女人"的国族隐喻,抹除了失贞的女性身体身上所携带的不洁病毒,她在作品中有意淡化主流意识形态,把国族、战争等宏大叙事设置为故事发生的背景,而把女性从历史的边缘地带拉到文学言说的中心位置,展现她们拘囿于家庭中的女儿角色、妻子角色、母亲角色的多重挣扎,以及在半新半旧的现代社会中艰难生存、进退失据的内心隐痛,从而赋予女性相当程度的言说权利以及一定的女性主体性。可以说,张爱玲笔下所诠释的关于性暴力的行为,道出男女之间不平等的性别政治。

如果说《十八春》揭示了日常化的叙事情境中女性从属于男性的卑下社会身份,以及受过高等教育的女性摆脱不了被强暴的永恒宿命之残酷事实,那么《小艾》则更为尖锐地指出毫无生存资本,甚至没有人身自由的婢女被强暴之后该如何生存的问题。文本中女性底层人民的人物设置固然有着张爱玲跟随新中国文艺政策、顺应新的意识形态的诸多考虑,但是小说人物对国族认同的淡漠态度以及女性被奸污的故事本身所具有的骇人的阅读体验,使文本表现出更为复杂的意涵。

丫鬟小艾过着非人的生活。在席家,被打骂是家常便饭,五太太支使她,陶妈等年纪大的女佣也欺负她,她的人生被局限在太太的厢房、席家的厨房、佣人的睡房之间,过得无望而悲哀。她的劳动力被随意支配,她长大后发育良好的身体也不过是席景藩醉酒之后发泄情欲的工具,用完即被丢弃。

小艾被强暴后的意外怀孕,被姨太太故意踢了一脚导致的流产,因身体被损害而导致的

---

① 张爱玲.十八春[M].杭州:浙江文艺出版社,2003:190.

② 安东尼·吉登斯.亲密关系的变革:现代社会中的性、爱和爱欲[M].陈永国、汪民安,等,译.北京:社会科学文献出版社,2001:159.

长时间生病以及小产落下的病根,在日后都变成她心里不可言说的伤痛,并让她付出极为惨重的代价。尤其是在与金槐结婚之后,腰痛头晕更是常事。到后来,小艾的病竟发展为子宫炎,不但生育无望,而且还要开刀。为了补贴家用,小艾打毛绒线衫,却又旧病复发,血崩似的血流不止。疾病带来的疼痛生命经验和多年前身体被侵犯的屈辱体验相联结在一起,不断提醒着她当年强加给她的性暴力之污秽体验,此种体验犹如女性身上的一颗毒瘤,让女性原本极为艰难的生命存在变得更加迷惘和沉重。席家的崩裂,抗战的发生,新中国的建立等一系列美好的现代性景象,并不能让女性的生存困境有本质上的改变。对小艾来说,被席五老爷强暴的不堪的身体经验以及后来的被迫堕胎,直接损害了她的身体健康,并影响了她整个的生命。因此在小说结尾,当她想起自己这些年遭受的折磨,不由得愤怒道:"我真恨死了席家他们,我这病都是他们害我的,这些年了,我这条命还送在他们手里。"①

张爱玲在文本中力图抗衡民族国家话语、新的政治权威以及贞洁道德,她把这些意识形态抽象化,把女性的感觉、痛楚、欲望、企盼还给血肉之躯,从而赋予女性一定的主体性位置。

四、结语

从五四到1949年,中国现代女性作家书写了诸多被强暴的女性形象,她们在战争的宏大叙事话语和女性身体的个人疼痛生命体验中寻找写作的平衡点,在政治意识形态与作家的性别化立场中思考女性的位置和出路,在残酷社会现实与个人的私人话语中思考国族主义话语的合理性,从而表现出或纠缠,或共谋,或游离的写作形态。具体说来,20年代的女性作家并没有把"被强暴的女性身体"纳入文本中。而在30年代,萧红与丁玲更为激进地颠覆受辱女人的国族隐喻,在二人笔下,女性主义与国族主义呈现出既相互冲突又重叠同构的双向互动关系。随着抗战的白热化,40年代的白朗、草明、谢冰莹和孔厥、袁静等人,不同程度地把"被强暴的女性身体"铭刻为宣扬民族主义话语的中间介质。然而,她们的诸多努力并不是呈直线上升态势的,而是回旋、游移于民族主义话语之间。需要注意的是,《新儿女英雄传》中"被强暴的女性身体"的叙事符码与男性作家文本中的设置基本一致,从石评梅到袁静,一众女作家讲述的都是女农民、女工遭受性别迫害的可怖经历,其叙事话语难逃民族主义话语的纠缠,在不同程度上与之有着暗合的关系。这种情况反而衬托出张爱玲敏锐的洞察力:"被强暴的女性身体"并不是抗战叙事的特殊产物,在日常化的叙事语境中,"强暴"这种特殊的性别迫害依然延续着,无始无终。《十八春》和《小艾》一如既往地契合了张爱玲苍凉悲壮的美学原则,两篇小说都在不同程度上背离了国族主义话语,而着意表现小说人物关于日常生活细节的沉溺以及对自身疼痛生命体验的表述。于是,淹没在大时代中的渺小女性个人得以穿越国家民族宏大叙事话语的缝隙,发出真正属于自己的声音。

---

① 张爱玲.张爱玲典藏全集9——中短篇小说:1945年以后作品[M].哈尔滨:哈尔滨出版社,2003:216.

Violence Narration and Its Significance of Modern Chinese Female Writers

Wang Huaizhao

（Department of Chinese language and literature, Ximen University, Ximen, 361005）

Abstract： In modern Chinese literature, raped female body is a ambiguous narrative code. It is the field in which Chinese men contend with Japanese, and it comes down to unfair gender situation between male and female. If we tease out violence narration of Chinese female writers from the May Fourth Movement to the 1960s, investigate female psychological status and their destiny when suffered rape, and show multiple writing forms when female writers faced the discourse of nationalism, it may provide the reference for the reveal of the truth of gender politics in modern Chinese literature criticism.

Key words： body sacrifice; Nationalistic imagination; female subjectivity; violence narration

我国现行法定离婚理由研究*
——基于民事司法裁判案件统计分析

崔艳超**

内容摘要：法定离婚理由，既是当事人请求离婚的依据，又是法官裁定准予或不准予离婚的法定标准。我国婚姻法 2001 年修正案列举规定了五种法定离婚理由，作为认定感情确已破裂的法定情形，形成了现行例示主义的立法模式。自 2001 年以来，该例示主义的法定离婚理由已经实行了十几年，其在司法实践中的实施效果似乎并未符合立法初衷，轻率离婚现象依然很严重，法官裁定是否准予离婚仍缺乏统一标准，自由裁量权过大。本文通过对 458 个离婚诉讼案件的民事裁判文书中的相关事项统计分析，实证地探讨了现行法定离婚理由之合理与否，并根据法定离婚理由在适用过程中的问题提出完善建议：应当切实坚持无过错的法定离婚理由标准，同时增设对抗法定离婚理由的条款；建立分居制度，使法定离婚理由制度更加完善、合理；修正《婚姻法修正案》第三十二条内容，适当加入无过错的离婚理由，进一步细化现有规定，使法定离婚理由制度更好地满足司法裁判需要。

关键词：法定离婚理由；实证研究；裁判认定

家庭是社会最基础的组成单位，家庭的稳定不仅关系到个人的幸福，而且也影响着整个社会的稳定。自 2001 年《婚姻法修正案》生效以来，我国离婚人数逐年攀升，离婚率[①]从 2001 年的 1.96‰增长到 2014 年的 2.66‰，诉讼离婚数量总体呈上升趋势。该数据反映了婚姻观念的巨大变化，人们不满足于维持不幸的婚姻生活，追求个体自由的愿望越来越强烈。法定离婚理由是离婚案件的关键因素，对离婚率有重要影响，其遵循的判断标准，对社会婚姻家庭生活有重要的引导作用。离婚自由原则是世界离婚法发展的必然趋势，但过分推崇离婚自由又可能导致轻率离婚。因此，坚持恰当的法定离婚理由对个体和社会都有重要意义。

本文利用北大法宝和中国裁判文书网，调取法院裁判离婚诉讼案件的判决书、裁决书，通过归纳、分析离婚案件的基本情况、当事人诉求的离婚理由与法院裁判认定法定离婚理由的差异，了解我国法定离婚理由在诉讼离婚案件中的适用情况，总结目前我国法定离婚理由

---

* 本文是在作者被授予厦门大学法学硕士学位的学位论文基础上修改而成的。

** 崔艳超，女，厦门大学法学院研究生，山东(青岛)康元律师事务所实习律师，主要研究方向为家庭婚姻法。

① 按照国际惯例，离婚率是指某年离婚夫妻人数与当年本国或者本地区平均人口总数之比，用千分之几来表示。

适用过程中反映出的不足。通过比较研究,考察域外法中成熟的法定离婚理由制度,试图对我国立法的进一步修改提出建议,以期能够达到抛砖引玉的作用,促使法定离婚理由制度早日完善。

一、我国现行法定离婚理由的实证分析

(一)我国现行法定离婚理由的立法考量

1980 年《婚姻法》将"感情确已破裂"作为裁判诉讼离婚案件的法律依据,结束了学术界、司法实践中多年来"感情破裂论"与"正当理由论"的争论。我国法定离婚理由立法采取的是概括式的立法模式,这标志着我国《婚姻法》保障离婚自由,充分尊重人权。法律鼓励和保护婚姻当事人摆脱不幸的婚姻,"如果只有以爱情为基础的婚姻才是合乎道德的,那么也只有继续保持爱情的婚姻才合乎道德。不过,个体对性爱的持久性因人而异,尤其在男子之间差别很大,如果感情确实已经消失或者已经被新的热烈的爱情所代替,那就会使离婚无论对于双方或对于社会都成为幸事。使人们免于陷入离婚诉讼的泥污中"①。这种概括式的立法模式一度为我国推崇,结束了很多不幸的婚姻,使人们摆脱了传统婚姻家庭的思想束缚,促进了自由的解放。但也产生了很多社会问题。人们过于追求个人的感受,忽略了家庭责任,使婚姻关系极其脆弱,家庭中的弱势群体权益在极度推崇以感情为基础维系婚姻的前提下备受侵害。

1. 现行法定离婚理由的立法主义选择

我国法定离婚理由制度,经历了一个循序渐进的演变过程。1980 年首次将"感情破裂"的标准纳入婚姻法,明确了我国总体上采取无过错的价值判断标准,以感情基础作为评价婚姻是否能够维系的标准,保障了离婚自由。1989 年最高人民法院出台《关于人民法院审理离婚案件如何认定夫妻感情已破裂的若干具体意见》司法解释,详细列举了 14 种构成感情破裂的情形,极大地增强了其适用性和可操作性,使司法裁判依据更加具体。2001 年《婚姻法修正案》第三十二条列举了具体法定离婚理由,作为法官裁判离婚案件的法定依据。第二款采取概括式阐明"感情确已破裂"是法院准许离婚的法定依据,第三款则列举具体的感情确已破裂的情形,目的是为了让司法裁判更好地适用,更加具体地认定何种情形构成感情确已破裂,该种立法形式属于例示主义的立法模式。这种立法模式一方面限制了离婚自由,另一方面尽量为法官裁判案件提供指导,尽量缩小法官自由裁量的余地。对于此种例示主义的立法模式,学界观点不一。

大多数学者赞同目前的例示主义模式,既有一个概括性的标准,又详细列出几种主要的构成感情确已破裂的法定情形,属于混合式的立法模式。对复杂的离婚现象进行抽象概括,以简洁的法律语言将夫妻感情无法挽回破裂且夫妻关系无法继续维系作为唯一的法定离婚理由,无论引起离婚的具体原因为何,只要导致感情破裂,即可准予离婚。概括式的立法表

---

① 恩格斯.家庭、私有制和国家的起源[M].北京:人民出版社,2003:80.

述可以有效克服列举式的不足,兼顾婚姻关系解体的各种复杂现象,其灵活性和抽象性使离婚的一切原因都囊括其中。但这种概括式的表述给予了法官极大的自由裁量权,可能因为法官个人业务素质、价值取向的差异而造成司法不公正。为了克服这一弊端,列举几种典型的法定离婚理由作为认定"感情确已破裂"的情形,使法官在裁判离婚案件时有据可循,尽量避免裁判标准的多样化。从我国《婚姻法修正案》第三十二条第三款的立法体例分析,列举的前四项情形应具有常见性、多发性的特点,第五项的"其他导致夫妻感情确已破裂的情形"属于兜底条款,以免遗漏。前四项属于明确例示,第五项属于抽象例示,因而第三款的例示属于明确例示与抽象例示相结合。① 在司法实践中,只要符合列举的五种具体情形,即可认定夫妻感情已经破裂,但也不能一刀切,应当视具体情况区别对待,从具体的婚姻实际情况出发,结合具体的家庭关系状况等因素,正确把握和判断。

例示主义立法模式因其可操作性强等优点为大多数国家所采纳,例如美国、德国、法国等。但也有些学者提出质疑,认为例示主义并未使认定"感情确已破裂"更加科学、合理,这些列举情形的举证较为困难,立法设想的频发情形在司法裁判中的引用率并不高。因此有学者主张我国应该回归到 1980 年《婚姻法》,采取概括式的立法模式,因为任何导致感情破裂的情形都是特殊的,无法用法条明确规定。从司法实践来看,例示主义对法官裁判的指导作用没那么大,存在抽象的离婚标准与具体的例示自相矛盾等缺陷。从立法经济学的角度考察,没有必要为少量案件在立法上大费周章,做出一些适用较少的特殊规定。最恰当的方式是摒弃例示主义立法模式,回归"夫妻感情确已破裂"的概括主义立法模式。这既符合世界离婚法发展的潮流,也符合我国的实际情况。②

立法的宗旨均是既保障离婚自由,又不使离婚权利过于扩大化而致轻率离婚,无论实行例示主义还是概括主义,概莫能外。目前,应当对我国《婚姻法修正案》规定的法定离婚理由的立法技术及具体内容进行修正,即在例示主义模式上结合司法实践情况对现有条款进行适当的调整完善,增加弹性条款,同时完善相应的配套补救措施,这也是适应我国目前法治环境下更好的选择。概括主义模式虽然避免了列举情形与现代社会中复杂多变的离婚理由相矛盾的弊端,但它给予法官过大的自由裁量权,同时也加大了法官对"感情确已破裂"进行判定的难度,容易造成司法不公的现象。基于目前我国审判力量相对不足、审判人员素质有待提高的现状,例示主义模式仍是最优的选择。无论是概括主义模式或例示主义模式,法定离婚理由均是婚姻当事人在婚姻即将解体时的救济手段,其目的是保障当事人的离婚自由,同时又不至出现婚姻关系任意解体的现象。因此,当前的例示主义模式可以在修补的基础上,继续为维护婚姻当事人的离婚自由服务。

2. 现行法定离婚理由的判断标准

法定离婚理由是整个婚姻法的核心,每一次婚姻法的修改都是围绕法定离婚理由的修正和完善展开的,而法定离婚理由的修改必将体现一定的价值判断。

(1)无过错标准的世界发展趋势。20 世纪 60 年代末,自美国的离婚革命开始,以无过错离婚主义取代了过错离婚主义,将"婚姻无可挽回的破裂"作为离婚的唯一理由。在裁判

---

① 王礼仁.婚姻诉讼前沿理论与审判实务[M].北京:人民法院出版社,2009:247.
② 王礼仁.婚姻诉讼前沿理论与审判实务[M].北京:人民法院出版社,2009:464.

法定离婚理由方面真正实现了离婚自由主义的理念。① 持自由主义观点者认为,在离婚诉讼中,无论夫妻一方(不区分有过错方或无过错方),都可以依照法定程序向法院起诉离婚。无过错离婚主义,在离婚时当事人不需要提供具体的离婚理由,这就减轻了当事人的举证责任,同时也减少了当事人作伪证,或双方联手共同欺骗法庭的情形。到 20 世纪末,随着国际人权运动的推动,世界上多数国家均采纳了无过错的立法标准,同时结合破裂主义的原则,最大限度地保障离婚自由权利,成为世界离婚法发展的共同趋势。但也有学者通过研究表明,采纳无过错的离婚标准导致了离婚变得更容易、离婚率上升。如果法律的变化导致离婚数量增加了 10%,那么,这种法律就应该进行变更。②

无过错主义又分为绝对无过错和相对无过错。所谓绝对无过错是只要婚姻当事人举证证明符合法定离婚标准,法官不享有自由裁量,必须判决离婚。而相对无过错是指婚姻状况虽被确认具备法定离婚理由,但是否准予离婚,还需考虑婚姻基础等其他情况具体把握,法官享有一定限度的裁量权。目前采取相对主义的国家有法国、日本、英国、德国等。③

法国兼采破裂主义与过错主义结合的模式。《法国民法典》规定了三种不同情形:夫妻双方相互同意离婚;共同生活破裂;因有过错,应当注意到的是,法国法定离婚理由中的过错并不像早期的过错主义一样有那么浓重的道德色彩,或者说并不只关注于夫妻之间是否忠贞。此过错主要是指过错方的行为是否已经反复或严重地违反婚姻权利与义务,致使夫妻共同生活不能忍受。日本民法同样兼采破裂主义和过错主义。从兼采破裂主义和过错主义的立法例来看,立法的方式并不统一,例如法国法采取的是概括立法模式,而日本法则采取例示性立法模式。对于具体如何认定婚姻确已破裂,以及将何种情形归为一方配偶的过错,由于各国文化和观念不同也不一样。④

(2)我国《婚姻法》中无过错立法原则的发展历程。我国法定离婚理由的发展经历了从不能继续维持夫妻关系到感情确已破裂,再到夫妻感情确已破裂与具体事由相结合的过程。"正当理由论"与"感情破裂论"之争在婚姻法学界维持了相当长一段时间。直到 1980 年《婚姻法》规定:"夫妻感情确已破裂,经调解无效,应准予离婚",采纳了"感情破裂论",同时彻底否定了理由论。我国开始采取无过错的立法模式,后根据司法实践逐步完善立法标准,同时也在保障离婚自由与反对轻率离婚之间逐步调和。但我国一直以来并未实行彻底的无过错立法标准,而是采取破裂主义与过错主义相结合的立法标准。2001 年《婚姻法修正案》在抽象层面上继承了 1980 年婚姻法标准,采取无过错模式,但在判决离婚标准的具体认定和把握上做了明示列举,在法律规范上做出了极大突破。《婚姻法修正案》第三十二条第三款列出四项常见情形作为法定离婚理由,对法官裁判案件做出指导,目的是增强适用性和可操作性。

从立法技术层面分析,2001 年《婚姻法修正案》第三十二条第三款规定的属于从彻底的破裂主义向兼采破裂主义与过错主义相结合的立法倾向。彻底的破裂主义支持者认为第三

①　马忆南.婚姻法 32 条实证研究[J].金陵法律评论,2006(1):23-27.

②　安东尼・W.丹尼斯,罗森・罗伯特.结婚与离婚的法经济学分析[M].王世贤,译.法律出版社,2005:246-247.

③　王礼仁.婚姻诉讼前沿理论与审判实务[M].北京:人民法院出版社,2009:243-244.

④　罗玲,马忆南.裁判离婚理由立法研究[J].法学论坛,2014(4):34-44.

十二条第三款属于绝对的离婚理由,只要出现这五种情形,法官丧失自由裁量权,应当准予离婚,但这似乎引起了司法实践中的分歧。有的法官认为在离婚案件中认定夫妻感情是否破裂时,即使出现了这五种情形,也应结合具体的情形考察夫妻感情基础等其他因素,这似乎又背离了《婚姻法修正案》第三十二条第三款"有下列情形之一,应当准予离婚"的规定。有些学者认为我国现行婚姻法采纳的法定离婚理由是过错主义与无过错主义相结合的产物,而不是纯粹无过错的离婚立法。[①] "感情确已破裂"是法定离婚理由,而具体如何认定"感情确已破裂"则需结合五种法定情形,这五种法定情形具有的共同特点是过错性明显,如"重婚或有配偶者与他人同居;有赌博、吸毒等恶习屡教不改;实施家庭暴力或虐待、遗弃家庭成员",但这些过错情形并不必然导致准予离婚,还应综合婚姻基础等因素综合分析夫妻感情是否破裂,不能凭主观臆断,也不能先入为主,而应根据客观实际,在调查了解夫妻关系的基础上进行判断。[②] 正如马克思所说:"死亡这一事实的确定取决于事物的客观真实,而不取决于当事人的愿望。既然在肉体死亡的时候要求确凿的、无可反驳的证据,那么,立法者只有根据最不可怀疑的正像才能确定伦理的死亡"。[③]

采取"破裂主义"的立法标准是顺应国际离婚法发展趋势的。兼采破裂主义和过错主义的立法模式给诉讼离婚的婚姻当事人提供了多样化的救济途径,当夫妻一方出现法定过错,无须经过漫长的分居或考虑期就可以获得判决。法官获得了更大的裁量权,同时可以根据具体的婚姻状态来判断婚姻的一方当事人是否存在过错继而判断是否应当准许离婚,而不仅仅是根据分居时间的长短机械地断定夫妻感情是否已经破裂,但判断"感情确已破裂"的标准绝不仅限于一方存在过错,无过错的理由才是未来离婚法发展的趋势,但这种无过错的立法标准改革不能太快,应当与人类婚姻家庭关系的发展相适应,避免因改革步伐太快造成离婚率急剧上升,影响婚姻家庭的稳定。

(二)我国现行法定离婚理由司法裁判统计分析

当事人提出的离婚理由是否符合法定离婚理由是法官裁判准予离婚的依据,是每个诉讼离婚案件都必须援引的法律依据。2001 年《婚姻法修正案》第三十二条以"感情确已破裂"作为裁判准予离婚的法律标准,第三款列举五种认定感情确已破裂的情形,作为法官裁判的依据,目的是将抽象的离婚标准具体化,使其更容易把握,更具可操作性。但司法实践却未能达到预期效果,法官在认定"感情确已破裂"时仍然困难重重。笔者从北大法宝和中国裁判文书网搜集了 458 个离婚诉讼案件的民事判决书,分析其涉及的离婚理由。这些判决书的时间自 2001 年至 2015 年,主要涉及北京市、河北省、河南省、重庆市、福建省、吉林省、黑龙江省等九个省市;其中一审判决书 429 件,占判决书总数的 93.7%;终审判决书[④] 27 件,占判决书总数的 5.9%;再审判决书 2 件,占判决书总数的 0.44%。

1. 离婚案件的基本情况分析

在涉及的 458 件离婚案件中,女性作为原告起诉的案件有 333 件,占总数的 72.7%,而

---

① 蒋月.论我国现行法定离婚理由立法主义[J].东方法学,2009(4):17-28.

② 夏吟兰.离婚自由与限制论[M].北京:中国政法大学出版社,2007:164.

③ 马克思.马克思恩格斯全集:第一卷[M].北京:人民出版社,1995:184.

④ 这里的终审判决书与前项统计的一审判决书不重复,为其他离婚案件的终审判决。

男性起诉离婚的只有 125 件,占总案件数量的 27.3%。

表 1　离婚案件起诉方的性别分布

单位:件

性别	原告	百分比
男	125	27.3%
女	333	72.7%
总计	458	100%

从起诉主体的性别分布看,诉讼离婚案件原告以女性为主。女性更多因难以忍受现有的婚姻家庭生活而选择结束婚姻,这也和我们观念中女性处于婚姻生活中的弱势地位相吻合。

我国法院受理的离婚诉讼案件仍以初婚为主,再婚者提起的诉讼离婚案件所占比例小。

表 2　离婚案件中当事人的婚配状况

单位:件

	案件数量	占总案件的百分比
初婚	406	88.6%
再婚	52	11.4%
总计	458	100%

从诉讼离婚当事人的婚配状况分析,初婚者占大多数,接近九成,再婚者①只有 11.4%。

表 3　诉讼离婚当事人结识途径

单位:件

结识途径	案件数量	占总数量百分比
自己认识	234	51%
亲朋介绍	160	35%
婚介机构介绍	43	9.4%
包办婚姻	4	0.77%
其他	17	4.5%
总计	458	100%

---

① 再婚者分为一方再婚和双方均为再婚,本文将这两项均纳入再婚的数据进行统计。

表 4　离婚案件中当事人婚姻初期感情状况

单位:件

感情基础	案件数量	占总数量百分比
感情好	41	9％
感情尚可	286	62.5％
感情差	105	23％
其他	27	6％
总计	458	100％

　　综合表 3、表 4 的数据可知,自我结识和他人介绍仍是男女双方结识的主要途径,婚介机构介绍方式所占比例不小,也成为当下男女结识的重要途径之一。虽然离婚诉讼当事人中,通过自我结识的人数占一半以上,但是,在婚姻初期,大部分夫妻关系尚可,夫妻感情好的只占 9％,有些出乎一般人的预期。可见,至少在目前阶段,男女通过自我结识方式认识并不必然导致夫妻感情深厚,仍可能存在草率结婚现象,当事人彼此未能全面、深入了解,以致双方感情并不深厚,感情基础不牢靠,婚姻更容易破裂。数据中包办婚姻仅有 4 件,表明我国目前已经基本实现了结婚自由,封建包办婚姻状况基本消失。

表 5　离婚案件之婚姻存续年限分布情况

单位:件

存续期＼年份数量	2001—2005	2006—2010	2011—2015	总计	比例(％)
1 年以下	3	3	22	28	6.6
1～3 年	7	14	47	68	16.1
4～6 年	6	16	61	83	19.7
7～10 年	3	22	70	95	22.5
11～15 年	6	12	35	53	12.6
16～20 年	2	9	38	49	11.7
21～25 年	3	9	23	35	8.3
26～30 年	0	5	5	10	2.4
30 年以上	0	1	0	1	0.2
总计	30	91	301	422*	100

＊有些判决书中未能体现婚姻关系的存续年限,因此该数据与判决书的总数不相符。

　　从当事人婚姻存续期间分析,婚姻存续期在 1 年以下的离婚案件较少。离婚夫妻的婚姻存续期间主要维持在 1 到 20 年,占诉讼离婚案件的八成。其中第 4 到 10 年的婚姻最易解体,诉讼离婚案件达 42.2％,此后随着婚姻存续期间的增长而婚姻趋于稳定,婚姻解体率逐渐下降。婚姻存续期间在 25 年以上的婚姻相对稳定,婚姻的解体率较低。

表 5 中,诉讼离婚当事人的婚姻存续期间在 1 至 3 年的比例相对较高,达 16.1%,离婚夫妻的婚龄向更低方向延伸。显示出时下我国新婚夫妻婚姻关系较不稳定,年轻夫妇对婚姻的坚守程度越来越低,离婚变得更加随意,婚姻变得更加脆弱。

2. 以当事人诉求为标准之法定离婚理由分析

在离婚诉讼中,当事人诉求的离婚理由千差万别,这主要是由婚姻家庭生活的多样性、复杂性决定的。本文调取的判决书反映出当事人诉求的常见离婚理由有十几种,主要的离婚理由有缺了解草率结婚、性格不合、因家庭琐事发生矛盾、常年分居、外出打工,互相关心少、与亲属发生矛盾、下落不明、离家出走、经济纠纷等。当事人诉求的离婚理由反映了当前婚姻家庭生活中的主要矛盾。从总体上看,造成婚姻破裂的主要原因是夫妻双方不能及时、正确处理婚姻家庭生活中的矛盾,不能及时沟通、交流,以至于矛盾升级、恶化,最后走上离婚的道路。

表 6　当事人诉求的主要离婚理由分布(2001—2005 年)

单位:件

	案件数量	占总数量之百分比*
性格不合	8	22.9%
缺乏了解	9	27%
因琐事争吵	24	68.6%
赌博、酗酒	0	0.0%
与亲属之间的矛盾	1	2.9%
因外出打工两地分居	3	8.6%
与婚外异性通奸	4	11.4%
重婚	0	0.0%
有配偶者与他人同居	2	5.7%
感情不和分居满两年	15	42.9%
下落不明	8	22.9%
一方正在服刑	0	0.0%
经济纠纷	3	8.6%
家庭暴力	9	25.7%
其他	9	25.7%

* 表中的各部分数据由于各种具体离婚理由有重叠、不唯一,因此统计得到的总比重超过百分之百。

表 6 数据显示,自 2001—2005 年离婚当事人的离婚理由多种多样,既有夫妻一方存在过错的离婚理由,例如有配偶者与他人同居、家庭暴力,也有一方或双方当事人无过错的理由,例如性格不合、因琐事争吵、外出打工两地分居等。

当事人诉求离婚理由排在比例最高的前三位分别是:因家庭琐事争吵、感情不和分居满两年、彼此缺乏了解,所占比例分别为 68.6％、42.9％、27％。因家庭暴力导致离婚案件数量达 25.7％,也是导致离婚的重要原因之一。当事人起诉的离婚理由约有七成为无过错理由,法定离婚理由所占的比例很小。因感情不和分居满两年的情形占大概五分之二,一方下落不明①的比重达五分之一,其他原因超过四分之一。

表 7　当事人诉求的主要离婚理由分布(2006—2010 年)

单位:件

	案件数量	占总数量百分比*
性格不合	23	25.0％
缺乏了解	16	17.4％
因琐事争吵	49	53.3％
赌博、酗酒	4	4.3％
与亲属之间的矛盾	5	5.4％
因外出打工两地分居	17	18.5％
与婚外异性通奸	17	18.5％
重婚	0	0.0％
有配偶者与他人同居	5	5.4％
感情不和分居满两年	33	35.9％
下落不明	23	25％
一方正在服刑	0	0.0％
经济纠纷	12	13％
家庭暴力	17	18.5％
其他	20	21.7％

＊统计数据中各种离婚理由不唯一,因此得到的数据总和超过百分之百。

2006—2010 年期间,因感情不和分居满两年这项占较大比重,达 35.9％。因家庭琐事争吵、性格不合、缺乏了解等无过错理由占约九成,是当事人起诉离婚的主要理由。因经济纠纷提起离婚诉讼的比例达 13％,夫妻双方因工作原因两地分居提出离婚的比例升高,达 18.5％,与婚外异性通奸的比例升高,达 18.5％,因家庭暴力提出离婚的比例为 18.5％。由此可见,无过错理由仍然是当事人提出离婚的主要原因,因经济纠纷、夫妻双方工作原因两地分居也成为导致离婚的重要原因,同时与婚外异性通奸、家庭暴力等问题突出。

---

①　在统计过程中,将离家出走与下落不明的数据均归为下落不明。

表8　当事人诉求的主要离婚理由分布（2011—2014 年）

单位：件

	案件数量	占总数量百分比*
性格不合	150	45.3％
缺乏了解	112	33.8％
因琐事争吵	205	61.9％
赌博、酗酒	16	4.8％
与亲属之间的矛盾	20	6.1％
因外出打工两地分居	25	7.6％
与婚外异性通奸	31	9.4％
重婚	0	0
有配偶者与他人同居	11	3.3％
感情不和分居满两年	87	26.3％
下落不明	45	13.6％
一方正在服刑	10	3％
经济纠纷	20	6.1％
家庭暴力	72	21.8％
其他	156	47.1％

﹡统计数据中，各具体离婚理由不唯一，得到的总数据可能超过百分之百。

从当事人诉求的离婚理由看，2011—2015 年间比重排在前三位为因家庭琐事争吵、性格不合、其他原因。其中"其他原因"的比重攀升明显，达 47.1％，家庭暴力的比例依然较大。由此可见，近些年我国诉讼离婚案件中，当事人诉求离婚理由呈现更加多样化的特点，一方或双方不存在明显过错的理由占大部分。家庭暴力导致婚姻关系破裂的现象不容忽视。

综合统计数据分析，我国自 2001 年至 2015 年这 15 年来，诉讼离婚案件中当事人提出的离婚理由呈多样性、复杂性，无过错理由起诉离婚占据最高比例。而此前备受关注的一方过错离婚理由，如重婚、有配偶者与他人同居、虐待等并未占据太大比例。2001 年增加的"家庭暴力"作为法定离婚理由得到验证，比重总体呈上升趋势，成为导致诉讼离婚发生的重要原因之一。统计数据中外出务工人员主要分布在重庆、贵州、福建等地，与当地的经济社会发展情况密切相关。因外出务工两地分居，夫妻感情逐渐淡漠，也是导致离婚的重要原因。

3. 以当事人举证为标准之法定离婚理由分析

在纷繁复杂的离婚案件中，当事人提出的离婚理由千差万别，但最终被法院认定的却很少。大部分离婚案件当事人缺乏举证意识，也因为婚姻生活的私密性和隐蔽性，很难收集证据。在本文收集的离婚案件中，当事人能够举证证明主张的离婚理由成立的案件很少，大多数案件以无证据证明或证据不足被驳回。

（1）当事人举证证明法定离婚理由的基本情况。在 458 份离婚判决书中，有 394 个案件的当事人无举证证明[①]主张的离婚理由成立的，其比例超过 80%。仅有约 14% 的当事人对主张的离婚理由成立提供证据予以证明。如表 9 所示。可见，在诉讼离婚案件中，当事人举证意识很淡薄。

表 9　是否有举证情况分析[*]

单位：件

	案件数量	百分比
有关于离婚理由的举证	64	14%
无关于离婚理由的举证	394	86%

* 此处的举证指，当事人举证证明提出的离婚理由成立的相关证据，不包括举证证明夫妻间的财产状况方面的举证。

表 10　有举证案件的主要证据来源[*]情况分析

单位：件

	案件数量	百分比
医疗机构	11	17.2%
公安机关	7	12.2%
居委会、村委会	35	53.6%
知情人	14	21.9%
当事人	12	19.3%

* 当事人提出证据有一种或几种，因此根据证据来源统计的案件数量超过有举证的案件数量总数。

在统计的 64 件有举证证明主张离婚理由成立的案件中，证据主要来源于医疗机构、公安机关、居委会、村委会、知情人、当事人。其中有举证证明案件比例最大的是居委会、村委会出具的证明，比例达 53.6%，知情人出具证人证言占 21.9%，医疗机构出具的病历资料占 17.2%。当事人本人出具的证据比例为 19.3%。

综合本文离婚诉讼判决书的举证情况，当事人提出的大多数证据用以证明当事人下落不明，其中主要有居委会、村委会出具的证明，公安机关出具的公告。医疗机构出具的病历，用以证明存在家庭暴力或殴打配偶一方的主张。当事人提供的证据主要是夫妻双方诉前签订的离婚协议书，但由于各种原因未办理离婚手续，比例接近五分之一。有超过五分之一的当事人提供知情人的证人证言，但其证明力较弱。有约 12.2% 的当事人在婚姻家庭生活出现矛盾时选择报警，公安机关提供的报警回执也作为证据来源之一。

（2）法院认定当事人提出离婚理由的证据情况分析

---

① 统计过程中，当事人当庭陈述及提供结婚证统一被列入无举证范围。

表 11　法院对当事人提供证据

单位:件

	案件数量	所占百分比
采纳*	26	40.6%
未采纳	38	59.4%

＊由于每个案例的证据种类不唯一,证据被采纳与未被采纳的比例不等于有举证案件的总数。

表 12　被法院采纳的主要证据种类的认定情况

单位:件

	案件数量	百分比
居委会证明	18	72%
公安机关公告	4	16%
病历资料	2	8%
证人证言	0	0
承诺书、协议书	1	4%

在统计的有举证证明离婚理由的 64 个案件中,当事人提出的证据被法院采纳的有 26 件,未被采纳的证据比例达 60%。其中 26 件被采纳的证据有 22 件是居委会、村委会提供的证明或公安机关出具的公告,证明夫妻一方下落不明。其中医疗机构出具的病历等用以证明存在家庭暴力的证据大部分未被法院采纳。知情人出具的证人证言证明力较弱,几乎无一被法院采纳。由此可知,大部分诉讼离婚中当事人提出的离婚理由无有效的证据证明。

4. 以法院裁判认定为标准之法定离婚理由分析

离婚诉讼案件中当事人起诉的离婚理由纷繁复杂,但最终被法院采纳作为准予离婚依据的却很少。2001 年《婚姻法修正案》第三十二条第三款规定符合列举的五种离婚理由,经调解无效,应当准予离婚。第四款规定:"一方被宣告失踪,另一方提出离婚诉讼的,应准予离婚。"法官将第三十二条列举的理由作为认定夫妻感情是否确已破裂,是否准予离婚的法定标准。立法初衷是据此规范离婚案件中认定夫妻感情破裂的法定标准,使司法活动更加有据可循。但本文搜集的离婚案件反映出的统计数据并未达到立法预期的效果。

(1)诉讼离婚的审理概况

表 13　诉讼离婚的起诉次数分析

单位:件

	案件数量	百分比
初次起诉	307	67%
再次起诉*	151	33%

＊再次起诉不仅包括第二次起诉,也包括多次起诉。

表 14　诉讼离婚的审理结果*

单位:件

	案件数量	百分比
准予离婚	284	62%
不准予离婚	174	38%
总计	458	100%

＊本文在搜集离婚案件时,为了研究法院认定离婚理由的情况,大多数案件选取的是法院准予离婚的案件,因此本文中的准予离婚与驳回诉讼请求的数据不能作为考察离婚率的参考。

＊＊为统计方便,这里的不准予离婚包括驳回起诉和判决不准予离婚两种情形。

数据显示,在总样本 458 件判决书中,当事人初次起诉离婚的,有 307 件,比例达 67％;再次起诉离婚的判决书,有 151 件,超过三分之一。法院准予离婚的判决书有 284 件,占总数据的六成;不准予离婚的有 38％。综合表 13、表 14 可知,有相当一部分被判决准予离婚的案件属于再次起诉的案件。这也印证了我国司法实践中对当事人初次起诉请求离婚较为谨慎的做法,司法实践中对于初次起诉且无充足证据证明感情确已破裂的情况下,一般不准予离婚。当事人再次起诉,且态度非常坚决可以作为认定感情确已破裂的依据,法官在认定夫妻感情是否破裂时可以作为参考因素。

(2)诉讼离婚中法院认定的法定离婚理由

表 15　法院裁判认定的离婚理由

单位:件

	案件数量	百分比
重婚	0	0.0％
有配偶者与他人同居	5	1.8％
家庭暴力	4	1.4％
虐待遗弃家庭成员	1	0.4％
有赌博、吸毒等恶习屡教不改	5	1.8％
感情不和分居满两年	51	18％
下落不明	67	23.6％
一方被判刑	8	2.8％
因家庭琐事导致感情淡漠	21	7.4％
原告起诉,被告有条件的同意	22	7.7％
初次起诉被驳回后,持续分居	44	15.5％
外出打工,久未归家	7	2.5％
经济纠纷	7	2.5％
未建立起感情	12	4.2％
性格不合	5	1.8％
其他	151	53％

综合数据内容分析,法院裁判认定法定离婚理由与当事人起诉理由相差较大。当事人起诉时主张较多的性格不合、因家庭琐事争吵等理由,最终被法院认定感情确已破裂的比例仅占 9.2％,其他理由①所占的比重最大,达 53％。因感情不和分居满两年被法院认定感情确已破裂超过六分之一,因一方下落不明被法院认定感情确已破裂的占 23.6％。其中一方下落不明导致离婚是被法院引用率最高的情形。

在 458 件判决书中,列举的四种认定感情确已破裂的法定离婚理由最终在法院判决中

①　其他理由指,除《婚姻法修正案》第三十二条第三款详细列举的离婚理由外的所有理由。具体包含:性格不合、未建立起感情、因家庭琐事导致感情淡漠、经济纠纷、外出打工久未归家等理由。

的引用率极低,仅有23.4%。而其中因感情不和分居满两年的情形占18%,其他三种情形共计5.4%。有配偶者与他人同居的情形最终能够举证证明并被法院认定的情形很少,仅占1.8%。因家庭暴力导致提起离婚诉讼的案件逐年增多,但能够举证证明且被法院认定的比例较小。法院最终以虐待、遗弃家庭成员导致感情确已破裂为由判决离婚的仅有1件,比重很小。因赌博、吸毒等恶习屡教不改导致判决离婚的也只有5件,占1.8%。重婚的情形在搜集的判决书中未涉及。由此可见,我国《婚姻法修正案》列举的四种具体的法定离婚理由在司法实践中被引用的概率很小,有超过一半的离婚案件法官适用自由裁量权,以其他理由导致感情确已破裂为由最终判决准予离婚。

5. 诉讼离婚中的调解

《婚姻法修正案》第三十二条第二款规定:人民法院审理离婚案件,应当进行调解;如感情确已破裂,调解无效,应准予离婚。调解是离婚案件的必经程序,本文通过实证调查的方式考察我国诉讼离婚中调解制度的运行情况。

(1)诉讼离婚案件适用调解的基本情况

表16 2010—2012年重庆某区人民法院离婚案件的结案方式

单位:件

	案件数量	百分比
调解结案	213	59%
判决结案	147	41%
总计	360	100%

资料来源:陈苇,何文骏.我国离婚救济制度司法实践之实证调查研究——以重庆市某基层人民法院2010—2012年被抽样调查的离婚案件为对象[J].河北法学,2014(7):7.

经统计得出,被调查的离婚案件共有360件,通过调解方式结案的有213件,占总案件数量的59%,通过法院判决方式结案147件,占总案件数量的41%。由此可见,调解是法院处理离婚案件的重要方式,约占离婚案件数量的五分之三。

为了对诉讼离婚案件的调解情况进行更加深入的了解,本文采取了实证访谈的方式,选取了三个基层法院的法官作为访谈对象,受访者共计9人,其中男性5人,女性4人。年龄分布情况为,26~29岁3人,35~39岁3人,40~48岁3人。专业背景分布情况为,法学专业6人,非法学专业3人(3人均为转业军人)。

被访者中有2位法官表示,由于他们尚未结婚,不具备处理家庭纠纷的经验,对于复杂的婚姻纠纷很难着手调解,只能凭着法理尽量进行调解说服,但调解成功的概率较低。同时当事人看到年轻的法官组织调解,首先心理上也会产生不信任的情绪。

关于受访法官对调解价值的认知,其中设置了几个选项供选择:为当事人提供更多和解机会、减轻法院办案负担、保障顺利履行、节约诉讼成本、促进沟通以便低成本解决离婚纠纷。[①] 有4位受访者选择了参考项以外的"缓和矛盾",3位赞同"促进沟通",还有2位认同"为当事人节约时间"。由此可见,法官对调解应遵循的价值认知存在较大差异。

---

① 汤鸣.家事纠纷法院调解实证研究[J].当代法学,2016(1):142-143.

其中有 6 位被访法官提及调解缺乏法定程序,因个人工作方式或案件数量的不同而启动的时间不同。有些庭前调解是在尚未深入了解案情的情况下组织的调解,只能是流于形式,不能真正起到调解的效果。囿于调解并未与审判完全分离,法官面临花费大量时间组织的调解可能失败的风险,这样就可能导致案件无法按期审结。同时基层法院法官承办案件数量巨大、法院内部考核压力大,难以有时间和精力对离婚案件深入了解后再组织调解。因此,调解和好案件比例很小。

7 位受访法官表示,调解协议的效力比较弱。实践中存在法官花费大量时间和精力组织达成调解协议,但当事人回家后又反悔,拒绝签收调解书的情形。因此,法官不得不重新做出判决,浪费了大量的司法资源。

(2)诉讼离婚案件调解的效果

表 17   2009—2011 年甘肃省酒泉市某区人民法院诉讼离婚调解情况

单位:件

年份	离婚案	调和	调离	调解成功率
2009	265	20	150	64%
2010	302	25	180	68%
2011	329	27	212	73%

资料来源:张伟.家事纠纷解决机制的调查与研究[J].河南财经政法大学学报,2012(6):52-53.

表 17 共搜集甘肃省酒泉市某区人民法院 2009—2011 年间离婚调解案件 896 件。调解成功率虽有较小增高,但调解成功率①仍偏低,且调解和好的案件数量有限。其中搜集的 2009 年调解离婚案件共计 265 件,调解和好案件比例仅占 7.5%;2010 年调解离婚案件共计 302 件,调解和好比例为 8.3%;2011 年调解离婚案件 329 件,调解和好比例占 8.2%。由此可见,调解在诉讼离婚中尚未完全发挥作用,仍需进一步加强、完善。

二、我国现行法定离婚理由存在的问题

诉讼离婚的关键在于能否解除婚姻,而能否解除婚姻的重点在于是否符合法定裁判离婚标准。自 1980 年《婚姻法》颁行以来,我国采纳概括式的法定离婚标准模式,属于概括式立法。感情是否确已破裂作为衡量婚姻关系是否能够维系的标准,兼顾到离婚原因的复杂性、多样性,其灵活性、抽象性将导致离婚的一切具体原因概括其中,既体现了离婚自由原则,又遵循了世界离婚法的发展趋势。但这种概括式的立法模式过于抽象、笼统,司法实践难以把握。② 2001 年《婚姻法修正案》列举了五项具体的法定离婚理由,弥补了概括式的不足。但从本文搜集的 458 件离婚判决书的裁判统计结果考察,这些具体法定离婚理由的引

---

① 调解成功率指调解和好与调解离婚的案件数量总和占案件总数的比例。除调解成功的案件外,调解离婚案件可能通过判决、撤诉或驳回起诉结案。

② 曹诗权.裁判离婚标准的评价与选择[M]//李银河,马忆南.婚姻法修改论争.北京:光明日报出版社,1999:140.

用率并不高,未能充分发挥例示主义的优势,为裁判离婚案件提供有效的指导。因感情确已破裂的标准过于抽象、模糊,司法实践难以具体把握,造成了各地裁判结果的不统一。诉讼离婚中当事人举证证明提出的离婚理由成立的案件少,法院采纳法定离婚理由的标准不统一,也造成诉讼离婚司法实践的混乱局面。

(一)感情破裂作为法定离婚理由的立法标准存在问题

将感情确已破裂作为法定离婚理由立法标准的争论由来已久。早在 2001 年《婚姻法修正案》出台之前,学术界就展开了一场关于"感情破裂论"与"婚姻关系破裂"的大讨论。有学者主张我国目前尚不具备以爱情为基础的婚姻物质条件、文化条件,把感情规定为破裂的对象,是脱离中国社会关系现状的。[①] 但最终夫妻感情确已破裂被写入《婚姻法》,作为裁判婚姻是否准予解除的标准。从本文搜集的判决书内容看,当事人以感情破裂的名义起诉,但最终法院认定过程中感情确已破裂标准却难以衡量,实质上大多数案件以婚姻关系破裂作为准予离婚的标准。感情确已破裂作为裁判标准实质为彻底的无过错的标准,但从《婚姻法修正案》第三十二条第三款看,衡量感情确已破裂的标准大多为过错原因,如有配偶者与他人同居、虐待遗弃家庭成员、家庭暴力,似乎又与彻底的破裂离婚标准相矛盾。感情确已破裂的模糊标准带来了很多理论和实践的弊端。

1. 感情破裂作为法定离婚理由标准模糊

从生物学、心理学、文化和哲学角度看,婚姻不仅仅是契约。观察婚姻誓言,可见婚姻具有明显契约的本质。它是由两个符合法定条件的人自愿达成的协议,国家规定了大部分权利和义务,无需婚姻双方加以明示或暗示的。婚姻誓言承诺的不是爱情而是行为。[②] 婚姻应当以爱情或感情为基础,这是大多数人的共识。但婚姻不仅仅意味着对爱情的忠诚,更多的是对婚姻家庭的责任。感情确已破裂作为解除婚姻的法定标准不利于维护婚姻家庭生活的稳定。感情变化难以把握,属于意识形态的范畴,不应被列为法律的调整对象。本文搜集的 458 个司法裁判文书中,单纯以性格不合、感情淡漠起诉离婚有 39.5%,因家庭琐事引发的离婚诉讼达 60.1%,反映出有相当一部分夫妻因感情的波动起诉离婚,在婚姻中不能彼此尊重、互相体谅,不能容忍对方的某些缺点,由彼此的差异性引发矛盾,最终走向解除婚姻的地步。但这种以感情波动作为起诉离婚理由有很多弊端。

(1)感情具有抽象性、主观性。感情属主观的心理态度,是个人的内心感受,具有抽象性、模糊性的特点。感情不是维系婚姻的唯一因素,同样也不适宜作为裁判离婚的法定标准。感情作为主观的意识形态,极其抽象,难以捉摸。感情破裂只是引发离婚的主观因素,且是抽象性的因素,这种过于抽象、笼统的表述方式使法律的确定、可操作性价值难以体现。法律具体规定不明确,法律规范的导向性差,必然会导致高离婚率,基于对法律不同的理解

---

① 滕蔓.感情破裂原则的质疑[M]//李银河,马忆南.婚姻法修改论争.北京:光明日报出版社,1999:151.

② 安东尼·W.丹尼斯,罗森·罗伯特.结婚与离婚的法经济学分析[M].王世贤,译.法律出版社,2005:11-13.

反复争执、辩驳,破坏婚姻家庭的稳定。[①] 更何况,感情是难以言说的,有些人离婚分手时仍不能确定对另一方是否有感情,离婚后的夫妻有些仍然有感情。据上海民政局发布的数据,2014 年上海办理复婚登记 17286 对,2013 年办理 14730 对,上升了 17.35%,也创造了近年来新高。[②] 我国持续升高的复婚率也说明了离婚后仍可能感情尚未完全破裂。同时也印证了把感情作为法定离婚标准,容易导致婚姻状态不稳定。

(2)感情不能包含婚姻的全部内容。婚姻涵盖夫妻双方的物质生活、精神生活和性生活,感情只是精神生活中的一小部分,不能完全决定整个婚姻的存亡。婚姻是一种伦理实体,[③]它所包含的三部分内容构成了婚姻生活的总体面貌,用以维持人类自身生产的正常进行,维持实体夫妻生活,承担抚育后代的社会任务。除感情外其他客观原因也是导致婚姻关系解体的原因。本文搜集的判决书数据显示,一方下落不明导致离婚的占 23.6%,也存在确实因工作地点相隔甚远、家庭生活困难等客观原因,导致夫妻难以继续维持共同生活,最终婚姻关系破裂。理想的婚姻是以实现单纯的爱情为基础的,社会为夫妻双方提供了充足的物质和法律保障。但在现有的社会经济条件下,婚姻中的男女双方不仅以爱情为基础缔结婚姻,同时也不可避免地受到社会物质条件的制约,受到文化、道德等因素的影响,因此,仅仅以爱情为基础在当前是不现实的,公民个人的个体利益才是婚姻的基础。[④] 那么就不能简单地以"感情确已破裂"作为裁判离婚的标准。

(3)感情破裂标准随意性大,司法实践难以具体把握。作为本文研究样本的司法裁判文书数据显示,法院在认定感情确已破裂的过程中,"其他原因"导致感情确已破裂的比例为53%,这样就给法官自由心证留下了很大的空间。这种司法局面形成的首要原因是感情确已破裂的标准主观随意性太大。由于个人的价值观和文化背景的差异,导致每个人对感情破裂程度的认知和判断存在差异。夫妻感情本身具有极大的隐蔽性,不仅法官无法客观评判,有时甚至当事人自己也是难以把握。以感情破裂作为离婚法定标准,增加了诉讼离婚的随意性和盲目性。感情破裂原则只是一个模糊的标准,不但当事人难以举证证明,而且法官也难以识别和判断。[⑤] 法官在离婚案件中裁判是否准予离婚时随意性大,使各个地区出现裁判标准不统一、司法不公的混乱局面。

2. 无过错的感情破裂标准与具体规定相矛盾

我国现行离婚标准采例示主义的立法模式。2001 年《婚姻法修正案》详细列举五项应当准予离婚的情形,与感情确已破裂的标准共同构成了我国现行法定离婚理由的立法体系。以感情确已破裂作为衡量婚姻是否能够维系的标准,是坚持无过错离婚原则的表现。无论夫妻一方是否存在过错,只要感情确已破裂,经调解无效,法官应当判决离婚。从立法技术看,我国坚持彻底的破裂主义标准,即感情确已破裂是导致离婚的唯一法定离婚理由,这无

---

① 曹诗权.裁判离婚标准的价值与选择[M]//李银河,马忆南.婚姻法修改论争.北京:光明日报出版社,1999:139-140.

② 新闻晨报.上海复婚率连年上升,专家称买房离婚夫妇是主流[R/OL].[2015-12-11].http://news.sohu.com/20150319/n409989781.shtml.

③ 马克思,恩格斯.马克思恩格斯全集[M].北京:人民出版社,1995:183.

④ 王丽萍.婚姻家庭继承法学[M].北京:北京大学出版社,2010:105.

⑤ 蒋月.婚姻家庭法前沿导论[M].北京:科学出版社,2007:166-167.

疑是符合世界离婚法发展趋势。但这一标准扩大了法官的自由裁量权,在我国经济社会发展不发达的情况下,容易造成同一案件不同法院,甚至同一法院不同法官做出不同判决的不公平现象。

德国是世界上较早采破裂主义的国家。1938年婚姻法就采破裂主义,1946年西德离婚法承袭这种立法标准。但此时离婚法不允许婚姻破裂中有责配偶依据其过错提出离婚,因此称消极的破裂主义。1973年西德修正民法,规定"婚姻已生破绽"为唯一的离婚理由,但为防止"将婚姻是否破裂的结论仅取决于法官的主观判断",同时规定以一定时间的别居作为认定婚姻破裂的标志。另外,在采用了破裂主义的同时,各国大都采取了相应的抑制措施。[①] 而我国采纳的感情破裂标准却未能规定相应的抑制措施,导致有过错方向法院提出离婚请求,损害无过错方的合法权益。

我国《婚姻法修正案》第三十二条第三款规定五项法定情形作为法官裁判离婚案件的依据。从立法本意考察,五项具体规定作为指导法官认定感情是否破裂的标准,具有引导、示范作用。例示法定离婚理由的目的是将最典型、最具代表性的情形列举出来,使法官审理案件时有具体可循的标准,应当全面、客观地反映国人现阶段诉讼离婚的实际情况。而《婚姻法修正案》将一方重婚或与他人同居、一方实施家庭暴力或虐待遗弃家庭成员置于例示情形的重要位置,不仅与审判实践反映的离婚理由很不相符,[②]也说明在我国现阶段,"离婚仍然具有较强的道德批判功能"[③]。本文搜集的案例数据显示,由重婚或与他人同居引发的离婚案件仅占15.3%,由家庭暴力引发的离婚案件占总数量的7.6%,因虐待或遗弃家庭成员引发的离婚仅有1件。而一直占据离婚理由比例最高的性格不合却未能在立法上得到体现。目前这种立法排序未免有轻重失当之嫌,容易使法官在具体把握时陷入过错主义判断标准的桎梏。

458件司法判决书统计数据显示,除当事人提供证据证明存在《婚姻法修正案》第三十二条第三款前三项一方过错离婚理由的,法官批准初次起诉离婚的案例仅有157件,占全部离婚案件样本数的34.3%。这也印证了司法实践中有些法官对于无过错离婚理由考察不全面、未能给予无过错离婚理由以足够重视的现象。当事人初次起诉只审查是否存在法定过错情形,否则予以驳回诉讼请求。因此,这种轻重失当的立法倾向可能造成了司法实践与立法本意的背离,损害当事人的离婚自由权。

(二)离婚诉讼案件中当事人举证存在的问题

1. 有举证案件少

统计数据显示,当事人对自己提出的离婚理由有举证的,占总案件数的14%,而大部分案件当事人未提供证据证明离婚理由成立。这充分反映了在我国诉讼离婚案件中当事人收集证据意识薄弱。除一方被宣告失踪或夫妻一方有重大过失的案件,当事人有举证的案件很少。夫妻双方在婚姻关系尚未破裂前,很难要求一方有意识地收集或保留发生家庭纠纷的证据。

---

① 樊丽君.我国婚姻法离婚理由的立法完善[J].法律科学,1997(5):90-91.
② 薛宁兰.离婚法的诉讼实践及其评析[J].法学论坛,2014(4):16-17.
③ 马忆南.婚姻法第32条实证研究[J].金陵法律评论,2006(1):24-25.

2. 举证困难

婚姻生活的私密性决定了除了夫妻本人以外,其他人很难了解夫妻双方真实的情感生活。性格不合、彼此缺乏沟通等带主观感受的离婚理由本身也很难举证证明。近年来,因家庭暴力导致诉讼离婚的案件逐年增加,但由于家庭暴力发生的隐蔽性、突发性,导致证据收集困难。本文收集的案例统计数据显示,当事人提出证据类型多数为证人证言,占有举证案件数量21.9%,[①]而证人证言的证明力弱,并且证人也不愿出庭作证,因此证人证言基本不能被法院采纳。当事人提出存在家庭暴力情况,并能够举证证明的仅有20%。由此可见,诉讼离婚案件中,当事人举证证明起诉的离婚理由成立存在诸多困境。即使有举证案件,最终被法院采纳的比例只有40.6%,其中大部分是证明夫妻一方下落不明的证明材料或公告,其他来源证据的有效性很差。

3. 采纳证据的标准不统一

离婚理由的多样性及复杂性决定了法官在认定、采纳证据的过程中享有很大的自由裁量权。关于离婚理由证据认定国家并无统一标准,同时各地区法院甚至同一法院的不同法官存在个人素质及文化背景的差异,对同种证据采纳的标准不尽相同,因此造成了很多同案不同判的不公平现象。尤其是涉家庭暴力的离婚案件,同样为当事人提供的病历资料,但被法院采纳的情况却不相同,严重损害了当事人的离婚自由权。

(三)法院裁判认定离婚理由存在的问题

1. 缺乏统一标准、法院裁判随意性大

2001年《婚姻法修正案》颁行之前,我国离婚案件中认定是否准予离婚的标准为感情是否破裂,这是我国立法坚持无过错离婚原则的表现。但司法实践中却因缺乏统一的认定标准,导致法官裁判难以把握。2001年《婚姻法修正案》第三十二条第三款列举了五种认定感情确已破裂的离婚理由,期望能给法官认定是否准予离婚提供指导。但从本文统计数据显示,四种具体的法定情形被法官认定感情确已破裂的比例只有23.4%,其中18%是感情不和分居满两年的情形,初次起诉被驳回后,双方仍分居的情形占20.3%。在统计过程中发现,根据法官的经验及个人观念的不同,感情不和分居满两年及初次起诉被驳回后仍分居的情形被认定是否感情确已破裂时差异较大。一方面,这是我国法定离婚理由缺乏统一标准的表现;另一方面,我国司法实践中在认定感情是否确已破裂时,仍以一方存在过错为主要标准。

不同法官的认知和判断标准不统一,导致对离婚案件的认定结果不同。同时,法官在认定感情是否破裂的过程中,大部分适用的是"其他情形"。这无疑是违背立法初衷的,也未能给法官裁判提供有效的指导。即使认定存在法定情形,有些法官认为并不必然允许离婚,还应当综合考察婚姻基础、婚后感情、有无子女等因素。

法定离婚理由标准模糊,司法实践中因缺乏统一的裁判认定标准,法官的自由裁量权过大。由于各地区法官个人专业素质等因素的差异,容易造成离婚案件出现"同案不同判"的现象。法官依主观认识或先入为主的观念随意裁量、动辄驳回诉求,使处在不幸婚姻中的当

---

① 该数据包含本文中的居委会、村委会出具的证明和知情人出具的证言。

事人不能及时摆脱束缚,增加了当事人的诉累,提高增加了离婚难度。

2.《婚姻法修正案》第三十二条在适用中的缺陷

(1)《婚姻法修正案》第三十二条第三款中"其他情形"引用率过高。破裂主义作为法定离婚理由是现代离婚立法的发展趋势,但概括性表述使离婚理由过于抽象、笼统和一般化,法律标准成为一种模糊、伸缩的弹性原则,法律的确定、可操作性等价值难以体现。为克服这一弊端,2001 年《婚姻法修正案》修正案列举五种法定离婚理由作为认定感情确已破裂,准予离婚的法定依据。但本文统计数据显示,法官裁判认定感情是否破裂时,仅"其他情形"的引用率为 53%,四种具体的法定离婚理由引用率只有 23.4%。统计数据过程中发现,因初次起诉被驳回后仍分居的被认定构成感情确已破裂的比例为 20.3%,因家庭琐事产生纠纷导致感情淡漠的占 7.4%,草率结婚而未建立起真正感情的占 4.2%,因经济纠纷认定感情确已破裂的为 2.5%。这些非法定过错理由在法官裁判案件中占据了相当大的比例,而法官援引法律时只能将其归为"其他情形"。这就造成多数离婚案件法官在认定感情是否确已破裂时仍缺乏直接的参照标准,需法官根据自由心证进行裁判认定,在较大范围内行使法官自由裁量权。纵然法官享有自由裁量权并非直接导致案件的不公正审理,但在目前我国法治文化发展不是很健全,基层法院的法官素质水平参差不齐的情况下,这无疑会出现更多同案不同判的不公平现象,使当事人的离婚自由权利受到侵害。

(2)初次起诉,无过错离婚理由适用困难。统计数据显示,当事人起诉离婚的理由较多是非一方存在明显过错等因素,如以性格不合为由起诉的占 39.5%,因彼此婚前缺乏了解起诉离婚的为 29.9%,因家庭琐事争吵致使夫妻感情破裂起诉离婚的比例为 60.7%。当事人初次起诉多以一方或双方无明显过错为由起诉离婚。但这些无过错理由在初次起诉中被法官认定构成感情确已破裂的仅有 13.4%。根据司法实践经验,对于一方无明显过错的情形,法官往往怀着谨慎判离的心态。中国俗语言:宁拆一座庙,不破一桩婚。有些法官承办的案件众多,为了一时缓解办案压力,对于初次起诉且一方无明显过错的情形,法官在享有自由裁量权范围内通常予以驳回起诉,无需具体审查是否构成感情确已破裂。《婚姻法修正案》对于无过错离婚理由并未具体明确规定,应当准予离婚,这就造成了司法实践中法官对于此种情形不予以考察的现象,使那些身陷痛苦婚姻生活中的当事人不能及时摆脱,损害了当事人了离婚自由权。

3. 调解制度不健全

《婚姻法修正案》第三十二条第二款规定对于诉讼离婚案件应当进行调解。调解是离婚案件的必经程序,尽可能在离婚案件判决之前化解夫妻矛盾,挽救有裂痕的婚姻,形成与法定离婚理由相互配合的完善的离婚程序。但目前我国离婚案件调解制度未能充分发挥化解夫妻矛盾的作用,反而引起律师和当事人的不满。离婚案件庭前调解流于形式,法官在未就离婚案件的婚姻状况全面了解的情况下组织的调解,只能是按照法定程序走过场,不能真正起到化解婚姻家庭纠纷的目的。我国目前离婚案件的调解制度问题颇多,尚不能有效地实施。

(1)调解主体缺乏专业性。离婚代表夫妻之间身份关系的结束,身份关系纠纷的审理不应适用审理财产类案件的思维断然做出决定,而应致力于改善和调整未来的关系。① 身份关系的非财产性、面向未来的特征对此类纠纷的解决提出了特殊要求,其中不仅仅涉及法律问题,也包括心理学和社会学等方面的问题。② 离婚案件中的调解主体通常为承办案件的法官,而法官虽掌握一定法律知识,却不一定擅长心理学方面的知识,不一定善于调解人际关系。在调解过程中对当事人进行心理疏导和引导双方相互沟通是最重要的部分,也是调解成功的关键。因而大多数情况下法官的调解都是凭借自己的人生经验对当事人进行思想教育来解决离婚纠纷,否则调解难以取得预期的效果。同时承办法官有些很年轻甚至尚未组建家庭,对于复杂的家庭生活纠纷没有切身感受和经验,不能真正化解离婚纠纷,使调解工作流于形式。

(2)缺乏离婚调解程序和时间限制。《婚姻法修正案》仅规定对离婚案件应当进行调解,但法律未规定明确的调解程序。调解因缺乏明确的程序而造成了很多混乱的景象。因缺乏明确程序,出现多次调解、反复调解的现象,浪费了司法资源,影响了司法的权威性。同时调解未能与审判充分分离,法官兼任调解员,在判决之前形成了先入为主的判断,容易影响公正地做出司法裁判。

对于调解期限婚姻法未做出明确限制。我国《民事诉讼法》第九十九条规定:对于未达成调解协议或者调解书送达前一方反悔的,人民法院应当及时判决。由于诉讼离婚缺乏明确的调解程序,只能适用民事诉讼法关于调解的相关规定。法律规定调解不成应当及时判决,但没有规定具体期限。尽管司法实践中,拥有丰富职业经验的法官可能对调解程序运用自如,但未见婚姻法或最高人民法院提出相关司法解释对调解程序和时间进行规范。可以说,司法调解完全由法官自由把握,容易受法官工作态度、审判时限等因素影响,使调解工作流于形式,难以达到化解离婚纠纷的立法预期效果。③

(3)缺乏有效的调查机制。我国目前尚未全面建立起家事审判法庭,进而导致离婚案件没有良好的调查机制,仅按照婚姻法的规定应当对离婚案件进行调解,但囿于法官数量有限,承办案件数量逐年上升,法官很难有精力对离婚夫妻的婚姻状况做全面调查、了解,对夫妻关系状况未深入了解之前组织的调解很难达到预期效果。近年来,诉讼离婚案件中出现较多的家庭暴力事件,当事人难以靠一己之力收集证据,大多因证据不足得不到支持。在此类案件中适用"谁主张,谁举证"的证明规则似有不尽合理之处。法院依职权调查能够更及时了解案情,使家庭暴力的受害方早日摆脱不幸婚姻。

(4)调解结果的法律效力有限。我国《民事诉讼法意见》第九十五条规定:当事人一方拒绝签收调解书的,调解书不发生法律效力,人民法院要及时通知对方当事人。司法实践中法官建议加强调解结果效力的呼声逐渐升高。随着离婚案件数量的逐年增加,法官花费大量的人力、物力促成调解,且夫妻双方已经签订调解协议,但当事人可能因各种原因反悔,使法官之前做的调解工作付诸东流,这是对司法资源的极大浪费,同时也有损司法的严肃性、权威性。调解协议系双方真实意思表示,对双方都有约束力,理应不得随意变更或者解除。经司法调解达成的协议效力十分有限。最高人民法院《关于审理涉及人民调解协议的民事案

① 我妻荣·有泉亨.日本民法:亲属法[M].夏玉芝,译.北京:工商出版社,1996:17-18.
② 冉启玉.人文主义视阈下的离婚法律制度研究[M].北京:群众出版社,2011:223-224.
③ 蒋月.构建婚姻家庭诉讼司法调解制度[J].甘肃社会科学,2008(1):38.

件的若干规定》第 1 条规定:"经人民调解委员会调解达成的,有民事权利义务内容,并由双方当事人签字或者盖章的调解协议,具有民事合同性质。"从法律位阶分析,司法调解的效力应高于民间调解。然而,从我国司法调解效力有限的现状分析,在某种程度上司法调解的效力几乎低于民间调解,有必要给予改变。[①] 调解结果的效力有限导致调解在诉讼离婚程序中不能充分发挥缓冲离婚的作用,使诉讼离婚案件只能通过强制性的判决来处理。

三、我国现行法定离婚理由的完善

我国处在社会主义的初级阶段,社会保障制度尚不健全,家庭依然是赡养老人、抚育后代的主要机制。离婚无疑会对未成年子女及经济弱势方造成巨大冲击。完善的离婚制度将尽量减少离婚现象的出现,维护家庭的稳定、促进社会的和谐发展。法定离婚理由的完善是整个离婚法的关键,是保障离婚自由与限制离婚的平衡点,直接影响我国离婚率的高低。2001 年修改《婚姻法》之来,我国法定离婚理由制度有所健全、完善,但是,实证研究得出的数据显示,我国仍存在轻率离婚、法官自由裁量权过大、裁判标准不统一等问题。目前法定离婚理由立法标准模糊、司法认定困难等问题日益突出,"感情确已破裂"的离婚标准备受争议,《婚姻法修正案》第三十二条第三款列举的认定感情确已破裂的法定理由也有不尽合理之处,离婚案件中当事人举证存在离婚理由较困难。这就需要尽量完善法定离婚理由制度,使其能够在保障离婚自由与反对轻率离婚之间寻找到平衡点。

(一)法定离婚理由的立法的完善

1. 将"感情确已破裂"标准修改为"婚姻关系确已破裂"

(1)基于婚姻的目的之观察。婚姻是男女双方以夫妻身份共同生活的两性结合。西方国家也普遍认为婚姻是永久的承诺,是相互扶持、性上排他的一种关系。感情是婚姻的基础,但并不是决定婚姻存续的唯一因素。感情是婚姻的自然属性,人们基于相互爱慕走入婚姻,感情是维系婚姻的关键因素,婚姻依赖感情发挥职能。但婚姻的决定因素是其社会属性,即以维持夫妻关系、共同生活为目的。结婚形成夫妻身份关系,当事人共同生活。法律规范的是当事人的行为,而对于当事人缔结婚姻的目的并不多加干预。"婚姻关系"准确地反映了离婚争议当事人的身份。婚姻关系是解除抑或是维持,是诉讼离婚中需要解决的核心问题。[②] 婚姻破裂不仅仅有感情原因,也有其他因素,如一方有严重疾病久治不愈,经济纠纷,家庭纠纷,一方有赌博吸毒等恶习屡教不改,一方虐待遗弃对方。[③] 破裂的实体以婚姻代替感情,揭示了离婚的实质,克服了以感情决定婚姻的局限性。以"婚姻关系确已破裂"代替"感情确已破裂"克服了把作为精神生活的感情同其他婚姻职能分割的缺陷,强调婚姻

---

①　蒋月.构建婚姻家庭诉讼司法调解制度[J].甘肃社会科学,2008(1):39.

②　蒋月.改革开放三十年中国离婚法研究回顾与展望[M]//陈苇.家事法研究.北京:群众出版社,2008:203-204.

③　邓宏碧."婚姻关系破裂"作为准予离婚的法定条件[M]//李银河,马忆南.婚姻法修改论争.北京:光明日报出版社,1999:147-148.

中包含伦理性,体现婚姻的本质目的。世界上采取破裂主义的国家,大都采取"婚姻无可挽回破裂"的标准,如英国、澳大利亚、德国等,[①]均强调关系破裂是婚姻解体的标志,当夫妻关系破裂,无法共同生活时,婚姻目的不能实现,婚姻宣告结束。

(2)从婚姻法列举的法定离婚理由观察。《婚姻法修正案》第三十二条列举的五种具体法定离婚理由,分别为重婚、有配偶者与他人同居;实施家庭暴力或虐待遗弃家庭成员;有赌博吸毒等恶习屡教不改的;因感情不和分居满两年的,导致感情确已破裂的其他原因。这五种情形从本质观察无一不是导致夫妻关系确已破裂,双方共同生活难以维系。婚姻关系破裂可以通过夫妻双方的相处情况判断,但感情是否破裂却无法准确得知,实践中也难以把握。如有配偶者与他人同居并不必然导致感情破裂,有赌博吸毒等恶习屡教不改的也存在感情并未完全破裂的情形。本文搜集的案例统计数据显示,法官认定存在《婚姻法修正案》第三十二条第三款前三项离婚理由的比例仅占5.4%。因此,将婚姻关系确已破裂代替感情确已破裂作为法定离婚标准是司法实践的需要。

笔者认为,用"婚姻关系确已破裂"代替"感情确已破裂"符合婚姻本质。通过婚姻基础、婚后感情、夫妻关系的现状、有无和好可能等因素综合把握,判断夫妻关系是否确已破裂,是否能够继续维持共同生活,最终做出是否准予离婚的裁判。我国目前婚姻法规定的五种离婚理由从本质看属于认定婚姻关系是否破裂的依据,无法准确得出感情是否破裂的结论,因而采取"婚姻关系确已破裂"标准是更科学、合理的,也更具司法实践意义。

2. 坚持无过错的立法原则

在现代社会,随着对人权的尊重,为满足维护当事人和社会根本利益的需要,绝大多数国家采纳自由主义的离婚标准,即自由离婚主义代表着现代离婚法的发展方向。[②] 多数国家离婚法都采取了无责主义即破裂主义。但基于个人利益与社会利益的平衡,许多国家坚持相对自由离婚主义,即在保障离婚自由的同时,对当事人的离婚权利做出一定的限制。例如,意大利、法国、奥地利、西班牙等。[③]

我国采取破裂主义的立法标准,是坚持无过错立法原则的体现。从"感情确已破裂,应当准予离婚"的立法表述分析,我国采取彻底的破裂主义。只要证明感情确已破裂,就应当准予离婚。但《婚姻法修正案》第三十二条第三款列举的五种法定离婚理由中的三项均为一方过错形式,且置于法定离婚理由的重要地位,难免会让人陷入过错主义的束缚。

我国采取破裂主义的立法标准是坚持无过错立法原则的表现,保障离婚自由也是符合世界离婚法发展潮流的。笔者认为,我国应当继续坚持无过错的离婚标准,但囿于我国目前经济社会发展的现状,也为了平衡个人利益与社会利益的关系,在继续保留几种过错离婚理由的同时适当调整法定离婚理由的具体情形。同时根据司法实践的统计数据结果,将造成婚姻关系确已破裂的无过错原因纳入法定离婚理由,例如在离婚案件中高发的因性格不合导致婚姻关系无法维系、因家庭纠纷导致夫妻关系破裂等原因。这样既可以坚持无过错离婚标准的总原则,又能兼顾到我国目前的经济社会现状,避免造成离婚过于自由,引发高离婚率的社会现象。

---

① 陈苇.外国婚姻家庭法比较研究[M].北京:群众出版社,2006:439-443.
② 陈苇.中国婚姻家庭法立法研究[M].北京:群众出版社,2010:347.
③ 陈苇主编.外国婚姻家庭法比较研究[M].北京:群众出版社,2006:447.

3. 建立别居制度

别居制度又称分居制度,是分食分床制,虽不解除婚姻关系,但依法解除夫妻的同居义务的制度。别居制度源于宗教教规,是禁止离婚的产物。① 别居制度是夫妻双方在婚姻关系出现矛盾时,经过冷静思考其婚姻是否破裂、是否能够继续维持共同生活的"缓冲地带",是与离婚制度并存的调整离婚纠纷的法律手段。世界上许多国家根据本国的社会现实、法治现状制定符合本国国情的别居制度,与离婚法共同调整婚姻家庭关系。

随着我国社会经济的发展,婚姻家庭生活越来越复杂。我国目前法定离婚理由中虽有因感情不和分居满两年应当准予离婚的规定,但因缺乏完整的制度已经不能完全适应复杂的夫妻关系现状。根据本文统计的离婚案件判决书显示,因感情不和分居满两年被法院认定构成感情确已破裂,准予离婚的案件占总案件数量的 18%,而当事人起诉离婚中提到离婚前夫妻双方已经分居的案件比例为 52.2%,分居的期限由 1 个月到 20 年不等,其中分居期限在 1 到 3 年的占总分居案件数量的 60.8%。大部分夫妻离婚前有不同程度的分居,但目前法律层面却没有相对完善的规定。全国复婚率持续升高,越来越多的夫妻因一时冲动离婚,而有些地区婚姻登记机关已经开始采取措施防止当事人冲动离婚,例如江苏省、重庆市设立离婚缓冲室,对前来离婚的夫妻提供在离婚缓冲室"恳谈"的机会。② 复婚率的上升也在提醒我国应当设置离婚的缓冲地带,给冲动离婚夫妻更多地考虑时间,进而达到挽救尚未完全破裂婚姻的目的。笔者认为,我国应充分借鉴国外成熟的立法经验并结合我国的实际尽快建立适当、可行的别居制度。主要应从以下几个方面进行努力:

(1)别居制度与离婚制度并存。目前世界上多数国家实行破裂主义,即婚姻无可挽回的破裂应当准予离婚。只要向法院提供证据证明婚姻已经破裂即可获准离婚,通常法律会规定一些法定理由,可能是分居或一定时间的分居。③ 分居可以作为婚姻关系确已破裂的证明。最高人民法院《关于人民法院审理离婚案件如何认定夫妻感情确已破裂的若干具体意见》第 7 条规定"因感情不和夫妻分居已满三年,确无和好可能或者经人民法院判决不准离婚后又分居满一年"的可准予离婚。《婚姻法修正案》第三十二条第三款规定因感情不和分居满两年应当准予离婚,我国正式确立分居一词。别居制度作为当事人离婚前的一种选择,虽不能强制实施,但应当给予有选择别居意愿的当事人以保护,将别居制度与离婚制度并存,视别居制度为离婚制度的有益补充,有效规范当前普遍存在的离婚前别居的社会现象。

(2)别居的形式分为事实别居、裁判别居、强制别居。事实别居,即夫妻双方在婚姻中出现裂痕时协商一致可以选择别居,无需申请。别居后夫妻双方不再负有同居义务,别居期间应当视为婚姻的特殊时期。裁判别居即当婚姻中出现法定别居事由,可以向法院申请别居。这些事由可以是:夫妻一方曾与他人有通奸行为,双方无法维持共同生活;夫妻一方对另一方有遗弃行为;夫妻双方已经分开居住至少两年;因其他原因导致原告无法与被告继续共同生活。当事人提出别居申请后,法院可以依法裁定是否准予别居。别居后,婚姻有名无实,彼此不再负有相互同居的义务。强制别居,即强迫夫妻双方别居,强迫实施家庭暴力的成员

---

① 王丽萍.别具制度比较研究[J].青年法苑,1998(5):1.
② 冉启玉.人文主义视阈下的离婚法令制度研究[M].北京:群众出版社,2012:228-229.
③ 雷明光.论破裂主义离婚立法下的分居[J].中央民族大学学报,2005(5):51-52.

离开家庭。① 我国目前因家庭暴力导致离婚的案件数量逐年增加,家庭暴力事件具有隐蔽性,证据难以收集。2016 年 3 月 1 日生效的《中华人民共和国反家庭暴力法》中明确规定当事人因遭受家庭暴力或者面临家庭暴力的现实危险,向人民法院申请人身安全保护令的,人民法院应当受理。人民法院向申请人签发人身保护令,禁止施暴方接触或靠近受害人,这也是强制分居的一种体现。

(3)别居的结果。夫妻别居后,从形式上看婚姻关系仍然存在,只是夫妻双方不再负有同居义务,夫妻身份关系无本质性变化,已经成为世界各国的共识。② 但对于夫妻别居后的财产关系各国规定不太一致。由于别居尚未彻底解除婚姻关系,夫妻双方有可能恢复夫妻关系,因此实行彻底的分割财产制不能满足现实的需要。夫妻别居后可以自由协商选择财产形式,如分别财产制、共有财产制,若协商不成适用分别财产制。夫妻别居后,父母双方依然负有抚养教育子女的义务。夫妻双方以子女最大利益原则协商别居后子女与父母一方共同生活,协商不成,可以申请法院裁定。未与子女共同生活的一方应当支付抚养教育费。

(4)别居的解除。别居有以下几种解除情况:第一,夫妻双方关系和好,恢复共同生活。第二,婚姻关系解除。夫妻双方经过别居的思考后,认为婚姻关系已经破裂,并无可挽回,结束共同生活。第三,一方被宣告失踪或宣告死亡。婚姻关系解体,别居关系自然解除。

(二)法定离婚理由的司法完善

1. 加强调解制度的适用

为了尽可能挽救尚未完全破裂的婚姻、防止当事人轻率离婚,我国《婚姻法修正案》规定离婚案件应当进行调解,调解是必经程序。但我国目前离婚案件中的调解制度尚不健全、司法资源有限、调解程序不尽合理,最终导致调解制度实施效果较差,未能充分发挥挽救婚姻的作用。因此,应尽快完善调解制度,加强调解制度的适用。

(1)设立家事法院并配备经验丰富的法官。目前,我国离婚案件中的年轻法官较多,经验不足,致使离婚调解未能充分发挥作用。通过设立专门处理家事纠纷的家事法院或家事法庭,充分调动各种资源,深入纠纷内部,探寻纠纷的起因、原委,努力发现案件客观真实,进而做出既具妥当性、又合目的性的裁决结果。③ 家事法院通过任命拥有丰富人生经验、擅长调整人际关系,最好拥有社会学、心理学等多方面知识的法官。由家事法院来专门处理离婚案件,配备更多拥有丰富人生经验的法官组织调解,以便更好地调解离婚纠纷、以最小的成本实现解决离婚纠纷的目的。目前,多数国家及地区对任命家事案件的　　　　别于普通案件的法官已经形成共识。家事职业法官要具备特殊资质才能被任命　　　等法院中设立的家事法庭任命法官需拥有 10 年以上律师经验。墨西哥　　　　　　年龄在 30～65 岁之间,同时需有从事法律工作 5 年以上的经验。中国台　　　　　　3人以上者,由法官兼任庭长,综合处理全庭行政事务。前述庭长或法官,　　　实践具有丰富经验者担任。候补法官及未成婚的法官,原则上不得承办家事案件。

---

① 邓伟平.香港法上的分居制度引发的思考[J].中山大学学报,2003(6):73-74.
② 王丽萍.别居制度的比较研究[J].青年法苑,1998(5):87-88.
③ 陈爱武.家事法院制度研究[M].北京:北京大学出版社,2010:54.
④ 陈爱武.家事法院制度研究[M].北京:北京大学出版社,2010:72-75.

通过特别遴选任命的法官处理家事纠纷时充分调动各种社会资源,深入了解每一个案件的事情,尽力为当事人提供一个公平、高效且友善的司法机制。尽可能对离婚案件进行调解,解决家庭纠纷,调整、修复紊乱失衡的家庭关系。只有配备经验丰富的法官才能使离婚调解制度真正发挥作用。

我国目前已经有些地区先行试点设立家事法庭,如广东省的中山市中级人民法院、广州市黄埔区人民法院、珠海市香洲区人民法院、中山市第一人民法院、中山市第二人民法院、佛山市顺德区人民法院、东莞市第二人民法院、江苏省南通市崇川区人民法院、福建省的厦门市海沧区人民法院、湖北省十堰市房县人民法院等。其中试行最早、成效最显著的是广东省的家事审判改革,广东省改革坚持以人文关怀为司法理念,重构家庭成员之间的和谐关系。在试点法院设立了17个家事审判合议庭,挑选熟悉婚姻家庭审判业务、审判工作经验丰富、协调能力强、善于做群众工作并且责任心强的法官担任组成人员,对于涉家庭暴力等离婚案件更多采取法院依职权调查取证的方式。据统计,自2010年家事审判法庭试行以来,各试点法院每年的结案率均保持在九成以上,部分试点法院的结案率甚至达到100%;平均调解撤诉率达到70%,远高于近几年广东省基层法院婚姻家庭纠纷案件调解撤诉率平均水平;平均上诉率低于10%,取得案结事了的良好效果。[1]

(2)制定完善的离婚调解程序。健全离婚案件中的调解制度,需要进一步制定完善的离婚调解程序。在现有法律基础上,进一步出台详细、具体的离婚调解程序,确定调审分离制度。明确调解中当事人的权利和义务,赋予当事人选择一名庭外了解夫妻婚姻状况的亲戚或朋友参与调解的权利;明确调解期限,避免法官因追求调解结案率对案件久拖不决,及时化解离婚纠纷、挽救婚姻,放缓离婚步伐,给当事人充足的时间慎重考虑是否离婚,进而保护婚姻中弱势方的利益。

建议将调解期限规定为15日。督促法官和当事人积极组织、参与调解,调解不成及时进行判决,提高司法调解的效率,有效避免调解期限过长,损害当事人的离婚自由权。

制定详细的调解调查程序,充分发挥法官的职能优势,调动法官的能动性,及时、全面地了解离婚夫妻的婚姻基础、婚后感情等状况,以便更好地化解矛盾、促成离婚案件调解。

(3)规范离婚调解的效力。依据当事人达成调解协议的内容进行区别对待。对于有关财产方面,在法院主持下达成的调解协议经当事人签字或盖章即发生法律效力,除当事人举证证明调解协议订立时存在欺诈、胁迫等情形。[2] 对于有关身份关系的方面,当事人对达成调解协议的内容发生争议,可以申请法院进行审查,及时进行判决,但法官在审理案件中,认定婚姻关系是否破裂、夫妻双方能否维持共同生活时,可以将夫妻双方在调解过程中的表现作为参考因素,审查双方是否积极促成调解,有无和好的可能。

2. 完善我国法定离婚理由的内容

《婚姻法修正案》第三十二条第三款列举了五种认定感情确已破裂的法定理由,以期能够克服“感情确已破裂”这一概括性裁判标准的弊端,为法官认定是否应当准予离婚提供法定依据,增强司法的可操作性,缩小法官自由心证的空间,防止存在不同法官裁判结果差距过大的现象。但从本文统计数据结果显示,五种法定理由并未满足立法初衷,法官在司法裁

---

① 李强,戎明昌.粤法院将成立家事审判合议庭,推行家事审判改革[N].南方日报,2013.
② 冉启玉.人文主义视阈下的离婚法律制度研究[M].北京:群众出版社,2012:242-243.

判中的适用率并不高。其中重婚、有配偶者与他人同居的情形适用率仅 1.8％；实施家庭暴力被确认率为 1.4％，虐待遗弃家庭成员的适用率为 0.4％；因感情不和别居满两年的占 18％，而其他情形的引用率达 53％。法官认定感情是否确已破裂仍然缺乏有效的法律指导，自由裁量的空间很大。笔者建议应借鉴国外成熟立法经验，结合我国的实际，修正法定离婚标准，以"婚姻关系确已破裂"替代"感情确已破裂"，继续实行例示主义的立法模式，汲取司法解释中认定感情确已破裂的合理部分，吸收司法裁判中多发的离婚理由，完善认定婚姻关系破裂的具体法定理由。同时增加对抗法定离婚理由的条款，既保障离婚自由，又能防止轻率离婚。

（1）修正《婚姻法修正案》第三十二条第三款的内容。借鉴国外成熟的立法经验，根据我国的司法审判实际，在坚持破裂主义立法标准的基础上，应适当增加非过错性离婚理由，将裁判统计过程中认定婚姻关系破裂比例较高的事由纳入法定离婚理由，同时明确因一方过错引起离婚事由的起诉主体。具体修正的条文如下：凡有下列情形之一的，经调解无效，可视为婚姻关系破裂，应当准予离婚：

第一，因性格不合或家庭琐事纠纷导致婚姻关系难以维系的；

第二，婚前缺乏了解，草率结婚，婚后未建立起真正夫妻感情，婚姻关系难以维系的；

第三，夫妻一方婚前患有严重的疾病久治不愈，致使婚姻关系难以维系的；

第四，夫妻双方因感情不和别居满两年，互不履行夫妻义务，确无和好可能的；

第五，夫妻一方有重婚、通奸、姘居等事由，导致婚姻关系难以维系，另一方起诉离婚的；

第六，夫妻一方对家庭成员实施家庭暴力，导致婚姻关系难以维系的，另一方起诉离婚的；

第七，夫妻一方有酗酒、赌博、吸毒等恶习，不履行家庭义务，导致婚姻关系难以维系的；

第八，夫妻一方下落不明满两年，经公告查找却无下落，另一方起诉离婚的；

第九，夫妻一方有严重犯罪行为，影响婚姻关系维系的；

第十，其他导致婚姻关系破裂的。

（2）增加对抗法定离婚理由的条款。离婚自由包含了提出离婚的权利，同时也应包括不同意离婚的权利。我国《婚姻法修正案》规定了法定离婚理由，保障一方当事人的离婚自由权，但对于不同意离婚当事人的离婚自由权却无规范。夫妻一方提出离婚请求时，是否准予离婚，必须充分考虑双方当事人的利益公平。法律抽象出一种一般的标准来评判是否准予离婚，这种标准适用于大部分离婚纠纷，但也有些特殊情况是一般的标准不能涵盖的，这就需要一种弹性的标准来对抗一般标准，以保护特殊情况下双方当事人的权益，维持司法裁判的公平。本文统计数据显示，有 46.7％的被告在诉讼离婚中不同意原告的离婚请求，如这些不愿意离婚的当事人属于无过错方，那么这些人的离婚权益也应得到维护。增加对抗条款以阻却法定离婚理由成立，为这类无过错方提供救济的途径，这在国外立法中也不鲜见。德国、英国、法国、日本等立法都设置了缓和条款，阻碍法定离婚理由的成立，克服制定法的专断。[①]

《德国民法典》设立了离婚的苛刻条款，"为未成年子女的利益，如果确有必要继续维持婚姻，或者如果且只要离婚由于非正常的情况而对抗拒绝离婚的被申请人，这就意味着对被

---

① 蒋月.20 世纪婚姻家庭法：从传统到现代化[M].北京：中国社会科学出版社，2015：622-623.

　　申请人提出了更为严峻的苛刻条件,以致在例外情况下维持婚姻的,即使婚姻已经破裂,具备法定离婚条件,也不应该离婚"。①

　　英国法院有权拒绝批准以分居满五年为由提起的离婚申请。英国1973年《婚姻诉讼法》第五条规定,申请人以分居五年为由提起离婚诉讼的,被告可以离婚判决将会给其造成严重的经济困难或其他困难,且综合各种因素判决准许离婚将是错误的为由,反对法庭做出离婚判决。前述困难应当包括如果不离婚的情况下被告可能获得利益的机会损失。如符合上述条件,法院应当驳回原告的离婚请求。②

　　我国《婚姻法修正案》第三十二条规定,夫妻一方要求离婚的,可直接向人民法院提出离婚诉讼。任何一方均有权向法院提起离婚诉讼,并未限制有过错方的离婚自由权,这符合当前国际离婚法的发展趋势。但立法不应允许当事人利用"故意犯错"已达到离婚的目的。故我国有必要借鉴国外成熟的立法经验,设立对抗法定离婚理由的抗辩条款,使法定离婚理由制度更加客观、合理、公正。

　　笔者建议,综合各方利益,应当允许诉讼离婚中弱势群体在例外情况下排除法定离婚理由的适用,继续维持婚姻现状。这种例外情形应当是离婚后将会给一方造成严重的经济困难或其他困难;或者法院综合考虑夫妻双方利益、子女利益后得出离婚可能是错误的,这时可以适用阻却条款以排除法定离婚理由的适用。增加合理的法定离婚事由之抗辩:

　　第一,宽恕。指配偶一方已经原谅另一方的过错行为。这就导致此过错行为不再作为起诉离婚事由。

　　第二,纵容。指配偶一方积极创造机会促成另一方的过错行为。典型的如性过错例子,是夫妻一方雇用他人蛊惑另一方发生通奸行为。

　　第三,共谋。指夫妻双方为了达到离婚目的,恶意串通欺骗法庭,积极创造离婚的条件。一旦法庭查证属实,应当驳回当事人的离婚申请。③

　　3. 提高当事人的举证能力、规范法官认证标准

　　裁判文书数据结果显示,当事人在离婚案件中举证证明存在法定离婚理由的比例仅有14%,大部分案件当事人对主张的诉求缺乏证据证明。当事人的举证能力很差,收集证据的意识淡薄,即使提供证据大部分为证人证言,其证明效力较弱。在诉讼中法院应当适当给予当事人举证方面的指导,印发一些离婚案件中举证的注意事项,引导当事人围绕争议焦点问题进行举证,保证诉讼活动能够顺利、高效地进行,更好地实现司法效率和司法公正。

　　从司法裁判统计结果分析,当事人提供证据被采纳的有40.6%,其中大部分为居委会、村委会提供的夫妻一方下落不明的证明。而对其他类型的证据法官采纳标准差异较大。笔者建议应当提高法官的业务素质,定期进行业务培训,从根本上提升法官的认证能力。同时应当严格法官的遴选制度,选择专业素质、实务经验丰富的法官参与离婚案件的审理,保证审判结果的公开、透明,使审判活动处在良性的监督下,督促法官慎重对待证据,尽量避免轻率裁判,保证司法公正。最高人民法院通过定期发布指导性典型案例的形式,形成规范的采纳证据标准,指导各级法院按照统一标准采纳证据、公正裁判离婚案件。

---

　　①　德国民法典[M].陈卫佐,译.北京:法律出版社,2004:414.

·②　英国婚姻家庭制定法选集[M].蒋月,等,译.北京:法律出版社,2008:58.

　　③　蒋月.20世纪婚姻家庭法:从传统到现代化[M].北京:中国社会科学出版社,2015:625-626.

本文搜集的司法裁判统计数据,反映了我国《婚姻法修正案》列举的五种法定离婚理由的适用情况,目前法院裁判离婚引用率最高的是"其他情形",造成了法官裁判缺乏有效指导标准的司法现状,法官拥有较大的自由裁量权。为避免因法官个人素质差异造成的司法不公现象,应在坚持无过错的离婚标准的前提下,修正法定离婚理由,适当增加几种引用率高的无过错离婚理由,如性格不合导致婚姻关系难以维系。通过建立别居制度、增加对抗法定离婚理由条款等配套制度,使法定离婚理由制度更加完善、合理。

Research on the Statutory Grounds for Divorce in Marriage Law of China: Based on Statistical Analysis of Judicial Civil Cases

Cui Yanchao

(Kang Yuan Law Firm, Qingdao, 266300)

Abstract: The statutory grounds for divorce are the key factors in the divorce system. According to the statutory grounds for divorce, one spouse applies for divorce, and a judge permits or refuses an application. Five kinds of grounds for divorce were listed in detail as the standards to identify the emotion break in 2001 the Marriage Law of China (amendment), and established the doctrine of legislative model. The statutory grounds for divorce including the five kinds of grounds mentioned above has been implemented more than ten years, but it hasn't satisfied the requirement of judicial practice. The phenomenon of wanton divorce is still serious. The judge who has wide discretion is lack of uniform standards when he judges the divorce cases. The thesis explored the statutory grounds whether it is reasonable or not by the empirical study on 458 divorce cases and made recommendations based on the results: insist on the no-fault legislative standards and increase the contestable terms to the statutory grounds for divorce; establish separation system to guarantee the statutory grounds for divorce more reasonable and perfect; amend the provisions of statutory grounds for divorce, increase more no-fault statutory grounds for divorce to adapt the legal divorce justification standard in the judicial practice.

Key words: the statutory grounds for divorce; empirical study; judicial consideration

鼓浪书帆

Book Review

Women/Gender Studies

"性别"作为文化符码的破解之力
——评《国族、乡土与性别》

郑斯扬[*]

内容摘要:该著作进行的是性别与中国现当代文学关联性研究,注重从性别视角介入中国文学一系列基本命题,试图重新梳理、阐释中国现当代文学主流文本中所隐含的文化逻辑。其最大的学术创新在于探究"性别"如何作为一种符码、一种象征资源参与到文化想象、知识建构、命题表述中。研究路径奇特,论辩精深而灵动,新见、创见迭出,展现出"性别"作为文化符码的破解之力,极大地呈现出学术研究的质疑精神。该著作的意义不仅在于对中国文学历史经验的总结,更重要的是在性别话语空间中开辟中国文学自身建构之新的时代精神和文化精神。

关键词:王宇;《国族、乡土与性别》;性别符码

20 世纪 80 年代,"性别"作为一种术语和分析范畴,被引入中国社会语境,已经成为一个重要事件——它使更多、更深刻、更神秘的疑议出现在我们未曾预料的批评视野之中。"性别"如同一支箭,通过它有力而明确的方向刺向千百年来根深蒂固的传统伦理秩序,进而,那些最宿命的观点在性别的介入下不可避免地被悬置起来——这构成性别研究的耀眼之光。但是当研究对象被习以为常的性别视角假定或限定的时候,性别往往便被拘囿在两性关系的二元模式之中,性别问题就成了女性问题的一种代称,或仅仅指向男性与女性关系问题——这也构成性别研究内在的限界。实际上,"性别"作为一种分析范畴,指向一种社会观念,一种具有特定含义的历史观。它可以引向对阶级、种族、文化、宗教等方方面面的分析,总之,构成了潜入问题原点的一种智慧和力量。正因此,如何深刻地认识"性别"对中国现当代文学内部问题的潜入与剖析,无疑成为中国性别研究发掘思想资源与文化渊源必须要面对的本土问题,也成为中国性别研究构建自身理论基础必须要面对的建构问题。

学者王宇也正是寻着这样一种努力方向,不局限于从两性关系层面来理解性别,更注重

---

* 郑斯扬,女,福建社会科学院助理研究员,主要研究方向为女性文学、性别与文学文化。

"探究'性别'如何作为一种符码、一种象征资源被带入一定历史时期的文化象征,甚至知识谱系生产中,参与到中国文学一系列重要命题的表述中"。① 她历经十多年的尝试和探索,集结而成的《国族、乡土与性别》便是这一思路的重要成果。这本书收录了作者2000—2014年写作的18篇关于性别与中国现当代文学之间关联性研究的论文,以主题的形式阐释性别政治在文学象征、知识生产、命题表述中或隐或现的各种形式。在作者的研究中,性别被看成是撬动中国文学运思逻辑的杠杆,一枚准备打开历史书写秘密的钥匙。总的来说,她以性别为介入视角的研究,阐释了性别政治在中国文学构成中的隐秘逻辑,同时也向习焉不察的社会组织构造和伦理构想提出质询。这可以看作是作者对蕴藏在百年中国文学中之中国经验的总结,也是对中国性别研究深广度的推进。因此,该书值得学界重视。

一

第一编,乡土与性别,这也是本书的核心所在。作者把"乡村"定义为"五四"以来中国作家想象自我与世界的原点,并围绕这个原点展开讨论。在《在知识男性与乡村女性之间:启蒙叙事的一个支点》《遭遇乡村》两篇论文中,作者采用结构主义"互文性"理论,以性别视角介入知识分子与农民/乡村关系的再现问题,揭示这一主题中隐匿的两种叙事逻辑:一是五四时期知识男性与乡村女性之间启蒙与被启蒙的复杂纠葛;一是新时期以来知识分子与乡村女性之间反启蒙与伪乡土的疏离与隔膜。在深入的文本细读中,作者分析了作家的性别伦理观以何种形式参与知识分子与乡村/农民关系这一五四以来中国文学之重要命题的构建。不难看出,作者主要针对主流的著名文本,一方面质疑主流文本对知识分子与农民之间两性关系的表述,另一方面也质疑经典文本对乡村女性形象"他者化"处理之合法性的态度,揭示了中国经典文本内部男性偏见的逻辑思维。

《三仙姑形象的多重文化隐喻》《"空白之页"与"变异转型"》《乡村现代性叙事与乡村女性的型塑》这三篇论文,可以看到,以赵树理、孙犁、李准为代表对乡村女性的叙事逻辑:一是在性别范畴中,传统的性别观念、前现代的社会正统文化观念对他们的写作起到了规范作用;一是在权利的范畴中,整合的现代性观念又使他们的视野很难跳脱/僭越规训和治理。因此,在他们的历史视野中,没有出现背反现代性逻辑所定义的主体形态,只有被摒弃、被改造的另类/他者的女性主体;没有呈现现代革命伦理对异己力量的压迫与塑造,只有现代革命伦理与乡村传统性别规范秩序的悄然联合;没有围绕异质性乡村女性做更多想象和展望,只有对传统乡村中那些"无名地带"的女性群体给予特殊编码。当对乡村女性异质性的覆盖成为他们一以贯之的叙事法则时,他们的乡土女性叙事必然暴露出他们写作上的种种障碍,进而各种话语之间错综复杂的多元纠葛注定显现在叙事的细微之处。这不仅源于叙事者不得不遵循的阶级政治原则,同时源于其不自觉的性别政治逻辑。对异质性的乡村女性文化形态的解读和其所承载的隐喻阐释,显然构成了这三篇论文引人注意的亮点。这三篇论文除了分析乡土文学如何型塑"乡村女性"这个特殊的农民群体外,还将探讨延伸到乡土文学常见的其他一些命题,如乡土社会的现代化变迁、传统乡村文化身份的危机、乡村权利格局

---

① 王宇.国族、乡土与性别[M].北京:中国社会科学出版社,2014:引论部分.

的复杂转型等。可以说,这三篇论文极大地发挥性别符码的解密功能,生动而鲜活地呈现了性别符码塑造文学命题的强大魔力。这种魔力正在和主流的意识形态一道构成知识与观念的混合体,成为知识隐形预设下的理性的全部。

在《现代性与被叙述的"乡村女性"》中,作者将研究视野拓宽,讨论了 20 世纪有关乡村女性叙事的几种类型。作者试图从富有代表性的乡村女性叙事入手,一点点地向问题的深处推进:知识分子如何建构身份? 乡村现代化的前景是什么? 如何理解乡村文化传统的守望精神? 进而反向呈现现代知识谱系的构造如何规制文学对乡村女性这个特殊群体的叙述。在这里,作者对来自男女作家文本的乡村女性形象进行分析和比对,指出在女性意识相对自觉的今天,女作家创造出不同于男作家之意义体系的乡村女性形象,其意义在于冲破男性对乡村女性书写/代言的传统模式。应该看到研究的难点在于,将男女作家划分为两个研究群落,容易遭到在写作上把性别立场区分开来的非议,容易步入雷区。也正因此,作者一方面注意到在问题的交汇处避免激进的本质化的性别思维方式,指出女性文本中的乡村女性形象并非就一定是自足的,而男性文本中的乡村女性形象也并非就一定是某种外在预设观念的产物。[①] 另一方面注意到不同女作家关注点和呈现面各不相同,其中的价值观念与伦理思想也各有差异,也指出"同样也不存在一个同质性的女性乡土经验"[②]。作者强调乡村女性的书写样态与作家性别立场相关联,并倡导"文学对乡村女性的书写应该同时面对这个特殊群体的乡村、底层、性别、民族多重身份以及彼此之间的错综复杂的纠结,只有这样才能以性别化的本土经验见证乡土中国的现代化变迁"[③]。作者的立意在于避免一种孤立的性别认知观念,而是要通过多视角的交叉融合的尝试而产生一种全方位的视角,完成文学之于乡村女性意义体系的书写,为归纳乡土中国经验提供一份具有性别立场的语言艺术构成。

二

基于对性别符码在中国乡土文学命题建构中突出的参与意义,如何在一个广阔的历史语境下展开关于性别政治与乡土想象之间诸多议题的探索,即性别政治与民族身份建构之间的关联性是什么? 性别作为一个符码是如何进入 20 世纪中国文学对时间和空间的表述中的? 这种表述与现代民族国家想象的关系是什么? 性别修辞与个人主体、日常生活话语策略之间的关系是什么? 这一话语策略对现代性民族国家构成的意义是什么? 对以上这些命题的探索构成该书第二章,国族与乡土的内容。在这里,民族国家与性别政治的交汇为研究提供了新的谱系坐标,这一坐标的设定提高了对性别视角解密功能的再认识,扩大了性别研究的理论版图,也加大了对文学命题的再认识;同时对民族身份构成——性别化的逻辑编码发掘,也成为重识中国现代性与文学关系的一条有效途径。

对现代民族国家主体建构逻辑的考察,作者采用了两种方法:一是在语言学中,历史主体置放在性别关系和权力关系之中。如《百年文学民族身份建构中的性别象征隐喻》《现代

① 王宇.国族、乡土与性别[M].北京:中国社会科学出版社,2014:109.
② 王宇.国族、乡土与性别[M].北京:中国社会科学出版社,2014:110.
③ 王宇.国族、乡土与性别[M].北京:中国社会科学出版社,2014:110.

性民族国家想象与性别的文化象征》从性别视角直接切入现代民族国家想象。对现代性民族国家作为一种话语叙事的考察,也意味着对知识系统的一种质疑精神。这两篇文章在一系列时空跨度巨大的文本论析中,对潜藏在百年文学/文化想象中民族身份建构的性别隐喻进行了历史纵深的厘清和剖析。这可以看作是作者对性别本质主义偏见的一次深刻的批判,意在揭示女性这个性别在(现代)民族身份、民族精神建构中被歧视、被贬损、被抹杀的事实所在。作者给出了对于民族身份书写的主张:"民族身份可以被叙述成女性也可以被叙述成男性,但每个性别都有多重面向,只有走出性别本质主义偏见才能建构丰繁多元、流动变化的中华精神、中国经验"①。反对性别政治对文学的建构,揭示本质主义的弊端,这种对中国经验的研究揭开了覆盖在知识系统之上的蒙蔽物,增加了乡土文学和性别研究之间的关联性,不仅以另一种研究途径真实地呈现乡土中国民族国家主体建构的历史经验,更重要的是开辟中国文学自身建构之新的哲学思想。

第二种对现代民族国家主体建构逻辑的考察,是将历史主体放置在时间、空间和性别三者关系之中。在这里,作者将讨论转向与现代民族国家命题密切相关的时间与空间的议题,通过对不同时代"外来者故事"的表现形态和文化内涵的分析,指出不断变化的现代性与性别之间的复杂纠葛。作者透过这一 20 世纪中国文学反复出现的叙事模式,意在揭示现当代中国的宏大政治叙事,是如何借助中国社会传统文化中最习焉不察的性别伦理秩序,成为叙事的以立恒长,以及当性别和时间分别作为文化变量的时候,叙事所产生的危机样态。值得注意的是,作者没有停留在性别问题与时空关系问题的讨论上,而是在此基础上,将其置入"历史"和多种小说形态之中进行深入探讨,对现代民族国家想象与性别政治关联性进行分析。可以说,在这个研究路径上,《另类现代性:时间、空间与性别的深度关联》《20 世纪中国电影中的"外来者故事"》这两篇文章无疑显示了作者以"外来者故事"为分析模式的新的思考路径,为"性别"由时空关系的介入,到对中国现代性历程分析的介入,提供了一条满含智慧和气力的思考之路。

在《新时期之初的男子汉话语——一个性别政治视角的考察》和《20 世纪文学日常生活话语中的性别政治》中,我们再一次看到作者突围的努力。一方面,作者以"寻找男子汉"这个文化现象为文突破口,从性别的视角介入文本中人物的主体性话语,指出新时期文学有关民族国家想象落实到男子汉形象建构之叙事策略,作者意味深长地指出这种叙事逻辑对自我认同的干预与阻断——"性别政治依然严重侵蚀了现代人他所必须的平等'对话网络'的建立,造成自我对他者意义接受的障碍,并最终导致现代认同的危机"②。一方面,作者从"日常生活"这一独特角度切入主题,揭示性别的问题与时代文化精神走向的关联性,并指出性别政治叙事对抵达文学精神的干扰和阻碍。无论是对"寻找男子汉"这个文化现象的介入,还是对日常生活话语中性别政治的探析,作者都表现出对百年来中国的现代性文化实践的审视与批判,对文化象征系统中潜伏的性别秩序危机的忧虑与疑问,作者试图在"性别"与民族身份建构之间寻找批判的着眼点,借助"性别"的符码意义完成对操纵表述的权利机制的揭示,从而使国族与性别这一论题在文本内外完成崭新的阐释。

---

① 王宇.国族、乡土与性别[M].北京:中国社会科学出版社,2014:126.
② 王宇.国族、乡土与性别[M].北京:中国社会科学出版社,2014:178.

三

在第三编中,作者将视点集中在女性写作的知识谱系上,其学术立场表现为不只局限于女性文本中的两性关系、女性议题,而是依然延续该书前两编的路径,注重探究"性别"如何作为一种符码、一种象征资源参与中国 30 年来女性主义文学实践。值得注意的是,关于中国女性文学对西方女性主义理论命题鉴别、接受过程的分析是不可忽视的,而围绕中国当代女性主义话语产生的知识背景、思想文化资源,知识论发展等问题的考察,无疑成为中国女性文学理论建设自身必须总结和分析的核心问题。

20 世纪 80 年代的新时期文学,催生了一批不同于传统意义的女性文本,在此基础上,女性话语(女性主义话语)浮出了历史地表。这些女性话语的出现一方面源于女作家对中国阶级政治长期遮蔽女性自然存在的批判意识,一方面与对西方女性主义理论的接受密不可分。然而这一时期的女性写作因其立足于本土的自然性别观和西方的性别差异理论,因此它不可避免形成对性别本质主义的偏向,也构成女性写作知识谱系中的内在矛盾与冲突。而对这些问题的梳理与分析,成为作者思考和写作新的起点。

从《新时期之初的女性话语及其知识背景反思》一文中,可以看到作者对女性话语在诞生初期之困境的分析:一是对性别差异的重视势必让新时期文本表述性别呈现本质化的特征,二是"女性意识"能指的偏狭和所指的含混,很容易被男权话语所利用,三是以女性自诩的"异端""他者"形象来批判男权文化,让批判显得力度不够。作者还把新时期初期性别本质化的问题与当时的"寻找男子汉"热潮联系起来思考,进而揭示以生物学为基础,建构关于"男性气质"和"女性气质"身份和行为,从表面上看是肯定性别差异,但却忽略了社会性别身份和行为能力,从文化上把人与生物性别联系在一起,再次陷入男性文化的诡计之中。

在《主体性建构——对 20 世纪八九十年代的女性主义叙事的一种理解》《1990 年代性别差异性文化想象的尴尬及其原因》《男性文本:女性主义批评不该忘却的话语场地》三篇文章中,作者对女性主义叙事中文化想象的悖论性问题,特别是对性别"差异性"在 20 世纪八九十年代女性文本中的不同表现形态的警醒,在今天看来依然是很重要的:一则是对中国女性文学本土经验的梳理与总结,一则是对西方女性主义本土化价值立足点的接受与矫正。可以看到,作者将性别差异性的文化想象与中西文化、历史进程联系起来思考,考察 20 世纪八九十年代女作家对女性主体性建构的表述,这些女作家对西方女性主义从移植到整合的努力,更多地体现出她们作为中国女性文学领跑者的价值和意义。这种对女性文学历史话语实践的讨论是必要的也是重要的,因为纵然 20 世纪八九十年的女性文学影响巨大,但是其对性别本质主义认识不清、本土化方向的偏离以及挑战男权文化矫枉过正等问题,仍然对未来中国女性写作具有重要的警示作用和参考价值。作者将批判的锋芒指向女性主义批评领域,分析指出女性主义批评立足于追求一种全面、客观研究实践,一方面要全面地面对男作家和女作家的文本,使女性主义话语以智慧和力量对话时代文学的主潮;一方面中国的女性主义需要清理、整合本国的性别理论资源,注重对性别意识的辨识与修正,这是知识结构建设的需要。另外,对社会性别研究范式优越性的强调的意义在于这种研究思路有利于更加宽广地开拓中国女性主义批评的话语前景。这既是作者反思问题的立场,也成为作者对中国女性主义批评的展望。

　　带着这样的愿望,作者从两个维度来展望中国女性文学。第一个维度是对 21 世纪中国女性乡土叙事潮流崛起的意义的分析。21 世纪女性乡土写作的成就不仅构成新世纪重要的文学现象,也成为中国女性主义写作在性别认识上的突破和超越。女性主义向乡土叙事领域的渗透意味着中国女作家对女性主义本土化努力的同时又能展开更加开阔的女性命题的思考。正如作者的总结:"它不仅意味着女性文学的新动向,同时意味着乡土文学的新动向。"①在第二个维度中,作者则将目光投向海峡对岸,作者的出发点是对两岸女性写作对历史重新想象的关注,比较分析了 21 世纪初年台湾女性小说与 1990 年代不同的叙事面貌和文化诉求:女性主义的命题不是追求政治的激昂和尖锐,而是在琐碎的日常中呈现与权利相关的种族、民族、阶级、性别的历史面目。事实上,主流知识论中有关历史的客观书写是值得反思的,因为历史的客观性本身就是一个必须也是值得探讨的问题。也因此,作者认为台湾女性主义向日常领域的介入,不只是为了呈现性别政治问题,更为重要的是让女性主义如何与女性主义历史观一道完成对历史的再认识。从这些研究来看,作者是对主流知识论中历史叙事的反思与质疑,这是对客观性问题的探讨,也是对历史再认识的一种发现。

　　如上可见,"性别"是学者王宇介入中国现当代主流文学考察的一个端口,一是对一定历史时期中国文学命题的关注,一是在其文本批评中明确的性别意识。她要做的就是经由"性别"的介入,揭开一定历史期文学主潮中文化想象的隐秘逻辑,正视历史中知识生产对传统性别政治的依赖与借助。因此,作者努力在文本的解读与历史的呈现之间寻找认识的裂隙,并尽可能呈现一种比较的视野,揭示出性别秩序与历史想象之间的内在联系。其中最为突出的是她对"性别"作为一种文化符码、一种象征资源的巨大隐秘能量的呈现。"性别"作为一种视角,是我们探索人类文化运思逻的工具和武器,是我们认识自我、社会、历史的一种研究路径和方法。它引领我们进入文学的内部,开启我们对知识本性的反思。也因此王宇的《国族、乡土与性别》的重要意义在于,如何历史地认识与反省性别政治对于民族国家建构、乡土中国经验、历史叙事的操纵与控制。这既是作者十几年来研究的用力所在,同时也是对当下中国女性文学研究乃至性别研究开拓性的努力。"性别"作为文化符码的破解之力不仅在于对中国文学历史经验的总结,更重要的是在性别话语空间中开辟中国文学自身建构之新的时代精神和文化精神。这既面向中国文学自身的发展也面向中国文学之于世界的意义。这也是王宇完成《国族、乡土与性别》的最大的启示意义之所在。

"Gender" as the Force of Decoding Cultural Code:
Comment on the New Book *Nation, Country and Gender* by Wang Yu

Zheng Siyang

(Fujian Academy of Social Sciences, Fuzhou, 350025)

Abstract: This book is based on the study of the relevance between gender and

---

① 　王宇.国族、乡土与性别[M].北京:中国社会科学出版社,2014:255.

contemporary Chinese literature, focusing on a series of basic propositions about Chinese literature from a gender perspective, and trying to explain the cultural logic implied in the mainstream texts of contemporary Chinese literature. Its largest academic innovation is to explore how "gender" participated in imagination of culture, construction of knowledge and expression of proposition as a symbol and a symbolic resource. The research approach is unique, and the debate is profound and smart. The brand-new creative ideas could be seen everywhere in the book, showing the cracking power of "gender" as a cultural code, and greatly showing the questioning spirit of academic research. The significance of this book is not only summarizing the historical experience of Chinese literature, but also opening up a new spirit of the age and new cultural spirit of self-construction of Chinese literature in the space of gender discourse.

Key words: Wang Yu; *nation, country and gender; gender symbol*

社会性别化中国近现代移民史

——评《中国留守妻子：1930 年代至 1950 年代东南亚福建移民的家庭》

张　静[*]

内容摘要：沈惠芬所著 *China's Left-Behind Wives：Families of Migrants from Fujian to Southeast Asia*，1930s—1950s（《中国留守妻子：1930 年代至 1950 年代东南亚福建移民的家庭》）运用社会性别理论与方法，重现了 20 世纪 30 至 50 年代一个被遗忘的女性群体——番客婶的历史，填补了华侨华人历史研究中对留守妻子群体研究的空白，增进了对传统中国女性史研究范式的新思考，是中国近现代移民史研究的新突破。

关键词：中国近现代移民史；社会性别；留守妻子；番客婶

我国著名社会学家陈达早在 1938 年的著作《南洋华侨与闽粤社会》一书中已经注意到移民对华侨家庭和婚姻造成的影响，并且敏锐地指出南洋华侨婚姻状况中的"两头家"（指的是在中国本土家乡娶妻拥有一个家庭，而又在海外旅居地娶妻建立第二家庭）的特殊现象，然而在长达数十年的以男性为主体的移民史研究中，却几乎没有学者注意到"两头家"现象之下留守故土的侨眷妇女早已形成一个独特的群体，是 20 世纪华侨华人史的重要组成部分，直到 2012 年厦门大学南洋研究院、国际关系学院沈惠芬博士的英文著述 *China's Left-Behind Wives：Families of Migrants from Fujian to Southeast Asia*，1930s—1950s（《中国留守妻子：1930 年代至 1950

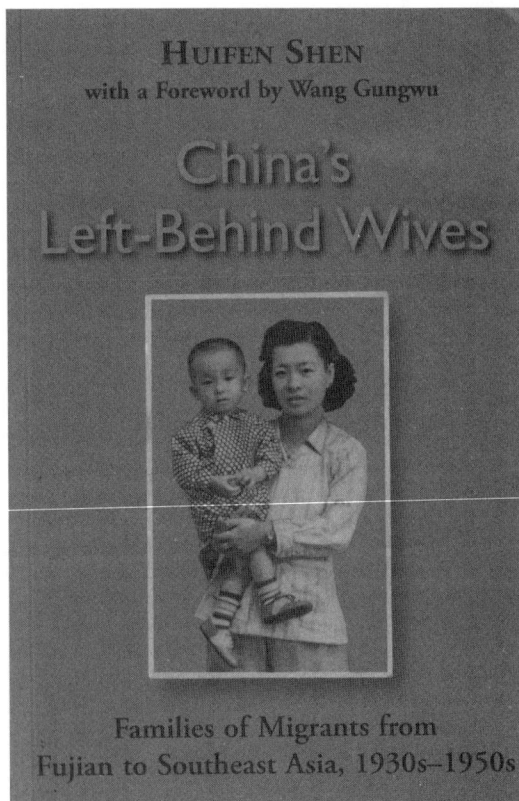

---

[*]　张静，女，新加坡国立大学哲学博士，独立学者，主要研究方向为华侨华人史。现旅居海外。

年代东南亚福建移民的家庭》)一书的出版。[1]

这本专著对于史学界重要意义首先在于作者通过访谈获取了大量珍贵史料,进而结合20世纪30年代来以来中国及东南亚的历史政治背景,生动地再现了"番客婶"的生活场景。"番客婶"是闽南地区对移民家庭中由于丈夫出洋而导致不得不长期留守原籍的妻子们的方言称谓。它原本早已在时代的变迁中日渐消退,长期不为史学研究者所重视,而这部专著唤醒人们对这一称谓的记忆,并随着这部英文著述而流传海外。在传统移民史学研究以及女性研究中,由于社会历史文化等因素,有关留守女性的文献资料匮乏,导致了这一群体研究的缺失。然而,作者以惊人的毅力耗费了大量的时间和精力,辗转闽省、香港、东南亚地区查询资料,并通过各种渠道找寻现存的为数不多的番客婶们,以相当的时间与情感的投入建立起了与番客婶的相互信任,从而使她们跌宕起伏的人生履历,以口述历史的方式得以真实地再现。随着时间的流逝,番客婶的人数在日渐减少,她们的特殊经历,当年的真实场景很快都将无法向后人呈现,而这部专著无疑为研究者们保存了中国近现代移民历史中一段极为宝贵的资料。

就内容而言,这本书尽管是一部学术研究专著,然而它具有很强的可读性。自明清以来中国的出洋移民主体主要由男性构成,因而在后人对于移民历史的重构过程中往往也以男性为中心,这就使得移民历史中的女性形象在后世研究中晦暗不清,充满神秘色彩。此部专著最吸引人的地方就在于它对"番客婶"这一鲜为人知的群体生活场景进行了生动翔实的描绘。究竟这一群丈夫出洋谋生而自身留在家乡、缺乏丈夫庇护之下的女性如何在漫长的动荡岁月中生活?该书描述了留守妻子在夫家的孤立无援,她们通常被夫家家庭成员,特别是婆婆和姑嫂监视,为夫家终日劳作等。由于和丈夫相处的时间十分有限,她们中的大部分终其一生没能过上正常的家庭和婚姻生活。丈夫们大多与留守在家的妻子感情疏离,而番客婶与丈夫的联系又常为丈夫家人刻意阻隔,因而大部分留守妻子经济窘迫而没有亲生子嗣。至此,读者收获的是一个悲情的近代中国留守妻子的形象。

然而,作者并没有将番客婶形象的重构局限在中国传统社会男尊女卑的主流语境中,而是极为细致地描述了番客婶对命运的抗争。尽管番客婶们被打上了"留守"的烙印,但她们依然试图过上愉快的生活,例如她们依赖民间信仰的精神支持,祈求神灵保佑亲人在海外平安与幸运。在日常生活中她们乐于聊天、听戏或赌点小钱,或与能够分享心事的同性聚集。她们中也不乏聪慧之人,她们设法绕过夫家的阻挠,通过传带口信或者托人撰写信件的方式与丈夫直接建立起越洋联系,并积极争取自己随同丈夫一同出洋的机会,愿意与丈夫一同承担海外打拼的艰险。她们中甚至有一些人在丈夫已在海外建立家庭的情况下,巧妙地利用自身可以获得的机会,顽强地在这样奇异的家庭中生存下来,乃至巩固自身的地位。当然,她们中的大多数依然留在故土,从而经历了近代中国政治社会的历史剧变。在太平洋战争爆发之后,大部分的侨眷,其中也包括这些留守妻子失去了来自海外的经济支援——侨汇。在生活极度窘迫的情况下,番客婶们以自己的勤劳和智慧在战乱的中国东南沿海社会里找寻到自己及家人的生存方式,她们以贩米、制盐、种田、搬运等重体力劳动赚取钱银,在闽南

---

[1]　Huifen Shen, *China's Left-Behind Wives: Families of Migrants from Fujian to Southeast Asia, 1930s—1950s*. Singapore: NUS Press; Hong Kong: Hong Kong University Press, Honolulu: University of Hawaii Press, 2012.

地区,很多留守妻子甚至成为中国近代工商业的早期工人。通过这样的方式,番客婶们不仅维系了家庭的基本生活,也提高了其在家族中的地位。在艰难的时期,她们以博大的胸怀,用辛勤的劳作代替丈夫赡养了夫家人,而面对战时中国的社会动乱以及新中国成立后政治气象的异动,番客婶们又做出了睿智而勇敢的应对。如面对战时地方政府对侨属的欺辱盘剥,她们勇于抗争;又如面临中华人民共和国成立后政治意识形态的巨变,她们敏感而迅速地进行自我转变,通过诸如积极参与劳作等方式,再一次保存了自己和家人。

这些生动的描述除了吸引读者,也发人深思。在男性缺失的情况下,番客婶这一女性群体在 20 世纪的移民家庭和侨乡社会经济中到底扮演了怎样的角色?她们真的如同传统中国文史著作中所宣传的那样无知、顺从而弱小,因而难以成为中国历史的主体吗?作者在书的篇末给出了明确的答案。她肯定了留守女性在社会、经济、政治、文化中所起到的能动作用,在历史沿革中不容忽视的主体作用。然而,具体而生动的论证则分布在书的各个部分。其中最生动的例证莫过于番客婶群体对婚姻实质的诉求和抗争。史料显示,20 世纪上半叶,在丈夫长期缺席的情况下,部分番客婶发生通奸、离婚乃至再婚,这在当时无疑是对传统中国文化中女子贞德束缚的勇敢挑战。1950 年新婚姻法的颁布,则直接在法律制度上给予留守妻子寻求婚姻自由和婚姻幸福以保障。与此同时,留守妻子们也通过 1949 年之后针对华侨所出台的各项政策,积极谋求出路,以改变留守状况谋求家庭生存与发展。其中,一个典型的现象就是自 50 年代到 70 年代末在政策允许之下的侨眷向香港和澳门的移民。不少番客婶利用这样的迁移政策辗转到了香港或澳门,通过这种方式,她们中的很多人或者实现了家庭团聚,或者获得了经济上的独立和成功。

简而言之,该书以口述历史资料为主轴,以 20 世纪 30 至 90 年代的国际国内社会历史为大背景,广泛收集了官方档案、地方志、文史、报章乃至文物等大量资料,从而构成了一部内容丰富、史料扎实、观点独到的一部专著。它向后人展现了一段关于"番客婶"这一个性鲜明的女性群体的历史。该书更进一步的学术贡献在于它在重现这段不为人知的历史的同时,旗帜鲜明地提出华侨华人的历史不能仅仅关注那些发生空间转换的群体,如"番客婶"这样的留守侨眷以及她们的生存状况同样也应该成为移民历史研究中的主体构成,是移民历史中不可或缺的组成部分。与此同时,作者也指出对番客婶历史的发掘启迪了对中国女性研究定式的反思,留守妻子们对待命运的坚韧和抗争,是对传统女德认知的挑战。随着社会政治的变迁,留守妻子们以自己的方式不断提高着自身在婚姻、家族宗亲乃至侨乡社会中的作用和地位。

然而,也正因为口述历史的局限,番客婶们对悲苦命运和遭遇的凄凉回忆显然很大程度上影响了作者的感情投入和写作趋向。该书尽管主张强调女性自身在当时社会历史背景下具有自主性和能动性,并且在各章节中穿插举证和论述。然而,在该书的七章中,作者花费大量的笔墨来描绘包办婚姻和夫妻分离给留守妻子所带来的巨大痛苦和不幸;而对于战争和政治变迁给留守妻子所带来的影响,作者的笔调也大体是消极的。例如,作者认为 1950年婚姻法的颁布并未给番客婶带来实质性的婚姻自由。这种同情和悲悯的情感基调削弱了对番客婶在特殊的婚姻家庭模式中的角色分析,同时也削弱了对其在移民历史中的主体作用的论证,从而使得篇末言简意赅的结论稍显突兀。此外,即使来自番客婶们的口述的确具有相当客观性,作者也应该进一步就这些历史客观的成因和结果做相应的分析论证。总之,这部学术作品具有新颖的研究对象和论证角度,应用了多种跨学科研究方法,囊括丰富的史料内容和精彩的论证内容。它的出版填补了移民历史研究中对留守妻子群体研究的空白，同时也能够引起学者对传统中国女性史研究范式的思考。我们期待作者对留守妻子的衍生研究的出版。

Engendering Modern Chinese Migration History：
A Book Review on *China's Left-Behind Wives*：
Families of Migrants from Fujian to Southeast Asia, 1930*s*—1950*s*

Zhang Jing

（Canada）

Abstract： With *China's Left-Behind Wives: Families of Migrants from Fujian to Southeast Asia,* 1930*s*—1950*s*, Huifen Shen constructs a history for the *fankeshen*, the left-behind wives of the Chinese migrants from Fujian to Southeast Asia in the 1930s—1950s, who have been largely ignored in the writing of Chinese migration history. Studied from a gendered perspective, the book fills the gap in the study of Overseas Chinese that was largely a male scholarship. It also provides the women's experiences for a revisiting of the traditional paradigm of the study on the history of Chinese women. In short, the book is a new and significant contribution to the studies on Chinese migration history.

Key words： modern Chinese migration history; gender studies; left-behind wives; fankeshen

本刊征文启事

　　《妇女/性别研究》(Women/Gender Studies)系厦门大学妇女/性别研究与培训基地创办的综合性学术刊物。本刊本着学术至上原则,刊发在文学、哲学、历史学、社会学、法学、教育学、政治学、经济学、公共管理、公共卫生等领域里的妇女/性别研究优秀论文,诚挚邀请海内外学者惠赐大作。现将相关事项知会如下:

　　1. 本刊暂定为一年刊,每年 10 月出版。投稿截止日期为每年的 5 月前。投稿后一般在一个月内会接到有关稿件处理的通知。

　　2. 来稿限用中、英文发表,中文 20000 字以内,英文 15000 字以内。

　　3. 切勿一稿多投,本刊所发论文,以未发表者为宜。来稿务必原创,凡涉抄袭、侵害他人等权利之事,概由作者承担包括法律在内的一切责任。

　　4. 每篇论文正文前须有 300 字左右的中文论文摘要,3 至 5 个中文关键词。同时提交英文篇名、作者名、摘要与关键词。

　　5. 来稿请附作者信息,包括姓名、单位、职称、邮编、通信地址、电话、电子信箱,以便联系。

　　6. 为实行环保,请作者通过电子邮件提供稿件的电子版。

　　7. 本刊刊登稿件均为作者研究成果,不代表本刊意见。来稿一经采用,即付稿酬,并寄样刊 3 册。

　　8. 联系方式:

　　地址:361005 中国福建省厦门市厦门大学厦门大学妇女/性别研究与培训基地《妇女/性别研究》编辑部

　　电子邮箱:hmshistone@126.com

　　附:本刊注释技术规范

　　1. 采用页下注(脚注)

　　2. 注释格式为:主要责任者.题名:其他题名信息[文献类型标识].版本项.出版地:出版者,出版年:引文页码.分类示例如下:

　　(1)引用古籍:

　　康熙字典:巳集上:水部[M].同文书局影印本.北京:中华书局,1962:50.

　　汪昂.增订本草备要:四卷[M].刻本.京都:老二酉堂,1881(清光绪七年).

　　(2)引用近人著作:

　　徐复观.中国文学精神[M].上海:上海书店出版社,2005:50-51.

北京大学哲学系美学教研室.西方哲学家论美与美感[M].北京:商务印书馆,1980:54.

陈登原.国史旧闻:第1卷[M].北京:中华书局,2000:29.

冯友兰.冯友兰自选集[M].2版.北京:北京大学出版社,2008:第1版自序.

钱学森.创建系统学[M].太原:山西科学技术出版社,2001:序2-3.

（3）引用析出文献：

宋史卷三:本纪第三[M]//宋史:第1册.北京:中华书局,1977:49.

李约瑟.题词[M]//苏克福,管成学,邓明鲁.苏颂与《本草图经》研究.长春:长春出版社,1991:扉页.

姚中秋.作为一种制度变迁模式的"转型"[M]//罗卫东,姚中秋.中国转型理论分析:奥地利

学派的视角.杭州:浙江大学出版社,2009:44.

（4）引用近人论文：

王宁,黄易青.词源意义与词汇意义论析[J].北京师范大学学报(人文社会科学版),2002(4)90-98.

李炳穆.韩国图书馆法[J].图书情报工作,2008,52(6):6-21.

（5）引用译作：

杜夫海纳.美学与哲学[M].孙非,译.中国社会科学出版社,1985:52.

（6）引用网络电子文献：

李强.化解医患矛盾需釜底抽薪[EB/OL].(2012-05-03)[2013-03-25].http://wenku.baibu.com/view/47e4f206b52acfc789ebc92f.html.

吴云芳.面向中文信息处理的现代汉语并列结构研究[D/OL].北京:北京大学,2003[2013-10-14].http://thesis.lib.pku.edu.cn/dlib/List.asp? lang＝gb&type＝Reader&DocGroupID＝4&DocID＝6328.

3. 标识代码：

（1）文献类型和标识代码：

普通图书M,会议录C,汇编G,报纸N,期刊J,学位论文D,报告R,标准S,专利P,数据库DB,计算机程序CP,电子公告EB,档案A,舆图CM,数据集DS,其他Z.

（2）电子资源载体和标识代码：

磁带MT,磁盘DK,光盘CD,联机网络OL.

厦门大学《妇女/性别研究》编辑部

2017年9月